U0927598

錢塘沈竹礽先生◎著
北京學易齋刊行
鄭同◎校閱
華齡出版社

影印原本

增廣沈氏玄空學

[下]

影印四庫存目子部善本匯刊［九］
謝路軍◎主編

三元九運廿四山起星立成圖

目次

起星立成圖序

泉唐沈祖緜撰

吾友申君笙詩近挨替卦立成圖屬序於余余以此訣非序所能詳爰集諸家之得失擇要辨正以便人記誦

三合家喜用兼向不知如何兼法宗葉九升喜譚翻卦不知如何翻法直夢囈而已要知直達之向下卦已足補救之向非起星不可何謂起星卦爻之變而已若能陰陽奇耦參伍排列之可知以星代卦之理自然深信不疑矣

三合盤中所載挨星止有坤龍一局蓋以坤爲地爲母故稱地母卦取貪巨武爲三吉又取兌之納支並三吉者爲六秀再取兌之納支並六秀者爲八貴詳見沈重華通德類情卽小遊年翻卦非正法也然祇此一盤非若自命爲知玄空者妄自改易舉此一例已可知其大概如壬文子破癸

破丑武艮貪寅文未廉坤輔申祿甲祿卯武乙輔今三合盤作弼辰破巽巨巳武丙貪午文丁武庚廉酉武辛巨戌文乾廉亥而已每詢三合家何以盤中列地母卦而不列天父卦均未詳所自出且今之所謂楊盤並非古之楊盤亦有挨星各字字與子癸並甲申合蓋當時必有自作聰明之人改竄此盤代以小遊年翻卦用地母卦者係爲五運前十年寄宮之誤耳今之自命識玄空者亦不過僅知下卦而已於起星未嘗夢見即能知下卦而不按山川性情孰坐孰朝孰爲龍虎孰爲星辰固未嘗知之硬將玄空下卦之理勉強湊合山水入地無眼殊可嘆也今政府禁絕堪輿以袪迷信蓋此輩危言聳聽一無正道之可循理當禁止猶嫌其不早耳異日憑正理建設公墓使死者安其魂魄生者托其蔭庇國安家慶實易易耳

至坤壬乙一訣爲堪輿家祕而又祕之訣姜氏註僅露一二章氏直解重言以申明之一則曰下卦起星再則曰定卦分星則卦與星之别迥然不同昭昭可見滋氏續註仍以下卦解之何謬也桐鄉姚銘三辨正再辨謂舉坤壬乙艮丙辛巽辰亥甲癸申各爲一例而合山水穴上穴内之挨法所以此四例非盡巨門破軍武曲貪狼也雖挨法有一定之例然起星有殊耳姚氏此辨人多不能知之然起星有殊一語可知弦外味也

華亭張受祺式之與蔣大鴻同時且同里閈著書甚多然不敢公然攻訐蔣氏其改坤壬乙一訣曰坤壬乙文曲從頭出艮丙辛位位是廉貞巽庚癸盡是武曲位乾甲丁貪狼一路行註云三合五行坤壬乙屬水艮丙辛屬火巽庚癸屬金乾甲丁屬木文曲廉貞武曲貪狼者水火金木稱位余初誤解今刊正作如是解奇哉按其實抄襲馮虬素侯消遺集耳

歐陽純風水一書二十四山挨星各字其源出姜垚從師隨筆惟挨星圖誤於隔四位陽順陰逆無極子授蔣大鴻挨星圖未免穿鑿至源山人所撰九星配卦圖未解者以爲神奇能解者讀之即可知配卦之誤楊公奧語僅舉二十四山之半而歐陽一一揭出惜其挨法歐陽氏未得其訣人讀其配卦圖均莫名其妙茲特舉一隅表而出之其挨巨壬如下圖

如子癸八國不同所配之卦同星則不同

未丑辰戌壬丙庚甲　八國

渙解困蒙師訟坎未濟　歐陽氏之所謂配卦

巨壬輔巨巨巨弼文輔輔　歐陽氏之所謂挨星

茲爲列圖如下

渙一四 未　坎一一 庚　蒙一八 戌

訟一六丙　師一二壬

困一七辰　未濟一九甲　解一三丑

壬爲坎宮後天之數一。歐陽誤爲八圖皆從坎。

壬上之二戌上之八庚上之一未上之四丙上之六辰上之七甲上之九

丑上之三是以後天之數。配先天之位也。此訣實遊年無異。讀此歐陽氏

尚不知下卦。又焉能知起星哉。至巨壬下輔巨巨巨弼文輔輔讀其挨星

原起說及九星補論。自能知之。故不贅。

又挨破艮如下圖

午乾酉艮卯坤子巽

遯艮蹇小過旅漸謙咸

破艮弼輔祿破祿破祿祿

茲爲列圖如下

漸八四坤　蹇八一酉　乾八八乾

遯八六午　謙八二子

咸八七巽　旅八九卯　小過八三艮

艮爲後天八數故八國皆從八餘詳上圖丑艮所得之卦相同惟星不同其法僞矣

尹一句據逸語云子未卯一三祿存倒乾戌巳文曲共廉次寅庚丁以例作輔星午酉丑右弼七八九見蔣氏盤式今普通蔣盤卽載此圖風行湘楚各地同時蔣國宗城天元羅經圖分爲九星兩盤以子未卯一三祿存倒所排者謂之內盤九星乃分位正體之用以子癸並甲申二十八句爲外盤九星乃屬變體此說與先子之說合江迂生先生集先子遺著論夫

婦合十一段卽內盤九星一卦三山配夫婦之法非用於起星也外盤九星蔣雲溪謂之乃屬變體是替卦也尹氏以子未卯一三祿存倒翻出四十八局是不明起星之例無謂甚矣

張心言地理言卦理俱有來歷非粗明易者不能知之然張氏一生之病根在迂泥於六十四卦而不知變通與今之宗三合者止知元旦之盤無異且以下卦定星合而爲一內中載奧語四圖如巽辰亥盡是武曲位爲二運午山子酉山卯之圖也其餘錯綜參伍然須一一排出與之相同者不尠

于楷地理錄要於坤壬乙一訣采錄最多有挨星歌訣其中挨星訣原本卽子癸並甲申二十八句係眞訣又訣云坤壬乙卯未亦起巨艮丙辛酉丑同破軍巽辰亥乾戌巳武位甲癸申同子俱貪星庚丁午與寅盡弼路

挨至廉中宮位裏眠將坤壬乙一訣補足頗便記憶惟蘭林不知此訣之用在不能辨卦與星耳讀其問答條註如書方偉地一條九曜旋飛一條喉舌之司一條知其卦且不能下遑論起星哉如九曜旋飛一條內訣有二上訣起星也下訣下卦也今于氏合而爲一矣喉舌之司一條內云如壬山起例巨丙祿未文庚廉中武戌破壬輔丑弼甲貪辰順次挨之如下圖

坤未祿	兌庚文	乾戌武
離丙巨	中廉	坎壬破
巽辰貪	震甲弼	艮丑輔

壬挨巨即以壬之對宮爲丙丙起巨門由巨而祿而文過廉即歸中復由乾武而破而輔而弼而貪如此排法於理悖矣又庚山起例云弼甲貪辰

巨丙祿未文庚廉中武戌破壬輔丑子氏以爲庚挨弼即以庚之對宮甲起弼。順此挨之仍與上圖無異。又云子山貪午巨巽祿卯文艮廉中武子破乾輔酉弼坤逆次挨之如下圖。

巽巨	午貪	坤弼
卯祿	中廉	酉輔
艮文	子武	乾破

子挨貪以子之對宮午起貪子陰也逆行。由巽而卯逆挨如圖。又云酉山破卯輔艮弼子貪乾巨酉祿坤文武廉中武巽如下圖。

巽武	午文	坤祿
卯破	中廉	酉巨
艮輔	子弼	乾貪

酉挨破以酉之對宮卯挨破酉陰也自卯而艮而子而乾逆挨如上于氏之所謂挨星如是而已人讀其書每以爲難今舉數圖凡稍知玄空之術者即可知其僞矣補龍水神圖訣曰貪狼子癸與甲申壬卯未坤乙巨門四六宮中皆武曲酉辛丑艮丙破軍寅午庚丁四位上挨來右弼次第臨乃正訣也惟其挨法則誤此皆莫明下卦起星之妙也

天玉經補註訣曰坤壬乙未卯五位巨門星艮丙辛酉丑之宮破軍停巽辰亥乾戌巳屬武曲位甲癸申子宮貪狼一路行寅午丁庚位還從右弼轉其訣亦不誤而挨法則亦誤

近讀會稽宗稷辰躬恥齋集知端木國瑚之子百祿爲宗之壻且及門焉宗爲太鶴作墓表其言曰君自召入直貧甚於教士時雖奏勞山陵不以爲功深悔地理元文之注欲毀其板在京絕不與大家卜地云云蓋太鶴

山人在巳。已自知所著地理元文之誤。原無再摘錄揭出之必要。因習元文者甚多。故特表而出之。其改奥語云。坤壬乙廉巨。從頭出。艮丙辛巨門與祿存。巽庚癸貪狼武曲位。乾甲丁巨武一路行。註曰。四句本奥語本文。他本皆作坤壬乙文曲從頭出云云。四句乃三合家所傳。又作坤壬乙巨門從頭出云云。四句乃元運家所傳。以字句究之。是三合家。改奥語句作三合。元運家又改三合句作元運也。而太鶴以雙山五行。爲挨星布局之用誤矣。然其源亦出於消遺集。因當時攻訐蔣氏者。皆以張受祺書爲至寶也。

鄧士松尉山。著地理陰陽合纂。其言九星。坎山貪入中。坤山巨入中。震山祿入中。餘類推。著圖立說。茲摘錄一圖如下。

八卦變動九星圖 順逆局水兩宮此宮爲水彼宮卽龍與穴爲三停八山同、

文二（四八）坤（先順坤天逆乾）　輔七（八八）兌（先順坎天逆離）（此順局水）　巽六（九八）乾（先順巽天逆震）

武九（六八）離（先順坤天逆乾）　貪五（一八）中（先順震天逆巽）　廉一（五八）坎　本卦

巨四（二八）巽（先順離天逆坎）（此逆局水）　祿三（三八）震（先順兌天逆艮）　破八（七八）艮（先順艮天逆兌）

按鄧氏將坤壬乙一訣。完全不顧。亦旁門別開者也。

朱小鶴地理辨正補挨星總圖共有九。諸圖皆以乾巽入中。第一圖以中五配乾六巽四。巽逆挨。爲乾文兌祿艮巨午貪坎弼坤輔震破巽武。乾順排。爲乾破兌輔艮弼離貪坎巨坤祿震文巽廉之類。餘類推。其用法則祕而不宣。朱氏流寓姑蘇。馮林一先生與之游。　先子嘗與之談。知下圖挨得兩貪在離。卽以離爲旺向。並有自造歌訣。甚長不錄。其客牕隨筆有云。楊盤一式。以坤壬乙上起巨門。甲癸申子起貪狼。已足誤世一節。讀其書卽可知其用盤之誤矣。

蔡岷山地理求眞更改星名以爲天地人三元每一元九星皆備彼以爲蔣大鴻氏之盤每元各不完備故特正之其言曰坤壬乙巨門從頭出惟此不誤坤挨二巨所謂天心正運也蔣氏竟挨貪於癸而不挨子有此理乎學者未得此訣讀蔡氏書每爲所惑常州范氏著人定勝天於坤壬乙一訣亦力詆蔣氏然奧語非蔣氏作乃楊氏語殊覺無謂岷山之誤以爲二十四山須九星字字皆備今奧語止有貪巨武破而無文祿輔弼蔣氏祕傳之十二字寅午庚丁之右弼亦無祿文廉輔宜啓人疑竇殊不知八國挨排九星皆全（聽禪按蔣氏九星言內盤下同）天元子祿午弼卯祿酉弼乾文巽武坤巨艮破蔡岷山以爲此一元中有兩弼無一貪有兩輔祿無一破九星不全斥蔣爲謬乃改之曰子貪午弼卯祿酉破乾武巽文坤巨艮輔並曰天元居中爲一卦之父母故主運之星屬之蔣氏地元辰

武戌文丑弼未祿甲貪庚輔壬巨丙破蔡以為此一元九星皆備故惟將辰改為文戌改為武丑改為破庚改為弼丙改為輔又蔣氏人元寅輔申貪巳文亥武乙巨辛破丁輔癸貪蔡以為此一元有兩輔兩貪無一祿乃弼乃改之曰寅弼申貪巳武亥文乙巨辛輔丁破癸祿統觀蔡說以為蔣氏九星惟坤壬乙三字不誤餘皆改竄

榮錦勳吝岳著地理辨正翼其源出於辨正小補坤壬乙一訣則從奧語原本並附錄子未卯三山祿存倒丁庚寅依例老輔星午酉丑九離右弼守戌乾巳文曲古歌是是將逸語改之而已榮氏又有卦體爻用二圖以解坤壬乙巨門從頭出二句勉強可通至其下六句不能變通欺人而已

吳鏡泉圖書發微其二十四山用替諸字載盤中俱合姜垚從師隨筆惟挨法不合茲載其圖於下圖中所列為一運順逆兩向彼以天盤分陰陽

立法已大錯。如遇五郎寄本宮。

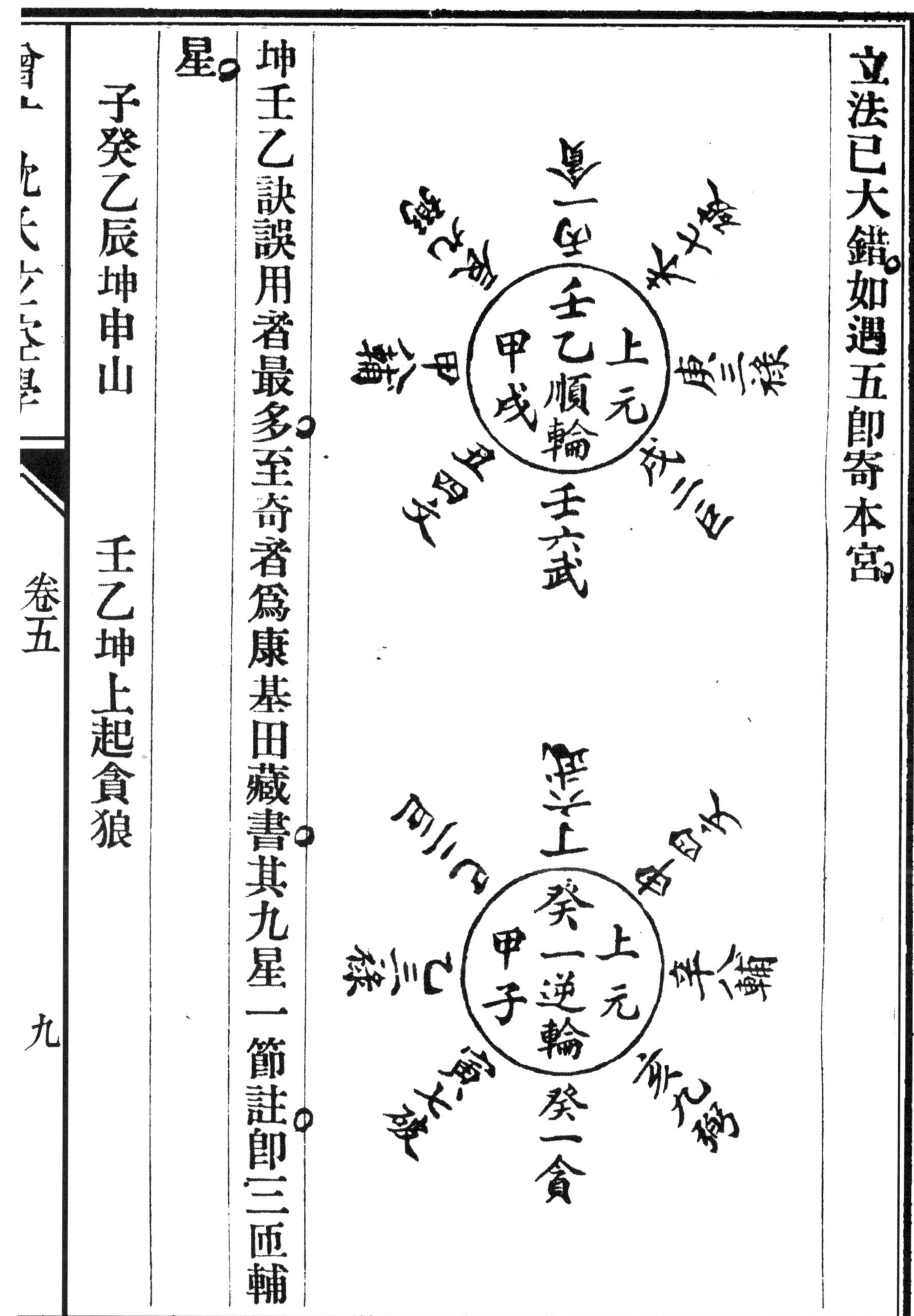

坤壬乙訣誤用者最多。至奇者爲康基田藏書。其九星一節註卽三匝輔星。

子癸乙辰坤申山　　壬乙坤上起貪狼

午壬甲戌乾寅山　丙辛艮上起貪狼

丑巽巳丁酉辛山　丁乾甲上起貪狼

未艮亥丙卯庚山　癸巽庚上起貪狼

如子癸乙辰坤申山俱在乙上起貪狼辰上是巨門巽上是祿存順行至未是左輔又在坤上起貪狼順行凡三匝康氏之説今人用之甚多且自命爲大乘作用昔余在北平晤一張姓者自謂得康術余曰康用三匝此君尚不過二匝其一匝非余告之不可張曰吾師謂三字本二字之誤因康書雖言三匝而實僅二匝也余曰康氏又一匝祕而不宣是術士之慣技書中明明言之矣張仍不解余曰子癸乙辰坤申山乙上起貪不過二匝末云凡三匝則又一匝將從何方起思之思之不難通曉張默想半時仍不能悟余曰此一匝在壬起貪狼耳張遂執弟子禮甚恭

吳少苑地理大用經辨五坤壬乙一訣。欲將古人引而不發者。廣爲闡明。用心良苦。然未得其訣。反多門外漢語。

周梅梁仁孝必讀。其解此訣。根據於司馬頭陀水法。即乙甲艮兼丁丙巽辛庚坤與癸壬乾。周氏謂司馬氏但云乙辛丁癸四維水之出脈。而余復以甲庚丙壬。四正水之出脈揭以示人。方成全壁云。周氏復立表如下。

乙甲艮即艮丙辛	丁丙巽即巽庚癸
丙癸震即震乙壬	庚乙離即離丁甲
辛庚坤即坤壬乙	癸壬乾即乾甲丁
壬丁兌即兌辛丙	甲辛坎即坎癸庚

夫司馬氏之水法。是城門一訣。非坤壬乙一訣也。今周氏混爲一談。於是滿盤皆錯矣。周氏解乾甲丁云。甲長生在亥。亥在乾宮。且木墓於未。而未

寄於午宮之丁穴宜坐乾宮之亥而水要自丁來即以乾之亥起貪狼順挨癸巨門寅祿存乙文曲中五廉貞巳武曲丁破軍申左輔辛右弼故名之曰乾甲丁爲補圖如下

申輔 坤	辛弼 兌	亥貪 乾
丁破 離	中廉 五	癸巨 坎
巳武 巽	乙文 震	寅祿 艮

如圖今之宗周氏之說其最上乘者謂一以四爲煞四以七爲煞破軍所到之處即謂之煞故坐乾不收離水此三字與三合家先後天相破合然巽庚癸與坤壬乙艮丙辛之破軍又不合矣總之周氏所挨之星實悖於眞理原不必爲之挨排因從其說者多故不能不辨

至巽庚癸三字周氏解之曰庚長生在巳巳在巽宮且庚墓於丑而丑寄

於子宮之癸。穴宜坐巽宮之巳。而水要自癸來。即以巽宮之巳起貪狼。順挨至癸爲破軍。故名之曰巽庚癸。亦爲補圖如下。

申祿 坤　辛文 兌　亥武 乾

丁巨 離　中廉 五　癸破 坎

巳貪 巽　乙弼 震　寅輔 艮

上圖周氏以亥爲長生。此局以巳爲長生。

至坤壬乙三字。周氏解之曰。壬長生在申。申在坤宮。且壬墓於辰。而辰寄卯宮之乙。穴宜座坤宮之申。而水要自乙來。即以坤宮之申起貪狼順挨至乙爲破軍。故名之曰坤壬乙。亦爲補圖如下。

申貪 坤　辛巨 兌　亥祿 乾

丁弼 離　中廉 五　癸文 坎

巳輔巽　乙破震　寅武艮

上兩圖周氏以亥巳爲長生此局以申爲長生至艮丙辛三字周氏解之曰丙長生在寅寅在艮宮且丙墓於戌而戌寄於酉宮之辛穴宜坐艮宮之寅而水要自辛來卽以艮宮之寅起貪狼順挨至酉宮之辛爲破軍故名之曰艮丙辛亦爲之補圖如下

申武坤　辛破兌　亥輔乾

丁文離　中廉五　癸弼坎

巳祿巽　乙巨震　寅貪艮

寅申巳亥四長生爲四維卦之人元周氏一一作如是解淺人從之甚多所謂四貪狼另有一種挨法非周氏所能了解也總之坤壬乙一訣與司馬氏水法二者各有用處並非相同至要至要周氏之誤亦知一行之僞

法。將行一之術又別立一術矣。四庫書目於坤壬乙一訣。猶謂其起例未詳。協紀辨方。全爲清代欽定之書。誤於一行之僞術。茲列其挨星例。大遊年小遊年之表如下。

挨星例	兌丁巳丑	震庚亥未	坤乙	坎癸申辰	巽辛	艮丙	離壬寅戌	乾甲
乾局	武	文	貪	廉	破	輔	祿	巨
坤局	輔	破	巨	祿	文	武	廉	貪
艮局	貪	廉	武	文	祿	巨	破	輔
兌局	巨	祿	輔	破	廉	貪	文	武
震局	祿	巨	破	輔	貪	廉	武	文
巽局	廉	貪	文	武	巨	祿	輔	破
坎局	破	輔	祿	巨	武	文	貪	廉
離局	文	武	廉	貪	輔	破	巨	祿

按挨星之法從天卦對宮起武曲（天定卦附下）以武曲文曲貪狼廉貞破軍輔弼祿存巨門爲序初一止變上爻次二則變上中兩爻次三則三爻皆變次四則變次四則變上下兩爻次五則變下一爻次六則變初二兩爻次七則變中一爻次八則還歸本位以貪巨武輔爲吉祿文廉破爲凶上所云九星論起龍此所云九星論照水蓋水之爲物能爲禍福者皆其光氣爲之如三光之照物遠則其光愈顯故其力愈大即折而既去其去水之影與來同論至數折之後或開一大漾而光氣愈盛者亦同來水論之

大遊年翻卦	兌丁巳丑	震庚亥未	坤乙	坎癸申辰	巽辛	艮丙	離壬寅戌	乾甲
戌乾亥宅	貪	廉	武	文	祿	巨	破	輔
未坤申宅	巨	祿	輔	破	廉	貪	文	武
丑艮寅宅	武	文	貪	廉	破	輔	祿	巨

庚酉辛宅	輔	破	巨	祿	文	武	廉	貪
甲卯乙宅	破	輔	祿	巨	武	文	貪	廉
辰巽巳宅	文	武	廉	貪	輔	破	巨	祿
壬子癸宅	祿	巨	破	輔	貪	廉	武	文
丙午丁宅	廉	貪	文	武	巨	祿	輔	破

按大遊年翻卦。亦從天定封對宮起貪狼。以貪廉武文祿巨破輔弼爲序。相宅家以生氣配貪狼。五鬼配廉貞。延年配武曲。六殺配文曲。禍害配祿存。天醫配巨門。絕命配破軍。伏位配輔弼。以乾坤艮兌爲西四宅。震巽坎離爲東四宅。凡大門方位須與坐山之卦。東不雜西。西不雜東者爲吉。故八宅遊年歌。實爲相宅之眞訣。第山爲正神。一卦統三山。門爲零神。甲庚丙壬乙辛丁癸寅申巳亥戌丑未共十六位。各從其所納之卦以爲同氣

今相宅家只取遊年歌順輪八方而不知每卦之左右兩神又與其方之卦氣不相屬失之毫釐謬以千里是以取而訂之

小遊年翻卦

小遊年翻卦	兌丁巳丑	震庚亥未	坤乙	坎癸申辰	巽辛	艮丙	離壬寅戌	乾甲
戌乾亥山即天父卦	貪	巨	祿	文	廉	武	破	輔
未坤申山即地母卦	武	廉	輔	破	巨	貪	文	祿
丑艮寅山	祿	文	貪	巨	破	輔	廉	武
庚酉辛山	輔	破	武	廉	文	祿	巨	貪
甲卯乙山	破	輔	廉	武	祿	文	貪	巨
辰巽巳山	文	祿	巨	貪	輔	破	武	廉
壬子癸山	廉	武	破	輔	貪	巨	祿	文
丙午丁山	巨	貪	文	祿	武	廉	輔	破

按小遊年翻卦從天定卦對宮起貪狼以貪巨祿文廉武破輔弼爲序從乾卦翻者爲天父卦從坤卦翻者爲地母卦地理家之三吉六秀八貴十二吉龍悉本於此如坤龍艮爲貪狼巽爲巨門兌爲武曲故以艮巽兌爲三吉艮納丙巽納辛兌納丁並三吉爲六秀又以兌之三合巳丑共六秀爲八貴催官篇所稱八吉龍蓋從此而推衍者也然八宮俱有翻卦假如乾爲本龍又兌爲貪狼震爲巨門艮爲武曲共爲三吉兌納丁震納庚艮納丙並三吉爲六秀兌合巳丑震合亥未又並六秀爲十貴可見八卦俱有三吉六秀並非專取艮丙巽辛兌丁巳丑來龍也蓋以葬藏於土而坤爲地爲母諸山所託故以爲例邱公頌所謂後來翻作八山推卽此八宮翻卦也三表按語皆通德類情原文

一、三表之起例皆先天卦皆非起星之眞訣也

二、三合盤所列九星爲小遊年之未坤申山即地母卦下之又下矣

三、如兌丁巳丑兌即酉即巳酉丑會金局加以丁者兌納丁也震庚亥未震即卯即亥卯未會木局加以庚者震納庚也坎癸申辰坎即子即申子辰會水局加以癸者坎離納戊渾天之法坎納癸也離壬寅[illegible]離即午即寅午戌會火局加以壬者離離納己渾天之法離納壬也如坤乙則即坤納乙也巽辛則即巽納辛也艮丙也乾甲則即乾納甲也今日言三合者陽宅每用翻卦詢其故又皆莫明究竟余今不惜將極淺之理一一說出使人人能知此起例雖係僞之又僞亦當洞曉其所以然之故庶幾從違皆可憑己之主觀做去若學蔣大鴻辨僞而不說明其理使人永陷沉淪之地則非余之志也

天定卦

兌　震

坤　坎

巽　艮

離　乾

至今日三合翻卦之法。余揭天定地母兩卦。如下甲乙二圖。其排法。曰乾山居兌。兌居乾。坎巽上爻兩換。翻坤艮二宮。皆互起震離相對紫微天。

圖甲

巽廉　坎文　艮武

乾輔　　　　坤祿

兌貪　離破　震巨

圖乙

巽巨　坎破　艮貪

乾祿　　　　坤輔

兌武　離文　震廉

如上圖。今習三合者。自知以小遊年地母卦爲世人所詬病。於是以此訣視爲至寶。習三元如吳鹿野輩亦宗此術。甚有謂三元三合可以會通。惟

此而已歧之又歧莫甚於此

臨川紀大奎地理末學於坤壬乙一訣別無自出心裁之發明僅於論九宮十二宮生旺文內爲張式之之坤壬乙文曲從所出四句張目一番而已然讀其文其於揚張抑蔣之處止籠統詆爲不能解其奧語顛倒之妙義寶坤壬乙巨門從所出穿穴改竄之文以爲眞而措詞之際一則曰大約以一白貪狼至九紫右弼順挨九星論三元管局之吉凶再則曰文曲從所出之四語雖不知果出曾楊與否較之彼所傳者爲自然可見紀於玄空實無所知致不敢斷然下評故其依草附木之見隔靴搔癢之談並無一討論之價値也

更有誤用生成之數以合五合十五爲用者夫數之成僅有一二三四五所謂六七八九十者無非由五之減數而來所謂一六共宗一加五卽六

也六減五即一也其餘各數由是而類推可也今其法一運以四爲恩星故二運用三碧祿存合五也三運以二爲恩星故三運用二黑巨門合五也四運以一爲恩星故四運用一白貪狼合五也並據一白貪狼甲癸申一句以甲癸申山句爲旺龍旺向查四運甲山甲向申山申向爲上吉癸山癸向爲次吉彼挾此術爲人卜葬適合元運無非偶中而已至五運用乘運之五爲恩星六運以九爲恩星故六運用九紫右弼合十五也七運以八爲恩星故七運用八白左輔合十五也八運以七爲恩星故八運用七赤破軍合十五也九運以六爲恩星故九運用六白武曲合十五也以上合五合十五之法所謂窮思極想然此法杜撰無據故多不驗

綜觀坤壬乙一訣前人所誤解者其要點有五

一、不知下卦起星之別今人自命知玄空者僅知下卦能知星者實未之艱。

二、不知先天後天之別。後天用也。先天體也。不能舍先天言後天。

三、不知直達之向用卦。補救之向用星。

四、不知起貪狼之法。蓋位位有貪狼。卦卦有貪狼。姜汝皋非巨門而與巨門爲一例。姚銘三挨法有一定之例。然起星有殊耳。其言皆何等聰明。惜未敢明說耳。

五、不知子未卯一三祿存倒。與坤壬乙巨門從頭出有別。混而爲一。於是誤入歧途矣。

以上所辨者。皆取近人家弦戶誦之書。學者手置一編者也。至洽僻之書言此訣者。就余所見。尤夥。支離百出。令人墮雲霧中。一一考之。更等之自鄶矣。

今之所謂楊盤所列之地母卦。所謂蔣盤所列分位正體之九星。詢其如何用法。皆莫知所以然。千年長夢。昏而不醒。噫是誰之過歟。

古吳吹藜子申聽禪編

附說

奧語坤壬乙一訣。失傳已久。清初蔣氏大鴻（平階）著地理辨正。能知其奧。而狃於天機不可洩漏之習。除其及門會稽姜公子汝皋（垚）外。未嘗以告第二人。姜氏亦怵於其師之動色相戒。故其註奧語。詞頗隱約閃爍。致後之人讀其書。仍茫然莫解。泉唐沈竹礽先生。精究地學四十年。讀易千七百餘種。始得眞傳。後從胡氏獲姜氏從師隨筆。益覺信而有徵。恨古人祕密之非。故著書時於此訣及城門反伏吟諸訣。皆盡量宣露。不留餘蘊。哲嗣瓞民先生。世其學。余小子與瓞民先生遊有年。復得竊窺緒餘。爰繼旌德江迂生志伊太史下卦立成圖之後。（江著即沈氏玄空學第四冊）成起星立成圖四百三

十二局左右兼併爲二百一十有六局聊以自娛且以便人同好之閱吾書者倘賜匡正幸甚

姜汝皋從師隨筆之言曰甲子年（按爲康熙二十三年）杜陵夫子爲劉姓卜壽藏圖中註明甲申後二十年除力士五黄加臨外年年可葬惟不可兼巳亥兼則氣不純余詢師何故但笑而不答又曰丙寅年復爲余家卜一地圖說亦如是因詢之師曰子尚不足以語此以待來年又曰戊辰年杜陵夫子又游越余又詢之師曰兼則宜用坤壬乙訣不兼下卦可耳余始恍然自後余從事奥語開山有斧矣惟奥語僅言十二山且非字字可以起星其他十二山總未能得其口訣時我師將葬親於餘姚無資購地余以二千金報之使者歸授余以子癸並甲申口訣二十八句乃知子癸甲申貪卯乙未坤壬巨辰戌乾亥巽巳武酉辛丑艮丙破午丁寅庚弼來書諄諄告戒

謂此祕中之祕，惟子可以知之，愼勿洩漏一二也。余得此訣後，乃註奥語云云。可見下卦起星，雖以姜氏之敏密，在未得訣時，猶且誤認爲是一非二，何况時師。近人之對坤壬乙一訣，大都可分兩種：一則完全不知起星爲何物，將下卦起星混爲一談。其實姜氏註謂此九星與八宫掌訣九星不同，語雖隱閃，不啻明告八宫掌訣是卦非星，坤壬乙是星非卦。故章仲山甫亦揭出下卦起星、定卦分星八大字，尤爲顯露。無如後來雖以溫明遠榮鏕之理氣精熟，而不能辨清卦與星之别，直以八宫掌訣之法解此訣，遑論其他。其二則自作聰明，於坤壬乙巨、艮丙辛破、巽辰亥武、甲癸申貪外，有以逸語子未卯四句爲續者，更有任意改竄並與語原文而亦更易者，如坤壬乙文曲從頭出之類。至於挨排之法，尤千奇百出，遂使初學惑其說者，轉疑子癸並甲申一訣爲非的傳。此皆未覩姜氏從師隨筆之過也從師隨筆一則曰杜陵夫子每謂今日僞學所持之蔣盤在起星一層除坤壬乙艮丙辛巽辰亥甲癸申十二字外子祿丑宛寅輔卯祿巳文午宛丁輔未祿庚輔酉宛戌文乾文無一字合法指爲余所定妄矣再則曰師曰坤壬乙一訣經人妄改已數十種蓋此訣河洛與生成之數變化而成今之術士烏能知其奧知此訣非大聖大賢大智大慧者不可然此等人猶非得有眞傳不可故奧語勸君再把星辰辨吉凶禍福如神見天玉經五星配出九星名天下任橫行惟此法見心術端方可偶一漏洩子其識之云云由是觀之僞學之日盛正學之日晦亦未嘗不由於祕密太甚之故沈竹礽先生謂杜陵爲地理之功臣亦地理之罪人非激詞也（按子未卯一三祿存倒用於蔣氏內盤九星則合非用於起星也說詳沈先生不贅序）

沈竹礽先生論替卦繪圖加說辭旨誼達讀之最易使人明曉曰（甲）

坤壬乙巨門從頭出。對宮卽艮丙辛。位位是破軍。坤壬乙卽二一三。此上元甲子之統卦氣也。艮丙辛卽八九七。此下元甲子之統卦氣也。艮坤爲生死之門。此二句以艮坤二字冠之者。以天盤包括地人兩盤也。(乙)巽辰亥盡是武曲位。此句不言對宮。而對宮戌乾巳亦是武曲。因中五順飛至乾爲六。逆飛至巽亦爲六。故也。此中元甲子之統卦氣也。巽辰亥卽四五六。五爲戊己無方位。上十年旺於戌。下十年旺於辰。戌乾巳同例。(丙)甲癸申貪狼一路行。楊公不言對宮。而對宮爲庚丁寅均屬右弼。此一地包括二人而言也。(丁)未丑子午卯酉六山。楊公一字不提。於是挨貪挨巨莫衷一是。夫子午陰之終始。子中藏一二三。午中藏九八七。故子挨貪午挨弼。而卯酉未丑之挨巨破。更了然矣。云云。余謂一言以蔽之。沈公此說卽姜氏隨筆中所言。此訣係河洛與生成之數。變化而成。十四字之註

脚學者當益可恍然矣

且余近得祕笈中有論六白運內挨星接氣訣一則所言亦與沈公暗合具徵此訣之的殊足寶貴今錄如下（上略）蓋坎得數一也五行之首水也斗之魁貪狼也領坤震及四干二支共主宰乎上元甲子正運五行生旺之氣也即分己之子壬而入於坤引坤之子申震之子甲而歸於己同屬貪狼故上元立挨星局以子癸甲申起貪狼位其坤未鳩合震三而主震之子卯乙同位巨門循環經緯共理上元旺衰之事也中元巽四統中黃乾六掌中元甲子正運五行生旺之氣於是乾之武曲爲巽之對待故中元立挨星訣而以乾巽六位起武曲以廉貞鎭守中宮五黃惟天立極御制四方曰於運制都宮陵寢則威揚八表召其威福若非此而下者必羅露其隱慎之下元兌七主事統艮八離九主宰下元甲子正運五行生

旺之氣而兌分己之子庚艮之子寅同屬右弼司下元之代謝故下元立挨星局以午丁庚寅起右弼也以上三局推乾巽挨星正卦干支不相假借者可也以中五廉貞間於其中也又上元之祿存中元之文曲下元之左輔未能班列於總圖者此非作者之隱謎而有天地自然之理也（按一言道破實盤盤有祿存盤盤有文曲盤盤有左輔耳）然以九分三各敘一家骨肉而分統三元正運生死衰旺之氣而坎一又爲三元之紀綱九星之首領中下兩元亦不得置而弗論也其離九又爲首領陰陽之對待收攬元運之化機故得離九生旺之氣皆有三元不敗之妙義也云云其文明白如日月經天惜字句間有少晦處並有訛誤脫漏吾師沈瓞民先生謂玄空每喜將容易明白之理用不通隱謎之語令人墮入五里霧中是其慣技余則謂或係年湮代遠傳寫訛誤亦未可知顧即此其他一切僞訣更無置位之餘地矣

九星者卽一貪狼二巨門三祿存四文曲五廉貞六武曲七破軍八左輔九右弼共分兩種一八宮掌訣九星用於下卦一配二十四山用於起星後者因其參伍錯綜人每不易領悟要之直達之向卽單向僅下卦可也補救之向卽兼左兼右（合出卦兼陰陽互兼八天共兼）非起星不可換言之卽非用坤壬乙一訣落替不可坤壬乙一訣是星非卦能辨别清楚然後正道可明青囊奥語開宗明義固言替卦卽天玉寶照諸經言替卦處亦正多如雙山雙向也子癸午丁天元宮六句也皆是仲山直解往往明白流露此外三合盤之中縫兩針亦爲兼左兼右之用學者每不措意耳譬如正針子山午向中針卽指子兼癸之理縫針卽指癸兼子之理正針用於下卦中縫兩針用於起星今人多附會中針撥砂縫針納水誤矣至於用替方法沈氏玄空學言之甚詳凡兼向至三度以上者卽須起星若僅兼一二度可免萬

一正採二向皆無替可尋時始將正向某字飛一盤又將兼向某字飛一盤合兩盤以觀水路之吉凶今見有明明有替可尋而並不尋替遽將正兼二向各飛一盤者非

余近見一舊抄本中有一則曰凡兼向兼左兼右不論總以本正向為主地支兼天干三分天干兼地支如乙兼卯辛兼酉癸兼子亦三分若兼辰戌丑未則一分蓋恐卦氣雜也云云此係俗例萬不可從倘泥其說殊於補救二字命意有乖總之左兼右兼須依山水性情裁剪補救非心靈眼活運用敏密者不辨山水情狀有可兼不可兼有不得不兼者有萬不宜兼者千言萬語猶不能盡其妙安有如此呆笨板滯者乎又近時江浙風俗造葬至不敢用單向詢之不能言其故其點者則以一卦可得兩卦之用為對孰知非出卦即差錯欲避凶反召凶結果適得其反欲其誕育正

人君子求國安家慶不亦難乎。凡尋替首重向上一星寶照經云。巳丙宜向天門上亥壬向得巽風吹重。言向字即此義。以仲山宅斷。沈氏玄空學第三冊。例之第三十八圖周姓祖墓及陽宅第十七圖甯波府基是也。向上無替可尋。乃尋山上用替。如宅斷第十六圖嵇中堂祖墓是也。若山向皆有替可尋。則兩替之。如宅斷陽宅第三四兩圖是也。山向皆無可替。始如上述將正兼二向各飛一盤斷其水口。至宅斷中。兼向不用替者甚多。如第五圖錢姓墓。第十五圖經姓墓。第四十八圖某墓等。陽宅更多。亦並無正兼各飛之事。此則大抵所謂僅兼一二分。無須尋替者耳。今吾書於山向皆有替可尋者。固皆替出。即有一不能替或兩無可替之局。亦必以替法替之。所以明替則卦氣已變。是起星不是下卦矣。

凡令星到山到向之局如二八運之乾巽巽巳乾亥亥巳丑未未丑三七運之辰戌戌辰卯酉酉卯乙辛辛乙四六運之甲庚庚甲艮坤坤艮寅申申寅五運之子午午子癸丁丁癸卯酉酉卯乙辛辛乙辰戌戌辰丑未未丑萬不可兼用他向兼則氣不純也沈氏玄空學中亦嘗舉一例如四運庚山甲向兼酉卯二到向本二入中今用替卦二即末挨巨門仍二入中無所謂替也雖到山到向反不能作旺龍旺向論因差錯之病仍在其中不如專用庚甲直達之爲得也四運甲庚兼卯酉二八兩運未山丑向五八兩運丑山未向三七兩運戌山辰向五運辰山戌向同用者務宜注意倘爲形局關係不得不稍偏左偏右則偶兼二三分尚無礙惟出卦與差錯仍須力避耳

用替有種種奇異之局可遇下卦不能遇也如沈氏玄空學所言五運之戌山辰向八運之辰山戌向出卦兼或陰陽互兼山向飛星皆字字相同此之謂無變化無生息甚之有凶無吉按

字字相同即八純卦八純卦者即乾又見乾坤又見坤艮又見艮巽又見巽之類今吾書排盡九運廿四山向得八純卦凡六局曰五運之戌辰辰戌乾巽巽乾亥巳巳亥是皆山向俱替非如八運之辰戌戌辰猶止替向不替山或替山不替向也

八運之辰戌戌辰替向不替山或替山不替向則爲八純卦山向俱替則又適合到山到向九運廿四山止此二局比之沈氏玄空學所舉六運壬丙兼子午亥巳借合一局之例尤爲奇中之奇至全局合十者有三運之壬丙丙壬八運之子午午子癸丁丁癸六局全局生成者有五運之甲庚庚甲寅申申寅第皆以山向俱替乃論也

沈竹礽先生云最爲替卦中之一關鍵能將穴上所見之水適合城門往往發福所不可不辨者反伏吟耳故吾書遇凡可用城門一訣之局亦特

標明便於學者一目瞭然。以上坤壬乙一訣之起例及替星用法之大概盡之矣。若欲更得其詳。有沈氏玄空學。暨卷首陜師之序文在。不復多贅。

二十四山配九星圖

吹虀子簡易挨星口訣

子癸甲申貪狼尋　坤壬乙卯未巨門
乾巽六位皆武曲　艮丙辛酉丑破軍
若問寅午庚丁上　一律挨來是弼星

蔣大鴻授姜汝皋挨星口訣

子癸並甲申　貪狼一路行　壬卯乙未坤
五位爲巨門　天星說破軍　翻向逐爻行
貪輔不同論　水口不宜丁　百福又千禎
妙用更通靈

一運子山午向兼壬丙癸丁起星圖

武六 廉五 九	向 貪一 貪一 五	輔八 祿三 七
破七 文四 八	廉五 武六 一	祿三 輔八 三
巨二 弼九 四	弼九 巨二 六 山	文四 破七 二

說明

一五到向無替可尋四正逆行下同

二六到山六之天元卽乾挨武曲仍六入中乾陽故順行

三此局巽坤兩方俱可用城門訣

二運子山午向兼壬丙癸丁起星圖

廉五 輔八 一	向 貪一 祿三 六	祿三 貪一 八
文四 弼九 九	武六 破七 二	輔八 廉五 四
弼九 文四 五	巨二 巨二 七 山	破七 武六 三

說明

一六到向六之天元卽乾挨武曲仍六入中乾陽故順行

二七到山七之天元卽酉挨破軍仍七入中酉陰故逆行

三此局巽方可用城門訣

三運子山午向兼壬丙癸丁起星圖

輔八 武六 二	向 祿三 巨二 七	貪一 文四 九
弼九 廉五 一	破七 破七 三	廉五 弼九 五
文四 貪一 六	巨二 祿三 八 山	武六 輔八 四

說明

一 七到向七之天元卽酉挨破軍仍七入中酉陰故逆行

二 八到山八之天元卽艮挨破軍故不用八而以七入中艮陽故順行

三 此局用替到山到向

四 此局坤方可用城門訣

四運子山午向兼壬丙癸丁起星圖

武六 貪一 三	向 巨二 廉五 八	文四 祿三 一
廉五 巨二 二	破七 弼九 四	弼九 破七 六
貪一 武六 七	祿三 文四 九 山	輔八 輔八 五

說明

一 八到向八之天元卽艮挨破軍故不用八而以七入中艮陽故順行

二 九到山九之天元卽午挨弼星仍九入中午陰故逆行

三 此局坤方有水爲當元吉水（所謂沖起樂宮無價寶是也下同）其巽方並可用城門訣

五運子山午向兼壬丙癸丁起星圖

貪一 巨二 四	向 廉五 武九 九	祿三 文四 二
巨二 祿三 三	弼九 貪一 五	破七 輔八 七
武六 破七 八	文四 廉五 一 山	輔八 弼九 六

說明

一　九到向九之天元卽午挨弼星仍九入中午陰故逆行

二　一到山一之天元卽子挨貪狼仍一入中子陰故逆行

六運子山午向兼壬丙癸丁起星圖

巨二 貪一 五	向 武六 武六 一	文四 輔八 三
祿三 弼九 四	貪一 巨二 六	輔八 文四 八
破七 廉五 九	廉五 破七 二 山	弼九 祿三 七

說明

一　一到向一之天元卽子挨貪狼仍一入中子陰故逆行

二　二到山二之天元卽坤挨巨門仍二入中坤陽故順行

三　此局坤方可用城門訣

七運子山午向兼壬丙癸丁起星圖

貪一 祿三 六	向 武六 破七 二	輔八 廉五 四
弼九 文四 五	巨二 巨二 七	文四 弼九 九
廉五 輔八 一	破七 武六 三 山	祿三 貪一 八

說明

一　二到向二之天元卽坤挨巨門仍二入中坤陽故順行

二　三到山三之天元卽卯挨巨門故不用三而以二入中卯陰故逆行

八運子山午向兼壬丙癸丁起星圖

祿三 廉五 七	向 破七 貪一 三	廉五 祿三 五
文四 文四 六	巨二 武六 八	弼九 輔八 一
輔八 弼九 二	武六 巨二 四 山	貪一 破七 九

說明

一　三到向三之天元卽卯挨巨門故不用三而以二入中卯陰故逆行

二　四到山四之天元卽巽挨武曲故不用四而以六入中巽陽故順行

三　此局用替全盤合十

四　此局巽方可用城門訣

九運子山午向兼壬丙癸丁起星圖

廉五 武六 八	向 貪一 貪一 四	祿三 輔八 六
文四 破七 七	武六 廉五 九	輔八 祿三 二
弼九 巨二 三	巨二 弼九 五 山	破七 文四 一

說明

一四到向四之天元卽巽挨武曲故不用四而以六入中巽陽故順行

二五到山無替可尋

以上子山午向九局地運八十年各運同

一運午山子向兼丙壬丁癸起星圖

廉五 武六 九	山 貪一 貪一 五	祿三 輔八 七
文四 破七 八	武六 廉五 一	輔八 祿三 三
弼九 巨二 四	巨二 弼九 六 向	破七 文四 二

說明

一六到向六之天元卽乾挨武曲仍六入中乾陽故順行

二五到山無替可尋

二運午山子向兼丙壬丁癸起星圖

輔八 廉五 一	山 祿三 貪一 六	貪一 祿三 八
弼九 文四 九	破七 武六 二	廉五 輔八 四
文四 弼九 五	巨二 巨二 七 向	武六 破七 三

說明

一 七到向七之天元卽酉挨破軍仍七入中酉陰故逆行

二 六到山六之天元卽乾挨武曲仍六入中乾陽故順行

三 此局乾方可用城門訣

三運午山子向兼丙壬丁癸起星圖

武六 輔八 二	山 巨二 祿三 七	文四 貪一 九
廉五 弼九 一	破七 破七 三	弼九 廉五 五
貪一 文四 六	祿三 巨二 八 向	輔八 武六 四

說明

一 八到向八之天元卽艮挨破軍故不用八而以七入中艮陽順行

二 七到山七之天元卽酉挨破軍仍七入中酉陰逆行

三 此局用替到山到向

四運午山子向兼丙壬丁癸起星圖

貪一 武六 三	山 廉五 巨二 八	祿三 文四 一
巨二 廉五 二	弼九 破七 四	破七 弼九 六
武六 貪一 七	文四 祿三 九 向	輔八 輔八 五

說明

一九到向九之天元卽午挨弼星仍九入中午陰逆行、

二八到山八之天元卽艮挨破軍故不用八而以七入中艮陽順行

三此局艮方可用城門訣

五運午山子向兼丙壬丁癸起星圖

巨二 貪一 四	山 武六 廉五 九	文四 祿三 二
祿三 巨二 三	貪一 弼九 五	輔八 破七 七
破七 武六 八	廉五 文四 一 向	弼九 輔八 六

說明

一一到向一之天元卽子挨貪狼仍一入中子陰逆行

二九到山九之天元卽午挨弼星仍九入中午陰逆行

六運午山子向兼丙壬丁癸起星圖

輔八文四三	文四輔八八	祿三弼九七
山 武六武六一	巨二貪一六	破七廉五二 向
貪一巨二五	弼九祿三四	廉五破七九

說明

一 二到向二之天元卽坤挨巨門仍二入中坤陽順行

二 一到山一之天元卽子挨貪狼仍一入中子陰逆行

三 此局乾艮兩方俱可用城門訣

七運午山子向兼丙壬丁癸起星圖

廉五輔八四	弼九文四九	貪一祿三八
山 破七武六二	巨二巨二七	武六破七三 向
祿三貪一六	文四弼九五	輔八廉五一

說明

一 三到向三之天元卽卯挨巨門故不用三而以二入中卯陰逆行

二 二到山二之天元卽坤挨巨門仍二入中坤陽順行

三 此局艮方可用城門訣

八運午山子向兼丙壬丁癸起星圖

廉五 祿三 七	山 貪一 破七 三	祿三 廉五 五
文四 文四 六	武六 巨二 八	輔八 弼九 一
弼九 輔八 二	巨二 武六 四 向	破七 貪一 九

說明

一四到向四之天元卽巽巽挨武曲故不用四以六入中巽陽順行

二三到山三之天元卽卯挨巨門故不用三而以二入中卯陰逆行

三此局用替全盤合中

四此局乾方可用城門訣

九運午山子向兼丙壬丁癸起星圖

廉六 武五 八	山 貪一 貪一 四	輔八 祿三 六
破七 文四 七	廉五 武六 九	祿三 輔八 二
巨二 弼九 三	弼九 巨二 五 向	文四 破七 一

說明

一五到向無替可尋

二四到山四之天元卽巽挨武曲故不用四而以六入中巽陽順行

三此局乾艮兩方俱可用城門訣

以上午山子向九局地運一百年各運同

一運卯山酉向兼甲庚乙辛起星圖

山				向
	祿三 武六 九	破七 巨二 五	廉五 文四 七	
山	文四 廉五 八	巨二 破七 一	弼九 弼九 三	向
	輔八 貪一 四	武六 祿三 六	貪一 輔八 二	

說明

一 三到向三之天元卽卯挨巨門故不用三而以二入中卯陰逆行

二 八到山八之天元卽艮挨破軍故不用八而以七入中艮陽順行

三 此局乾方有水爲當元吉水其坤方並可用城門訣

四 此局兼二運卽向星入囚

二運卯山酉向兼甲庚乙辛起星圖

山				向
	廉五 貪一 一	貪一 廉五 六	祿三 祿三 八	
山	文四 巨二 九	武六 弼九 二	輔八 破七 四	向
	弼九 武六 五	巨二 文四 七	破七 輔八 三	

說明

一 四到向四之天元卽巽挨武曲故不用四而以六入中巽陽順行

二 九到山九之天元卽午挨弼星仍九入中午陰逆行

三 此局乾方可用城門訣

三運卯山酉向兼甲庚乙辛起星圖

	武六 巨二 二	貪一 武六 七	輔八 文四 九	
山	破七 祿三 一	廉五 貪一 三	祿三 輔八 五	向
	巨二 破七 六	弼九 廉五 八	文四 弼九 四	

說明

一 五到向無替可尋

二 一到山一之天元卽子挨貪狼仍一入中子陰逆行

三 此局坤方可用城門訣

四運卯山酉向兼甲庚乙辛起星圖

	廉五 貪一 三	貪一 武六 八	祿三 輔八 一	
山	文四 弼九 二	武六 巨二 四	輔八 文四 六	向
	弼九 廉五 七	巨二 破七 九	破七 祿三 五	

說明

一 六到向六之天元卽乾挨武曲仍六入中乾陽順行

二 二到山二之天元卽坤挨巨門仍二入中坤陽順行

三 此局坤方可用城門訣

五運卯山酉向兼甲庚乙辛起星圖

向

輔八 祿三 四	祿三 破七 九	貪一 廉五 二
弼九 文四 三	破七 巨二 五	廉五 弼九 七
文四 輔八 八	巨二 武六 一	武六 貪一 六

山

說明

一七到向七之天元卽酉挨破軍仍七入中酉陰逆行

二三到山三之天元卽卯挨巨門故不用三而以二入中卯陰逆行

六運卯山酉向兼甲庚乙辛起星圖

向

武六 廉五 五	巨二 貪一 一	文四 祿三 三
廉五 文四 四	破七 武六 六	弼九 輔六 八
貪一 弼九 九	祿三 巨二 二	輔八 破七 七

山

說明

一八到向八之天元卽艮挨破軍故不用八而以七入中艮陽順行

二四到山四之天元卽巽挨武曲故不用四而以六入中巽陽順行

三此局乾坤二方俱可用城門訣

四此局兼當元丁星入囚

七運卯山酉向兼甲庚乙辛起星圖

貪一 武六 六	廉五 貪一 二	祿三 輔八 四
山 巨二 破七 五	弼九 廉五 七	向 破七 祿三 九
武六 巨二 一	文四 弼九 三	輔八 文四 八

說明

一九到向九之天元卽午挨弼星仍九入中午陰逆行

二五到山無替可尋

八運卯山酉向兼甲庚乙辛起星圖

巨二 廉五 七	武六 貪一 三	文四 祿三 五
山 祿三 文四 六	貪一 武六 八	向 輔八 輔八 一
破七 弼九 二	廉五 巨二 四	弼九 破七 九

說明

一一到向一之天元卽子挨貪狼仍一入中子陰逆行

二六到山六之天元卽乾挨武曲仍六入中乾陽順行

三此局乾方可用城門訣

九運卯山酉向兼甲庚乙辛起星圖

貪一 輔八 八	武六 祿三 四	輔八 貪一 六
山 弼九 弼九 七	巨二 破七 九	向 文四 廉五 二
廉五 文四 三	破七 巨二 五	祿三 武六 一

說明

一二到向二之天元卽坤挨巨門仍二入中坤陽順行

二七到山七之天元卽酉挨破軍仍七入中酉陰逆行

三此局乾方可用城門訣

以上卯山酉向九局地運四十年各運同

一運酉山卯向兼庚甲辛乙起星圖

武六 祿三 九	巨二 破七 五	文四 廉五 七
向 廉五 文四 八	破七 巨二 一	山 弼九 弼九 三
貪一 輔八 四	祿三 武六 六	輔八 貪一 二

說明

一八到向八之天元卽艮挨破軍故不用八而以七入中艮陽順行

二三到山三之天元卽卯挨巨門故不用三而以二入中卯陰逆行

三此局艮方有水爲當元吉水其巽方並可用城門訣

二運酉山卯向兼庚甲辛乙起星圖

山

祿三 祿三 八	破七 輔八 四	輔八 破七 三
廉五 貪一 六	弼九 武六 二	文四 巨二 七
貪一 廉五 一	巨二 文四 九	武六 弼九 五

向

說明

一九到向九之天元卽午挨弼星仍九入中午陰逆行

二四到山四之天元卽巽挨武曲故不用四而以六入中巽陽順行

三此局巽方可用城門訣

三運酉山卯向兼庚甲辛乙起星圖

山

文四 輔八 九	輔八 祿三 五	弼九 文四 四
武六 貪一 七	貪一 廉五 三	廉五 弼九 八
巨二 武六 二	祿三 破七 一	破七 巨二 六

向

說明

一一到向一之天元卽子挨貪狼仍一入中子陰逆行

二五到山無替可尋

四運酉山卯向兼庚甲辛乙起星圖

貪一 廉五 三	武六 貪一 八	輔八 祿三 一	
向 弼九 文四 二	巨二 武六 四	文四 輔八 六	山
廉五 弼九 七	破七 巨二 九	祿三 破七 五	

說明

一二到向二之天元卽坤挨巨門仍二入中坤陽順行

二六到山六之天元卽乾挨武曲仍六入中乾陽順行

三此局巽艮兩方俱可用城門訣

五運酉山卯向兼庚甲辛乙起星圖

祿三 輔八 四	破七 祿三 九	廉五 貪一 二	
文四 弼九 三	巨二 破七 五	弼九 廉五 七	山
輔八 文四 八	武六 巨二 一	貪一 武六 六	

說明

一三到向三之天元卽卯挨巨門故不用三而以二入中卯陰逆行

二七到山七之天元卽酉挨破軍仍七入中酉陰逆行

六運酉山卯向兼庚甲辛乙起星圖

向		山
廉五 武六 五	貪一 巨二 一	祿三 文四 三
文四 廉五 四	武六 破七 六	輔八 弼九 八
弼九 貪一 九	巨二 祿三 二	破七 輔八 七

說明

一四到向四之天元卽巽挨武曲故不用四而以六入中巽陽順行

二八到山八之天元卽艮挨破軍故不用八而以七入中艮陽順行

三此局艮方可用城門訣

四此局向星入囚

七運酉山卯向兼庚甲辛乙起星圖

向		山
武六 貪一 六	貪一 廉五 二	輔八 祿三 四
破七 巨二 五	廉五 弼九 七	祿三 破七 九
巨二 武六 一	弼九 文四 三	文四 輔八 八

說明

一五到向無替可尋

二九到山九之天元卽午挨弼星仍九入中午陰逆行

三此局艮方可用城門訣

八運酉山卯向兼庚甲辛乙起星圖

山

祿三文四五　輔八輔八一　破七弼九九

貪一武六三　武六貪一八　巨二廉五四

向

廉五巨二七　文四祿三六　弼九破七二

說明

一六到向六之天元卽乾挨武曲仍六入中乾陽順行

二一到一山之天元卽子挨貪狼仍一入中子陰逆行

三此局巽方可用城門訣

九運酉山卯向兼庚甲辛乙起星圖

山

貪一輔八六　廉五文四二　武六祿三一

祿三武六四　破七巨二九　巨二破七五

向

輔八貪一八　弼九弼九七　文四廉五三

說明

一七到向七之天元卽酉挨破軍仍七入中酉陰逆行

二二到山二之天元卽坤挨巨門仍二入中坤陽順行

三此局艮方可用城門訣

以上酉山卯向九局地運壹百四十年各運同

一運乾山巽向兼戌辰亥巳起星圖

向				
向	貪一 貪一 九	廉五 武六 五	祿三 輔八 七	
	巨二 弼九 八	弼九 巨二 一	破七 文四 三	
	武六 廉五 四	文四 破七 六	輔八 祿三 二	山

說明

一九到向九之天元卽午挨弼星仍九入中午陰逆行

二二到山二之天元卽坤挨巨門仍二入中坤陽順行

二運乾山巽向兼戌辰亥巳起星圖

向				
向	巨二 祿三 一	武六 破七 六	文四 廉五 八	
	祿三 文四 九	貪一 巨二 二	輔八 弼九 四	
	破七 輔八 五	廉五 武六 七	弼九 貪一 三	山

說明

一一到向一之天元卽子挨貪狼仍一入中子陰逆行

二三到山三之天元卽卯挨巨門故不用三而以二入卯陰逆行

三此局卯方可用城門訣

四此局丁星入囚葬後子嗣極艱

三運乾山巽向兼戌辰亥巳起星圖

向	貪一 廉五 二	武六 貪一 七	輔八 祿三 九
	弼九 文四 一	巨二 武六 三	文四 輔八 五
	廉五 弼九 六	破七 巨二 八	祿三 破七 四

山

說明

一二到向二之天元卽坤挨巨門仍二入中坤陽順行

二四到山四之天元卽巽挨武曲故不用四而以六入中巽陽順行

三此局午卯兩方俱可用城門訣

四運乾山巽向兼戌辰亥巳起星圖

向	祿三 文四 三	破七 弼九 八	廉五 巨二 一
	文四 祿三 二	巨二 廉五 四	弼九 破七 六
	輔八 輔八 七	武六 貪一 九	貪一 武六 五

山

說明

一三到向三之天元卽卯挨巨門故不用三而以二入中卯陰逆行

二五到山無替可尋四維順行下同

三此局震方有水爲當元吉水

五運乾山巽向兼戌辰亥巳起星圖

向		
廉五 廉五 四	貪一 貪一 九	祿三 祿三 二
文四 文四 三	武六 武六 五	輔八 輔八 七
弼九 弼九 八	巨二 巨二 一	破七 破七 六 山

說明

一 四到向四之天元即巽挨武曲故不用四而以六入中巽陽順行

二 六到山六之天元即乾挨武曲仍六入中乾陽順行

三 此局用替山向字字相同名八純卦凶

四 此局午卯兩方俱可用城門訣

六運乾山巽向兼戌辰亥巳起星圖

向		
文四 輔八 五	弼九 祿三 一	巨二 貪一 三
祿三 弼九 四	廉五 破七 六	破七 廉五 八
輔八 文四 九	貪一 巨二 二	武六 武六 七 山

說明

一 五到向無替可尋

二 七到山七之天元即酉挨破軍仍七入中酉陰逆行

三 此局午方可用城門訣

七運乾山巽向兼戌辰亥巳起星圖

向

廉五 武六 六	貪一 巨二 二	祿三 文四 四
文四 廉五 五	武六 破七 七	輔八 弼九 九
弼九 貪一 一	巨二 祿三 三	破七 輔八 八

山

說明

一 六到向六之天元即乾挨武曲仍六入中乾陽順行

二 八到山八之天元即艮挨破軍故不用八而以七入中艮陽順行

三 此局丁星入囚

八運乾山巽向兼戌辰亥巳起星圖

向

輔八 貪一 七	祿三 廉五 三	貪一 祿三 五
弼九 巨二 六	破七 弼九 八	廉五 破七 一
文四 武六 二	巨二 文四 四	武六 輔八 九

山

說明

一 七到向七之天元即酉挨破軍仍七入中酉陰逆行

二 九到山九之天元即午挨弼星仍九入中午陰逆行

三 此局午方可用城門訣

九運乾山巽向兼戌辰亥巳起星圖

向			
武六 巨二 八	巨二 武六 四	文四 文四 六	
廉五 祿三 七	破七 貪一 九	弼九 輔八 二	
貪一 破七 三	祿三 廉五 五	輔八 弼九 一	山

說明

一 八到向八之天元卽艮挨破軍故不用八而以七入中艮陽順行

二 一到山一之天元卽子挨貪狼仍一入中子陰逆行

三 此局卯方可用城門訣

以上乾山巽向九局地運一百六十年各運同

一運巽山乾向兼辰戌巳亥起星圖

山			
	貪一 貪一 九	武六 廉五 五	輔八 祿三 七
	弼九 巨二 八	巨二 弼九 一	文四 破七 三
	廉五 武六 四	破七 文四 六	祿三 輔八 二
			向

說明

一 二到向二之天元卽坤挨巨門仍二入中坤陽順行

二 九到山九之天元卽午挨弼星仍九入中午陰逆行

三 此局酉方可用城門訣

二運巽山乾向兼辰戌巳亥起星圖

山

祿三 巨二 一	破七 武六 六	廉五 文四 八
文四 祿三 九	巨二 貪一 二	弼九 輔八 四
輔八 破七 五	武六 廉五 七	貪一 弼九 三

向

說明

一 三到向三之天元卽夘挨巨門故不用三而以二入中卯陰逆行

二 一到山一之天元卽子挨貪狠仍一入中子陰逆行

三 此局子方可用城門訣

四 此局向星入囚

三運巽山乾向兼辰戌巳亥起星圖

山

廉五 貪一 二	貪一 武六 七	祿三 輔八 九
文四 弼九 一	武六 巨二 三	輔八 文四 五
弼九 廉五 六	巨二 破七 八	破七 祿三 四

向

說明

一 四到向四之天元卽巽挨武曲故不用四而以六入中巽陽順行

二 二到山二之天元卽坤挨巨門仍二中入坤陽順行

三 此局酉方可用城門訣

四運巽山乾向兼辰戌巳亥起星圖

山 文四 祿三 三	弼九 破七 八	巨五二 廉五 一
祿三 文四 三	廉五 巨二 四	破七 弼九 六
輔八 輔八 七	貪一 武六 九	武六 貪一 五 向

說明

一　五到向無替可尋

二　二到山三之天元卽卯挨巨門故不用三而以二入中卯陰逆行

三　此局子方可用城門訣

五運巽山乾向兼辰戌巳亥起星圖

山 廉五 廉五 四	貪一 貪一 九	祿三 祿三 二
文四 文四 三	武六 武六 五	輔八 輔八 七
弼九 弼九 八	巨二 巨二 一	破七 破七 六 向

說明

一　六到向六之天元卽乾挨武曲仍六入中乾陽順行

二　四到山四之天元卽巽挨武曲故不用四而以六入中巽陽順行

三　此局用替山向字字相同名八純卦凶

四　此局酉子兩方俱可用城門訣

六運巽山乾向兼辰戌巳亥起星圖

山

輔八 文四 五	祿三 弼九 一	貪一 巨二 三
弼九 祿三 四	破七 廉五 六	廉五 破七 八
文四 輔八 九	巨二 貪一 二	武六 武六 七

向

說明

一七到向七之天元卽酉挨破軍仍七入中酉陰逆行

二五到山無替可尋

七運巽山乾向兼辰戌巳亥起星圖

山

武六 廉五 六	巨二 貪一 二	文四 祿三 四
廉五 文四 五	破七 武六 七	弼九 輔八 九
貪一 弼九 一	祿三 巨二 三	輔八 破七 八

向

說明

一八到向八之天元卽艮挨破軍故不用八而以七入中艮陽順行

二六到山六之天元卽乾挨武曲仍六入中乾陽順行

三此局酉子酉（兩）方俱可用城門訣

四此局向星入囚

八運巽山乾向兼辰戌巳亥起星圖

山

貪一 輔八 七	廉五 祿三 三	祿三 貪一 五
巨二 弼九 六	弼九 破七 八	破七 廉五 一
武六 文四 二	文四 巨二 四	輔八 武六 九

向

說明

一　九到向九之天元卽午挨弼星仍九入中午陰逆行

二　七到山七之天元卽酉挨破軍仍七入中酉陰逆行

三　此局酉方可用城門訣

九運巽山乾向兼辰戌巳亥起星圖

山

巨二 武六 八	武六 巨二 四	文四 文四 六
祿三 廉五 七	貪一 破七 九	輔八 弼九 二
破七 貪一 三	廉五 祿三 五	弼九 輔八 一

向

說明

一　一到向一之天元卽子挨貪狼仍一入中子陰逆行

二　八到山八之天元卽艮挨破軍故不用八而以七入中艮陽順行

三　此局子方可用城門訣

以上巽山乾向九局地運二十年各運同

一運艮山坤向兼丑未寅申起星圖

向（右上）

輔八 廉五 九	祿三 貪一 五	貪一 祿三 七
弼九 文四 八	破七 武六 一	廉五 輔八 三
文四 弼九 四	巨二 巨二 六	武六 破七 二

山（左下）

說明

一七到向七之天元卽酉挨破軍仍七入中酉陰逆行

二四到山四之天元卽巽挨武曲故不用四而以六入中巽陽順行

三此局酉方可用城門訣

二運艮山坤向兼丑未寅申起星圖

向（右上）

武六 文四 一	巨二 弼九 六	文四 巨二 八
廉五 祿三 九	破七 廉五 二	弼九 破七 四
貪一 輔八 五	祿三 貪一 七	輔八 武六 三

山（左下）

說明

一八到向八之天元卽艮挨破軍故不用八而以七入中艮陽順行

二五到山無替可尋

三此局離方有水爲當元吉水

三運艮山坤向兼丑未寅申起星圖

向

貪一 廉五 二	廉五 貪一 七	祿三 祿三 九
巨二 文四 一	弼九 武六 三	破七 輔八 五
武六 弼九 六	文四 巨二 八	輔八 破七 四

山

說明

一九到向九之天元卽午挨弼星仍九入中午陰逆行

二六到山六之天元卽乾挨武曲仍六入中乾陽順行

三此局午酉兩方俱可用城門訣

四運艮山坤向兼丑未寅申起星圖

向

巨二 輔八 三	武六 祿三 八	文四 貪一 一
祿三 弼九 二	貪一 破七 四	輔八 廉五 六
破七 文四 七	廉五 巨二 九	弼九 武六 五

山

說明

一一到向一之天元卽子挨貪狼仍一入中子陰逆行

二七到山七之天元卽酉挨破軍仍七入中酉陰逆行

五運艮山坤向兼丑未寅申起星圖

向

貪一 武六 四	武六 巨二 九	輔八 文四 二
弼九 廉五 三	巨二 破七 五	文四 弼九 七
廉五 貪一 八	破七 祿三 一	祿三 輔八 六

山

說明

一 二到向二之天元卽坤挨巨門仍二入中坤陽順行

二 八到山八之天元卽艮挨破軍故不用八而以七入中艮陽順行

三 此局午酉兩方俱可用城門訣

六運艮山坤向兼丑未寅申起星圖

向

祿三 貪一 五	破七 廉五 一	廉五 祿三 三
文四 巨二 四	巨二 弼九 六	弼九 破七 八
輔八 武六 九	武六 文四 二	貪一 輔八 七

山

說明

一 三到向三之天元卽卯挨巨門故不用三而以二入中卯陰逆行

二 九到山九之天元卽午挨弼星仍九入中午陰逆行

三 此局午方可用城門訣

七運艮山坤向兼丑未寅申起星圖

向

祿三 文四 四	輔八 輔八 九	破七 弼九 八
貪一 武六 二	武六 貪一 七	巨二 廉五 三
廉五 巨二 六	文四 祿三 五	弼九 破七 一

山

說明

一四到向四之天元即巽挨武曲故不用四而以六入中巽陽順行

二一到山一之天元即子挨貪狼仍一入中子陰逆行

三此局酉方可用城門訣

八運艮山坤向兼丑未寅申起星圖

向

巨二 輔八 五	破七 文四 一	武六 祿三 九
弼九 武六 三	廉五 巨二 八	貪一 破七 四
文四 貪一 七	祿三 弼九 六	輔八 廉五 二

山

說明

一五到向無替可尋

二二到山二之天元即坤挨巨門仍二入中坤陽順行

三此局午酉兩方俱可用城門訣

九運艮山坤向兼丑未寅申起星圖

向

廉五 祿三 八	貪一 破七 四	祿三 廉五 六
文四 文四 七	武六 巨二 九	輔八 弼九 二
弼九 輔八 三	巨二 武六 五	破七 貪一 一

山

說明

一六到向六之天元卽乾挨武曲仍六入中乾陽順行

二三到山三之天元卽卯挨巨門故不用三而以二入中卯陰逆行

以上艮山坤向九局地運一百二十年各運同

一運坤山艮向兼未丑申寅起星圖

山

廉五 輔八 九	貪一 祿三 五	祿三 貪一 七
文四 弼九 八	武六 破七 一	輔八 廉五 三
弼九 文四 四	巨二 巨二 六	破七 武六 二

向

說明

一四到向四之天元卽巽挨武曲故不用四而以六入中巽陽順行

二七到山七天元卽酉挨破軍仍七入中酉陰逆行

二運坤山艮向兼未丑申寅起星圖

山

文四 武六 一	弼九 巨二 六	巨二 文四 八
祿三 廉五 九	廉五 破七 二	破七 弼九 四
輔八 貪一 五	貪一 祿三 七	武六 輔八 三

向

說明

一 五到向無替可尋

二 八到山八之天元卽艮挨破軍故不用八而以七入中艮陽順行

三 此局子卯兩方俱可用城門訣

三運坤山艮向兼未丑申寅起星圖

山

廉五 貪一 二	貪一 廉五 七	祿三 祿三 九
文四 巨二 一	武六 弼九 三	輔八 破七 五
弼九 武六 六	巨二 文四 八	破七 輔八 四

向

說明

一 六到向六之天元卽乾挨武曲仍六入中乾陽順行

二 九到山九之天元卽午挨弼星仍九入中午陰逆行

三 此局卯方可用城門訣

四運坤山艮向兼未丑申寅起星圖

山

輔八 巨二 三	祿三 武六 八	貪一 文四 一
弼九 祿三 二	破七 貪一 四	廉五 輔八 六
文四 破七 七	巨二 廉五 九	武六 弼九 五

向

說明

一 七到向七之天元卽酉挨破軍仍七入中酉陰逆行

二 一到山一之天元卽子挨貪狼仍一入中子陰逆行

三 此局子方可用城門訣

五運坤山艮向兼未丑申寅起星圖

山

武六 貪一 四	巨二 武六 九	文四 輔八 二
廉五 弼九 三	破七 巨二 五	弼九 文四 七
貪一 廉五 八	祿三 破七 一	輔八 祿三 六

向

說明

一 八到向八之天元卽艮挨破軍故不用八而以七入中艮陽順行

二 二到山二之天元卽坤挨巨門仍二入中坤陽順行

三 此局震方有水爲當元吉水其子方並可用城門訣

六運坤山艮向兼未丑申寅起星圖

山

貪一 祿三 五	廉五 破七 一	祿三 廉五 三
巨二 文四 四	弼九 巨二 六	破七 弼九 八
武六 輔八 九	文四 武六 二	輔八 貪一 七

向

說明

一九到向九之天元即午挨弼星仍九入中午陰逆行

二三到山三之天元即卯挨巨門故不用三而以二入中卯陰逆行

七運坤山艮向兼未丑申寅起星圖

山

巨二 廉五 六	武六 貪一 二	文四 祿三 四
祿三 文四 五	貪一 武六 七	輔八 輔八 九
破七 弼九 一	廉五 巨二 三	弼九 破七 八

向

說明

一一到向一之天元即子挨貪狼仍一入中子陰逆行

二四到山四之天元即巽挨武曲故不用四而以六入中巽陽順行

三此局子卯兩方俱可用城門訣

八運坤山艮向兼未丑申寅起星圖

山

貪一 文四 七	武六 弼九 二	輔八 巨二 五
弼九 祿三 六	巨二 廉五 八	文四 破七 三
廉五 輔八 一	破七 貪一 四	祿三 武六 九

向

說明

一二到向二之天元即坤挨巨門仍二入中坤陽順行

二五到山無替可尋

九運坤山艮向兼未丑申寅起星圖

山

祿三 廉五 八	貪七 破二 四	廉五 祿三 六
文四 文四 七	巨二 武六 九	弼九 輔八 二
輔八 弼九 三	武六 巨二 五	貪一 破七 一

向

說明

一三到向三之天元即卯挨巨門故不用三而以二入中卯陰逆行

二六到三山六之天元即乾挨武曲仍六入中乾陽順行

三此局卯方可用城門訣

以上坤山艮向九局地運六十年各運同

一運壬山丙向兼子午亥巳起星圖

文四 破七 九	向 弼九 巨二 五	巨二 弼九 七
祿三 輔八 八	廉五 武六 一	破七 文四 三
輔八 祿三 四	貪一 貪一 六 山	武六 廉五 二

說明

一五到向無替可尋四正順行下同

二六到山六之地元卽戌挨武曲仍六入中戌陰故逆行

二運丙山壬向兼子午亥巳起星圖

破七 輔八 一	向 巨二 文四 六	弼九 武六 八
輔八 破七 九	武六 弼九 二	文四 巨二 四
祿三 祿三 五	貪一 廉五 七 山	廉五 貪一 三

說明

一六到向六之地元卽戌挨武曲仍六入中戌陰逆行

二七到山七之地卽庚挨弼星故不用七而以九入中庚陽順行

三此局未方可用城門訣

三運壬山丙向兼子午亥巳起星圖

武六 貪一 九	向 文四 祿三 七	輔八 輔八 二
巨二 廉五 五	弼九 破七 三	破七 弼九 一
貪一 武六 四	廉五 巨二 八 山	祿三 文四 六

說明

一七到向七之地元卽庚挨弼星故不用七而以九入中庚陽順行

二八到山八之地元卽丑挨破軍故不用八而以七入中丑陰逆行

三此局用替全盤合十

四此局辰方可用城門訣

四運壬山丙向兼子午亥巳起星圖

貪一 文四 一	向 祿三 巨二 八	輔八 武六 三
廉五 弼九 六	破七 破七 四	弼九 廉五 二
武六 輔八 五	巨二 祿三 九 山	文四 貪一 七

說明

一八到向八之地元卽丑挨破軍故不用八而以七入中丑陰逆行

二九到山九之地元卽丙挨破軍故不用九而以七入中丙陽順行

五運壬山丙向兼子午亥巳起星圖

武六 貪一 四	向 巨二 武六 九	文四 輔八 二
廉五 弼九 三	破七 巨二 五	弼九 文四 七
貪一 廉五 八	祿三 破七 一 山	輔八 祿三 六

說明

一 九到向九之地元即丙挨破軍故不用九而以七入中丙陽順行

二 一到山一之地元即壬挨巨門故不用一而以二入中壬陽順行

三 此局辰未兩方俱可用城門訣

六運壬山丙向兼子午亥巳起星圖

貪一 祿三 五	向 武六 破七 一	輔八 廉五 三
弼九 文四 四	巨二 巨二 六	文四 弼九 八
廉五 輔八 九	破七 武六 二 山	祿三 貪一 七

說明

一 一到向一之地元即壬挨巨門故不用一而以二入中壬陽順行

二 二到山二之地元即未挨巨門仍二入中未陰逆行

三 此局用替到山到向 辰方可用城門訣

七運壬山丙向兼子午亥巳起星圖

廉五 破七 四	弼九 祿三 九	貪一 巨二 八
向 破七 廉五 二	巨二 貪一 七	武六 武六 三 山
祿三 弼九 六	文四 輔八 五	輔八 文四 一

說明

一二到向二之地元卽未挨巨門仍二入中未陰逆行

二三到山之地元卽甲挨貪狼故不用三而以一入中甲陽順行

三此局辰未兩方俱可用城門訣

八運壬山丙向兼子午亥巳起星圖

破七 弼九 五	祿三 文四 一	巨二 廉五 九
山（向） 廉五 巨二 三	貪一 武六 八	武六 貪一 四 （山）向
弼九 破七 七	輔八 輔八 六	文四 祿三 二

說明

一三到向三之地元卽甲挨貪狼故不用三而以一入中甲陽順行

二四到山四之地元卽辰挨武曲故不用四而以六入中辰陰逆行此局未方可用城门訣

九運壬山丙向兼子午亥巳起星圖

向

破七 文四 八	巨二 弼九 四	弼九 巨二 六
輔八 祿三 七	武六 廉五 九	文四 破七 二
祿三 輔八 三	貪一 貪一 五	廉五 武六 一

山

說明

一四到向四之地元即辰挨武曲故不用四而以六入中辰陰逆行

二五到山無替可尋

三此局坤方有水爲當元吉水其辰方並可用城門訣

以上壬山丙向九局地運八十年各運同

一運丙山壬向兼午子巳亥起星圖

山

破七 文四 九	巨二 弼九 五	弼九 巨二 七
輔八 祿三 八	武六 廉五 一	文四 破七 三
祿三 輔八 四	貪一 貪一 六	廉五 武六 二

向

說明

一六到向六之地元即戌挨武曲仍六入中戌陰逆行

二五到山替無可尋

三此局丑戌兩方俱可用城門訣

二運丙山壬向兼午子巳亥起星圖

輔八 破七 一	山 文四 巨二 六	武六 弼九 八
破七 輔八 九	弼九 武六 二	巨二 文四 四
祿三 祿三 五	廉五 貪一 七 向	貪一 廉五 三

說明

一　七到向七之地元卽庚挨弼星故不用七而以九入中庚陽順行

二　六到山六之地元卽戌挨武曲仍六入中戌陰逆行

此局丑方可用城門訣

三運丙山壬向兼午子巳亥起星圖

輔八 輔八 二	山 祿三 文四 七	貪一 武六 九
弼九 破七 一	破七 弼九 三	廉五 巨二 五
文四 祿三 六	巨二 廉五 八 向	武六 貪一 四

說明

一　八到向八之地元卽丑挨破軍故不用八而以七入中丑陰逆行

二　七到山七之地元卽庚挨弼星故不用七而以九入中庚陽順行

三　此局用替全盤合十

四　此局丑戌兩方俱可用城門訣

四運丙山壬向兼午子巳亥起星圖

武六 輔八 三	山 巨二 祿三 八	文四 貪一 一
廉五 弼九 二	破七 破七 四	弼九 廉五 六
貪一 文四 七	祿三 巨二 九 向	輔八 武六 五

說明

一 九到向九之地元即丙挨破軍故不用九而以七入中丙陽順行

二 八到山八之地元即丑挨破軍故不用八而以七入中丑陰逆行

五運丙山壬向兼午子巳亥起星圖

貪一 武六 四	山 武六 巨二 九	輔八 文四 二
弼九 廉五 三	巨二 破七 五	文四 弼九 七
廉五 貪一 八	破七 祿三 一 向	祿三 輔八 六

說明

一 一到向一之地元即壬挨巨門故不用一而以二入中壬陽順行

二 九到山九之地元即丙挨破軍故不用九而以七入中丙陽順行

三 此局艮方有水爲當元吉水其戌方並可用城門訣

六運丙山壬向兼午子巳亥起星圖

祿三 貪一 五	山 輔七 武六 一	廉五 輔八 三
文四 弼九 四	巨二 巨二 六	弼九 文四 八
輔八 廉五 九	武六 破七 二 向	貪一 祿三 七

說明

一二到向二之地元即未挨巨門仍二入中未陰逆行

二一到山一之地元即壬挨巨門故不用一而以二入中壬陽順行

三此局用替到山到向

七運丙山壬向兼午子巳亥起星圖

弼九 祿三 六	山 廉五 破七 二	破七 廉五 四
輔八 文四 五	貪一 巨二 七	祿三 弼九 九
文四 輔八 一	武六 武六 三 向	巨二 貪一 八

說明

一三到向三之地元即甲挨貪狼故不用三而以一入中甲陽順行

二二到山二之地元即未挨巨門仍二挨中未陰逆行

三此局戌方可用城門訣

八運丙山壬向兼午子巳亥起星圖

弼九五 破七 文四一 祿三 廉五九 巨二
巨二三 廉五 武六八 貪一 貪一四 武六 向
山
破七七 弼九 輔八六 輔八 祿三二 文四

說明

一四到向四之地元卽辰挨武曲故不用四而以六入中辰陰逆行

二三到山三之地元卽甲挨貪狼故不用三而以一入中甲陽順行

三此局丑方可用城門訣

九運丙山壬向兼午子巳亥起星圖

巨二六 弼九 破七二 文四 武六一 廉五
弼九四 巨二 廉五九 武六 貪一五 貪一 向
山
文四八 破七 祿三七 輔八 輔八三 祿三

說明

一五到向無替可尋

二四到山四之地元卽辰挨武曲故不用四而以六入中辰陰逆行

以上丙山壬向九局地運一百年各運同

一運甲山庚向兼卯酉寅申起星圖

山			向
	弼九 輔八 九	廉五 祿三 五	破七 貪一 七
山	輔八 弼九 八	貪一 破七 一	祿三 廉五 三
	文四 文四 四	武六 巨二 六	巨二 武六 二

說明

一　三到向三之地元卽甲貪狼故不用三而以一入中甲陽順行

二　八到山八之地元卽丑挨破軍故不用八而以七入中丑陰逆行

三　此局戌方可用城門訣

四　此局向星入四

二運甲山庚向兼卯酉寅申起星圖

山			向
	破七 武六 一	巨二 巨二 六	弼九 文四 八
山	輔八 廉五 九	武六 破七 二	文四 弼九 四
	祿三 貪一 七五	貪一 祿三 五七	廉五 輔八 三

說明

一　四到向四之地元卽辰挨武曲故不用四而以六入中辰陰逆行

二　九到山九之地元卽丙挨破軍故不用九而以七入中丙陽順行

三　此局未方可用城門訣

三運甲山庚向兼卯酉寅申起星圖

山			向
	文四 貪一 二	弼九 武六 七	巨二 輔八 九
山	祿三 弼九 一	廉五 巨二 三	破七 文四 五
	輔八 廉五 六	貪一 破七 八	武六 祿三 四

說明

一　五到向無替可尋

二　一到山一之地元卽壬挨巨門故不用一而以二入中壬陽順行

三　此局戌方可用城門訣

四運甲山庚向兼卯酉寅申起星圖

山			向
	破七 祿三 三	巨二 破七 八	弼九 廉五 一
山	輔八 文四 二	武六 巨二 四	文四 弼九 六
	祿三 輔八 七	貪一 武六 九	廉五 貪一 五

說明

一　六到向六之地元卽戌挨武曲仍六入中戌陰逆行

二　二到山二之地元卽未挨巨門仍二入中未陰逆行

三　此局戌方可用城門訣

五運甲山庚向兼卯酉寅申起星圖

向

武六 破七 二　巨二 祿三 七　貪一 巨二 六

文四 廉五 九　弼九 貪一 五　廉五 武六 一

輔八 弼九 四　破七 輔八 三　祿三 文四 八

山

說明

一　七到向七之地元卽庚挨弼星故不用七而以九入中庚陽順行

二　三到山三之地元卽甲挨貪狼故不用三而以一入中甲陽順行

三　此局用替全盤生成

四　此局未戌兩方俱可用城門訣

六運甲山庚向兼卯酉寅申起星圖

向

貪一 弼九 三　廉五 文四 八　武六 廉五 七

祿三 巨二 一　破七 武六 六　巨二 貪一 二

輔八 破七 五　弼九 輔八 四　文四 祿三 九

山

說明

一　八到向八之地元卽丑挨破軍故不用八而以七入中丑陰逆行

二　四到山四之地元卽辰挨武曲故不用四而以六入中辰陰逆行

三　此局乾方有水爲當元吉水

四　此局丁星入囚

七運甲山庚向兼卯酉寅申起星圖

向

文四 巨二 四	弼九 破七 九	輔八 武六 八
巨二 弼九 二	破七 廉五 七	祿三 貪一 三
武六 文四 六	廉五 祿三 五	貪一 輔八 一

山

說明

一 九到向九之地元卽丙挨破軍故不用九而以七入中丙陽順行

二 五到山無替可尋

三 此局未戌兩方俱可用城門訣

四 此局向星入囚

八運甲山庚向兼酉卯寅申起星圖

向

輔八 弼九 五	文四 文四 一	祿三 廉五 九
武六 巨二 三	巨二 武六 八	破七 貪一 四
貪一 破七 七	弼九 輔八 六	廉五 祿三 二

山

說明

一 一到向一之地元卽壬挨巨門故不用一而以二入中壬陽順行

二 六到山六之地元卽戌挨武曲仍六入中戌陰逆行

三 此局坤方有水爲當元吉水未方並可用城門訣

九運甲山庚向兼卯酉寅申起星圖

	祿三 輔八 八	破七 文四 四	廉五 武六 六	
山	文四 破七 七	巨二 弼九 九	弼九 巨二 二	向
	輔八 祿三 三	武六 廉五 五	貪一 貪一 一	

說明

一二到向二之地元卽未挨巨門仍二入中未陰逆行

二七到山七之地元卽庚挨弼星故不用七而以九入中庚陽順行

三此局未方可用城門訣

四此局丁星入囚

以上甲山庚向九局地運四十年各運同

一運庚山甲向兼酉卯申寅起星圖

	輔八 弼九 九	祿三 廉五 五	貪一 破七 七	
向	弼九 輔八 八	破七 貪一 一	廉五 祿三 三	山
	文四 文四 四	巨二 武六 六	武六 巨二 二	

說明

一八到向八之地元卽丑挨破軍故不用八而以七入中丑陰逆行

二三到山三之地元卽甲挨貪狼故不用三而以一入中甲陽順行

三此局丑方可用城門訣

四此局丁星入囚

二運庚山甲向兼酉卯申寅起星圖

山

武六 破七 一	巨二 巨二 六	文四 弼九 八
廉五 輔八 九	破七 武六 二	弼九 文四 四
貪一 祿三 五	祿三 貪一 七	輔八 廉五 三

向

說明

一九到向九之地元卽丙挨破軍故不用九而以七入中丙陽順行

二四到山四之地元卽辰挨武曲故不用四而以六入中辰陰逆行 此局丑方可用城門訣

三運庚山甲向兼酉卯申寅起星圖

山

貪一 文四 二	武六 弼九 七	輔八 巨二 九
弼九 祿三 一	巨二 廉五 三	文四 破七 五
廉五 輔八 六	破七 貪一 八	祿三 武六 四

向

說明

一一到向一之地元卽壬挨巨門故不用一而以二入中壬陽順行

二五到山無替可尋

三此局丑辰兩方俱可用城門訣

四運庚山甲向兼酉卯申寅起星圖

	祿三破七 三	破七巨二 八	廉五弼九 一	
向	文四輔八 二	巨二武六 四	弼九文四 六	山
	輔八祿三 七	武六貪一 九	貪一廉五 五	

說明

一　二到向二之地元卽未挨巨門仍二入中未陰逆行

二　六到山六之地元卽戌挨武曲仍六入中戌陰逆行

五運庚山甲向兼酉卯申寅起星圖

	弼九輔八 四	廉五文四 九	破七武六 二	
向	輔八破七 三	貪一弼九 五	祿三巨二 七	山
	文四祿三 八	武六廉五 一	巨二貪一 六	

說明

一　三到向三之地元卽甲挨貪狼故不用三而以九入中庚陽順行

二　七到山七之地元卽庚挨弼星故不用七而以九入中庚陽順行

三　此局用替全盤生成

四　此局丑辰兩方俱可用城門訣

六運庚山甲向兼酉卯申寅起星圖

向				山
	破七 輔八 五	巨二 祿三 一	弼九 貪一 三	
向	輔八 弼九 四	武六 破七 六	文四 廉五 八	山
	祿三 文四 九	貪一 巨二 二	廉五 武六 七	

說明

一 四到向四之地元卽辰挨武曲故不用四而以六入中辰陰逆行

二 八到山八之地元卽丑挨破軍故不用八而以七入中丑陰逆行

三 此局向星入囚

七運庚山甲向兼酉卯申寅起星圖

向				山
	文四 武六 六	弼九 巨二 二	巨二 文四 四	
向	祿三 廉五 五	廉五 破七 七	破七 弼九 九	山
	輔八 貪一 一	貪一 祿三 三	武六 輔八 八	

說明

一 五到向無替可尋

二 九到山九之地元卽丙挨破軍故不用九而以七入中丙陽順行

三 此局辰方可用城門訣

四 此局丁星入囚

八運庚山甲向兼酉卯申寅起星圖

向				山
	破七貪一 七	巨二武六 三	弼九輔八 五	
向	輔八弼九 六	武六巨二 八	文四文四 一	山
	祿三廉五 二	貪一破七 四	廉五祿三 九	

說明

一 六到向六之地元卽戌挨武曲仍六入中戌陰逆行

二 一到山一之地元卽壬挨巨門故不用一而以二入中壬陽順行

三 此局丑方可用城門訣

九運庚山甲向兼酉卯申寅起星圖

向				山
	輔八祿三 八	文四破七 四	武六廉五 六	
向	破七文四 七	弼九巨二 九	巨二弼九 二	山
	祿三輔八 三	廉五武六 五	貪一貪一 一	

說明

一 七到向七之地元卽庚挨弼星故不用七而以九入中庚陽順行

二 二到山二之地元卽未挨巨門仍二入中未陰逆行

三 此局辰方可用城門訣

四 此局向星入囚

以上庚山甲向九局地運壹百四十年各運同

一運戌山辰向兼乾巽辛乙起星圖

向

武六 祿三 九	巨二 破七 五	文四 廉五 七
廉五 文四 八	破七 巨二 一	弼九 弼九 三
貪一 輔八 四	祿三 武六 六	輔八 貪一 二

山

說明

一 九到向九之地元卽丙挨破軍故不用九而以七入中丙陽順行

二 二到山二之地元卽未挨巨門仍二入中未陰逆行

三 此局甲方可用城門訣

二運戌山辰向兼乾巽辛乙起星圖

向

貪一 弼九 一	武六 廉五 六	輔八 破七 八
弼九 輔八 九	巨二 貪 二	文四 祿三 四
廉五 文四 五	破七 武六 七	祿三 巨二 三

山

說明

一 一到向一之地元卽壬挨巨門故不用一而以二入中壬陽順行

二 三到山三之地元卽甲挨貪狼故不用三而以一入中甲陽順行

三 此局丙方可用城門訣

四 此局向星入囚

三運戌山辰向兼乾巽辛乙起星圖

山

廉五 弼九 九	弼九 文四 五	貪一 廉五 四
破七 巨二 七	巨二 武六 三	武六 貪一 八
祿三 破七 二	文四 輔八 一	輔八 祿三 六

向

說明

一二到向二之地元卽未挨巨門仍二入中未陰逆行

二四到山四之地元卽辰挨武曲故不用四用以六入中辰陰逆行

四運戌山辰向兼乾巽辛乙起星圖

山

破七 輔八 一	祿三 祿三 六	巨二 文四 五
廉五 貪一 八	貪一 廉五 四	武六 弼九 九
弼九 武六 三	輔八 破七 二	文四 巨二 七

向

說明

一三到向三之地元卽甲挨貪狼故不用三而以一入中甲陽順行

二五到山無替可尋四經逆行下同

三此局甲丙兩方俱可用城門訣

五運戌山辰向兼乾巽辛乙起星圖

向 破七 破七 四	巨二 巨二 九	弼九 弼九 二
輔八 輔八 三	武六 武六 五	文四 文四 七
祿三 祿三 八	貪一 貪一 一	廉五 廉五 六 山

說明

一四到向四之地元卽辰挨武曲故不用四而以六入中辰陰逆行

二六到山六之地元卽戌挨武曲仍六入中戌陰逆行

三此局用替山向字字相同名八純卦凶

六運戌山辰向兼乾巽辛乙起星圖

向 武六 輔八 五	貪一 文四 一	輔八 武六 三
破七 破七 四	廉五 弼九 六	祿三 巨二 八
巨二 祿三 九	弼九 廉五 二	文四 貪一 七 山

說明

一五到向無替可尋

二七到山七之地元卽庚挨弼星故不用七而以九入中庚陽順行

三此局甲方可用城門訣

七運戌山辰向兼乾巽辛乙起星圖

向

破七 輔八 六	巨二 祿三 二	弼九 貪一 四
輔八 弼九 五	武六 破七 七	文四 廉五 九
祿三 文四 一	貪一 巨二 三	廉五 武六 八

山

說明

一 六到向六之地元卽戌挨武曲仍六入中戌陰逆行

二 八到山八之地元卽丑挨破軍故不用八而以七入中丑陰逆行

三 此局丙方可用城門訣

四 此局丁星入囚

八運戌山辰向兼乾巽辛乙起星圖

向

輔八 武六 七	文四 巨二 三	武六 文四 五
破七 廉五 六	弼九 破七 八	巨二 弼九 一
祿三 貪一 二	廉五 祿三 四	貪一 輔八 九

山

說明

一 七到向七之地元卽庚挨弼星故不用七而以九入中庚陽順行

二 九到山九之地元卽丙挨破軍故不用九而以七入中丙陽順行

三 此局甲方可用城門訣

九運戌山辰向兼乾巽辛乙起星圖

向			
輔八貪一八	祿三武六四	貪一輔八六	
弼九弼九七	破七巨二九	廉五文四二	
文四廉五三	巨二破七五	武六祿三一	山

說明

一八到向八之地元卽丑挨破軍故不用八而以七入中丑陰逆行

二一到山一之地元卽壬挨巨門故不用一而以二入中壬陽順行

三此局震方有水爲當元吉水其丙方並可用城門訣

以上戌山辰向九局地運一百六十年各運同

一運辰山戌向兼巽乾乙辛起星圖

山			
祿三武六九	破七巨二五	廉五文四七	
文四廉五八	巨二破七一	弼九弼九三	
輔八貪一四	武六祿三六	貪一輔八二	向

說明

一二到向二之地元卽未挨巨門仍二入中未陰逆行

二九到山九之地元卽丙挨破軍故不用九而以七入中丙陽順行

三此局壬方可用城門訣

二運辰山戌向兼巽乾乙辛起星圖

山 弼九 貪一 一	廉五 武六 六	破七 輔八 八
輔八 弼九 九	貪一 巨二 二	祿三 文四 四
文四 廉五 五	武六 破七 七	巨二 祿三 三 向

說明

一 三到向三之地元卽甲挨貪狼故不用三而以一入中甲陽順行

二 一到山一之地元卽壬挨巨門故不用一而以二入中壬陽順行

三 此局庚方可用城門訣

四 此局丁星入囚

三運辰山戌向兼巽乾乙辛起星圖

山 破七 祿三 二	巨二 破七 七	弼九 廉五 九
輔八 文四 一	武六 巨二 三	文四 弼九 五
祿三 輔八 六	貪一 武六 八	廉五 貪一 四 向

說明

一 四到向四之地元卽辰挨武曲故不用四而以六入中辰陰逆行

二 二到山二之地元卽未挨巨門仍二入中未陰逆行

三 此局壬方可用城門訣

四運辰山戌向兼巽乾乙辛起星圖

山			
	武六 弼九 三	貪一 廉五 八	輔八 破七 一
	破七 輔八 二	廉五 貪一 四	祿三 祿三 六
	巨二 文四 七	弼九 武六 九	文四 巨二 五	向

說明

一五到向無替可尋

二三到山三之地元卽甲挨貪狼故不用三而以一入中甲陽順行

三此局庚方可用城門訣

五運辰山戌向兼巽乾乙辛起星圖

山			
	破七 破七 四	巨二 巨二 九	弼九 弼九 二
	輔八 輔八 三	武六 武六 五	文四 文四 七
	祿三 祿三 八	貪一 貪一 一	廉五 廉五 六	向

說明

一六到向六之地元卽戌挨武曲仍六入中戌陰逆行

二四到山四之地元卽辰挨武曲故不用四而以六入中辰陰逆行

三此局用替山向字字相同名八純卦凶

六運辰山戌向兼巽乾乙辛起星圖

向

武六 輔八 三	巨二 祿三 八	貪一 文四 七
文四 貪一 一	弼九 廉五 六	廉五 弼九 二
輔八 武六 五	破七 破七 四	祿三 巨二 九

山

說明

一七到向七之地元卽庚挨弼星故不用七而以九入中庚陽順行

二五到山無替可尋

三此局壬庚兩方俱可用城門訣

七運辰山戌向兼巽乾乙辛起星圖

向

貪一 弼九 四	廉五 文四 九	武六 廉五 八
祿三 巨二 二	破七 武六 七	巨二 貪一 三
輔八 破七 六	弼九 輔八 五	文四 祿三 一

山

說明

一八到向八之地元卽丑挨破軍故不用八而以七入中丑陰逆行

二六到山六之地元卽戌挨武曲仍六入中戌陰逆行

三此局向星入囚

八運辰山戌向兼巽乾乙辛起星圖

山			
	武六 輔八 七	巨二 文四 三	文四 武六 五
	廉五 破七 六	破七 弼九 八	弼九 巨二 一
	貪一 祿三 二	祿三 廉五 四	輔八 貪一 九 向

說明

一 九到向九之地元卽丙挨破軍故不用九而以七入中丙陽順行

二 七到山七之地元卽庚挨弼星故不用七而以九入中庚陽順行

三 此局用替到山到向

四 此局壬方可用城門訣

九運辰山戌向兼巽乾乙辛起星圖

山			
	貪一 輔八 八	武六 祿三 四	輔八 貪一 六
	弼九 弼九 七	巨二 破七 九	文四 廉五 二
	廉五 文四 三	破七 巨二 五	祿三 武六 一 向

說明

一 一到向一之地元卽壬挨巨門故不用一而以二入中壬陽順行

二 八到山八之地元卽丑挨破軍故不用八而以七入中丑陰逆行

三 此局庚方可用城門訣

以上辰山戌向九局地運二十年各運同

一運丑山未向兼艮坤癸丁起星圖

向		
武六弼九七	巨二文四三	貪一廉五二
文四巨二五	弼九武六一	廉五貪一六
輔八破七九	破七輔八八	祿三祿三四
		山

說明

一七到向七之地元卽庚挨弼星故不用七而以九入中庚陽順行

二四到山四之地元卽辰挨武曲故不用四而以六入中辰陰逆行

二運丑山未向兼艮坤癸丁起星圖

向		
貪一輔八八	廉五祿三四	武六文四三
祿三貪一六	破七廉五二	巨二弼九七
輔八武六一	弼九破七九	文四巨二五
		山

說明

一八到向八之地元卽丑挨破軍故不用八而以七入中丑陰逆行

二五到山無替可尋

三此局丙庚兩方俱可用城門訣

三運丑山未向兼艮坤癸丁起星圖

武六 破七 二	巨二 巨二 七	向 文四 弼九 九
廉五 輔八 一	破七 武六 三	弼九 文四 五
貪一 祿三 六 山	祿三 貪一 八	輔八 廉五 四

說明

一九到向九之地元卽丙挨破軍故不用九而以七入中丙陽順行

二六到山六之地元卽戌挨武挨曲仍六入中戌陰逆行

四運丑山未向兼艮坤癸丁起星圖

輔一 貪八 三	武六 文四 八	向 輔八 武六 一
弼九 破七 二	巨二 弼九 四	文四 巨二 六
廉五 祿三 七 山	破七 廉五 九	祿三 貪一 五

說明

一一到向一之地元卽壬挨巨門故不用一而以二入中壬陽順行

二七到山七之地元卽庚挨弼星故不用七而以九入中庚陽順行

三此局兌方有水爲當元吉水其丙方並可用城門訣

五運丑山未向兼艮坤癸丁起星圖

		向
祿三 輔八 四	破七 祿三 九	廉五 貪一 二
文四 弼九 三	巨二 破七 五	弼九 廉五 七
輔八 文四 八 山	武六 巨二 一	貪一 武六 六

說明

一二到向二之地元卽未挨巨門仍二入中未陰逆行

二八到山八之地元卽丑挨破軍故不用八而以七入中丑陰逆行

六運丑山未向兼艮坤癸丁起星圖

		向
弼九 武六 五	廉五 巨二 一	破七 文四 三
輔八 廉五 四	貪一 破七 六	祿三 弼九 八
文四 貪一 九 山	武六 祿三 二	巨二 輔八 七

說明

一三到向三之地元卽甲挨貪狼故不用三而以一入中甲陽順行

二九到山九之地元卽丙挨破軍故不用九而以七入中丙陽順行

三此局甲方可用城門訣

七運丑山未向兼艮坤癸丁起星圖

向

弼九輔八四　文四文四九　廉五祿三八

巨二武六二　武六巨二七　貪一破七三

破七貪一六　輔八弼九五　祿三廉五一　山

說明

一四到向四之地元卽辰挨武曲故不用四而以六入中辰陰逆行

二一到山一之地元卽壬挨巨門故不用一而以二入中壬陽順行

三此局丙方可用城門訣

八運丑山未向兼艮坤癸丁起星圖

向

輔八廉五五　祿三弼九一　文四貪一九

貪一破七三　廉五巨二八　弼九武六四

武六祿三七　破七文四六　巨二輔八二　山

說明

一五到向無替可尋

二二到山二之地元卽未挨巨門仍二入中未陰逆行

九運丑山未向兼艮坤癸丁起星圖

向
弼九 破七 六
文四 祿三 二
廉五 巨二 一

巨二 廉五 四
武六 貪一 九
貪一 武六 五

破七 弼九 八
輔八 輔八 七
祿三 文四 三
山

說明

一 六到向六之地元卽戌挨武曲仍六入中戌陰逆行

二 三到山三之地元卽甲挨貪狼故不用三而以一入中甲陽順行

三 此局丙庚兩方俱可用城門訣

以上丑山未向九局地運一百二十年各運同

一運未山丑向兼坤艮丁癸起星圖

山
弼九 武六 七
文四 巨二 三
廉五 貪一 二

巨二 文四 五
武六 弼九 一
貪一 廉五 六

破七 輔八 九
八輔 破七 八
祿三 祿三 四
向

說明

一 四到向四之地元卽辰挨武曲故不用四而以六入中辰陰逆行

二 七到山七之地元卽庚挨弼星故不用七而以九入中庚陽順行

三 此局坎方有水爲當元吉水其甲方並可用城門訣

二運未山丑向兼坤艮丁癸起星圖

		山
武六 輔八 一	貪一 祿三 六	輔八 貪一 八
破七 弼九 九	廉五 破七 二	祿三 廉五 四
巨二 文四 五	弼九 巨二 七	文四 武六 三
向		

說明

一五到向無替可尋

二八到山八之地元卽丑挨破軍故不用八而以七入中丑陰逆行

三運未山丑向兼坤艮丁癸起星圖

		山
破七 武六 二	巨二 巨二 七	弼九 文四 九
輔八 廉五 一	武六 破七 三	文四 弼九 五
祿三 貪一 六	貪一 祿三 八	廉五 輔八 四
向		

說明

一六到向六地之卽戌挨武曲仍六入中戌陰逆行

二九到山九之地元卽丙挨破軍故不用九而以七入中丙陽順行

三此局壬方可用城門訣

四運未山丑向兼坤艮丁癸起星圖

輔八 貪一 三	文四 武六 八	山 武六 輔八 一
破七 弼九 二	弼九 巨二 四	巨二 文四 六
祿三 廉五 七 向	廉五 破七 九	貪一 祿三 五

說明

一七到向七之地元卽庚挨弼星故不用七而以九入中庚陽順行

二一到山一之地元卽壬挨巨門故不用一而以二入中壬陽順行

三此局甲方可用城門訣

五運未山丑向兼坤艮丁癸起星圖

輔八 祿三 四	祿三 破七 九	山 貪一 廉五 二
弼九 文四 三	破七 巨二 五	廉五 弼九 七
文四 輔八 八 向	巨二 武六 一	武六 貪一 六

說明

一八到向八之地元卽丑挨破軍故不用八而以七入中丑陰逆行

二二到山二之地元卽未挨巨門仍二入中未陰逆行

六運未山丑向兼坤艮丁癸起星圖

武六 弼九 五	巨二 廉五 一	山 文四 破七 三
廉五 輔八 四	破七 貪一 六	弼九 祿三 八
貪一 文四 九 向	祿三 武六 二	輔八 巨二 七

說明

一 九到向九之地元即丙挨破軍故不用九而以七入中丙陽順行

二 三到山三之地元即甲挨貪狼故不用三而以一入中甲陽順行

三 此局壬甲兩方俱可用城門訣

七運未山丑向兼坤艮丁癸起星圖

貪一 破七 六	武六 巨二 二	山 輔八 弼九 四
弼九 輔八 五	巨二 武六 七	文四 文四 九
廉五 祿三 一 向	破七 貪一 三	祿三 廉五 八

說明

一 一到向一之地元即壬挨巨門故不用一而以二入中壬陽順行

二 四到山四之地元即辰挨武曲故不用四而以六入中辰陰逆行

三 此局坎方有水爲當元吉水

八運未山丑向兼坤艮丁癸起星圖

山 廉五輔八 五	弼九祿三 一	貪一文四 九
破七貪一 三	巨二廉五 八	武六弼九 四
祿三武六 七	文四破七 六	輔八巨二 二 向

說明

一二到向二之地元即未挨巨門仍二入中未陰逆行

二五到山無替可尋地元四維逆行

三此局壬甲兩方俱可用城門訣

九運未山丑向兼坤艮丁癸起星圖

山 破七弼九 六	祿三文四 二	巨二廉五 一
廉五巨二 四	貪一武六 九	武六貪一 五
弼九破七 八	輔八輔八 七	文四祿三 三 向

說明

一三到向三之地元即甲挨貪狼故不用三而以一入中甲陽順行

二六到山六之地元即戌挨武曲仍六入中戌陰逆行

以上未山丑向九局地運六十年各運同

一運癸山丁向兼子午丑未起星圖

	向	
武六 廉五 九	貪一 貪一 五	輔八 祿三 七
破七 文四 八	廉五 武六 一	祿三 輔八 三
巨二 弼九 四	弼九 巨二 六山	文四 破七 二

說明

一五到向無替可尋人元四正逆行下同

二六到山六之人元卽亥挨武曲仍六入中亥陽順行

三此局巳中兩方俱可用城門訣

二運癸山丁向兼子午丑未起星圖

	向	
廉五 輔八 一	貪一 祿三 六	祿三 貪一 八
文四 弼九 九	武六 破七 二	輔八 廉五 四
弼九 文四 五	巨二 巨二 七山	破七 武六 三

說明

一六到向六之人元卽亥挨武曲仍六入中亥陽順行

二七到山七之人元卽辛挨破軍仍七入中辛陰逆行

三此局巳方可用城門訣

三運癸山丁向兼子午丑未起星圖

輔八 輔八 二	向 祿三 文四 七	貪一 武六 九
弼九 破七 一	破七 弼九 三	廉五 巨二 五
文四 祿三 六	巨二 廉五 八山	武六 貪一 四

說明

一 七到向七之人元卽辛挨破軍仍七入中辛陰逆行

二 八到山八之人元卽寅挨弼星故不用八而以九入中寅陽順行

三 此局申方可用城門訣

四運癸山丁向兼子午丑未起星圖

輔八 貪一 三	向 文四 廉五 八	武六 祿三 一
破七 巨二 二	弼九 弼九 四	巨二 破七 六
祿三 武六 七	廉五 文四 九山	貪一 輔八 五

說明

一 八到向八之人元卽寅挨弼星故不用八而以九入中寅陽順行

二 九到山九之人元卽丁挨弼星仍九入中丁陰逆行

三 此局用替到山到向

四 此局巳申兩方俱可用城門訣

五運癸山丁向兼子午丑未起星圖

	向	
貪一 巨二 四	廉五 武六 九	祿三 文四 二
巨二 祿三 三	弼九 貪一 五	破七 輔八 七
武六 破七 八	文四 廉五 一 山	輔八 弼九 六

說明

一　九到向九之人元卽丁挨弼星仍九入中丁陰逆行

二　一到山一之人元卽癸挨貪狼仍一入中癸陰逆行

六運癸山丁向兼子午丑未起星圖

	向	
巨二 弼九 五	武六 廉五 一	文四 破七 三
祿三 輔八 四	貪一 貪一 六	輔八 祿三 八
破七 文四 九	廉五 武六 二 山	弼九 巨二 七

說明

一　一到向一之人元卽癸挨貪狼仍一入中癸陰逆行

二　二到山二之人元卽申挨貪狼故不用二而以一入中申陽順行

三　此局用替到山到向

四　此局申方可用城門訣

七運癸山丁向兼子午丑未起星圖

	向	
弼九 祿三 六	廉五 破七 二	破七 廉五 四
輔八 文四 五	貪一 巨二 七	祿三 弼九 九
文四 輔八 一	武六 武六 三	巨二 貪一 八
	山	

說明

一二到向二之人元卽申挨貪狼故不用二而以一入中申陽順行

二三到山三之人元卽乙挨巨門故不用三而以二入中乙陰逆行

三此局坤方有水爲當元吉水

八運癸山丁向兼子午丑未起星圖

	向	
祿三 廉五 七	破七 貪一 三	廉五 祿三 五
文四 文四 六	巨二 武六 八	弼九 輔八 一
輔八 弼九 二	武六 巨二 四	貪一 破七 九
	山	

說明

一三到向三之人元卽乙挨巨門故不用三而以二入中乙陰逆行

二四到山四之人元卽巳挨武曲故不用四而以六入中巳陽順行

三此局用替全盤合十

四此局巳方可用城門訣

九運癸山丁向兼子午丑未起星圖

	向	
廉五 武六 八	貪一 貪一 四	祿三 輔八 六
文四 破七 七	武六 廉五 九	輔八 祿三 二
弼九 巨二 三	巨二 弼九 五 山	破七 文四 一

說明

一四到向四之人元卽巳挨武曲故不用四而以六入中巳陽順行

二五到山無替可尋

以上癸山丁向九局地運八十年各運同

一運丁山癸向兼午子未丑起星圖

	山	
廉五 武六 九	貪一 貪一 五	祿三 輔八 七
文四 破七 八	武六 廉五 一	輔八 祿三 三
弼九 巨二 四	巨二 弼九 六 向	破七 文四 二

說明

一六到向六之人元卽亥挨武曲仍六入中亥陽順行

二五到山無替可尋人元四正逆行下同

二運丁山癸向兼午子未丑起星圖

輔八 廉五 一	山 祿三 貪一 六	貪一 祿三 八
弼九 文四 九	破七 武六 二	廉五 輔八 四
文四 弼九 五	巨二 巨二 七 向	武六 破七 三

說明

一七到向七之人元卽辛挨破軍仍七入中辛陰逆行

二六到山六之人元卽亥挨武曲仍六入中亥陽順行

三此局亥方可用城門訣

三運丁山癸向兼午子未丑起星圖

輔八 輔八 二	山 文四 祿三 七	武六 貪一 九
破七 弼九 一	弼九 破七 三	巨二 廉五 五
祿三 文四 六	廉五 巨二 八 向	貪一 武六 四

說明

一八到向八之人元卽寅挨弼星故不用八而以九入中寅陽順行

二七到山七之人元卽辛挨破軍仍七入中辛陰逆行

三此局艮方有水爲當元吉水

四運丁山癸向兼午子未丑起星圖

貪一 輔八 三	山 廉五 文四 八	祿三 武六 一
巨二 破七 二	弼九 弼九 四	破七 巨二 六
武六 祿三 七	文四 廉五 九 向	輔八 貪一 五

說明

一 九到向九之人元卽丁挨弼星仍九入中丁陰逆行

二 八到山八之人元卽寅挨弼星故不用八而以九入中寅陽順行

三 此局用替到山到向

四 此局寅方可用城門訣

五運丁山癸向兼午子未丑起星圖

巨二 貪一 四	山 武六 廉五 九	文四 祿三 二
祿三 巨二 三	貪一 弼九 五	輔八 破七 七
破七 武六 八	廉五 文四 一 向	弼九 輔八 六

說明

一 一到向一之人元卽癸挨貪狼仍一入中癸陰逆行

二 九到山九之之人元卽丁挨弼星仍九入中丁陰逆行

六運丁山癸向兼午子未丑起星圖

	山	
弼九 巨二 五	廉五 武六 一	破七 文四 三
輔八 祿三 四	貪一 貪一 六	祿三 輔八 八
文四 破七 九	武六 廉五 二 向	巨二 弼九 七

說明

一 二到向二之人元卽申挨貪狼故不用二而以一入中申陽順行

二 一到山一之人元卽癸挨貪狼仍一入中癸陰逆行

三 此局用替到山到向

四 此局亥寅兩方俱可用城門訣

七運丁山癸向兼午子未丑起星圖

	山	
祿三 弼九 六	破七 廉五 二	廉五 破七 四
文四 輔八 五	巨二 貪一 七	弼九 祿三 九
輔八 文四 一	武六 武六 三 向	貪一 巨二 八

說明

一 三到向三之人元卽乙挨巨門故不用三而以二入中乙陰逆行

二 二到山二之人元卽申挨貪狼故不用二而以一入中申陽順行

三 此局寅方可用城門訣

八運丁山癸向兼午子未丑起星圖

祿三 廉五 七	山 破七 貪一 三	廉五 祿三 五
文四 文四 六	巨二 武六 八	弼九 輔八 一
輔八 弼九 二	武六 巨二 四 向	貪一 破七 九

說明

一四到向四之人元卽巳挨武曲故不用四而以六入中巳陽順行

二三到山三之人元卽乙挨巨門故不用三而以二入中乙陰逆行

三此局用替全盤合十

四此局亥方可用城門訣

九運丁山癸向兼午子未丑起星圖

廉五 武六 八	山 貪一 貪一 四	祿三 輔八 六
文四 破七 七	武六 廉五 九	輔八 祿三 二
弼九 巨二 三	巨二 弼九 五 向	破七 文四 一

說明

一五到向無替可尋

二四到山四之人元卽巳挨武曲故不用四而以六入中巳陽順行

三此局亥寅兩方俱可用城門訣

以上丁山癸向九局地運一百年各運同

一運乙山辛向兼卯酉辰戌起星圖

山				向
	祿三 輔八 九	破七 文四 五	廉五 武六 七	
山	文四 破七 八	巨二 弼九 一	弼九 巨二 三	向
	輔八 祿三 四	武六 廉五 六	貪一 貪一 二	

說明

一三到向三之人元卽乙挨巨門故不用三而以二入中乙陰逆行

二八到山八之人元卽寅挨弼星故不用八而以九入中寅陽順行

三此局乾方有水爲當元吉水其申方並可用城門訣

二運乙山辛向兼卯酉辰戌起星圖

山				向
	廉五 貪一 一	貪一 廉五 六	祿三 祿三 八	
山	文四 巨二 九	武六 弼九 二	輔八 破七 四	向
	弼九 武六 五	巨二 文四 七	破七 輔八 三	

說明

一四到向四之人元卽巳挨武曲故不用四而以六入中巳陽順行

二九到山九之人元卽丁挨弼星仍九入中丁陰逆行

三此局亥方可用城門訣

三運乙山辛向兼卯酉辰戌起星圖

	武六 巨二 二	貪一 武六 七	輔八 文四 九	
山	破七 祿三 一	廉五 貪一 三	祿三 輔八 五	向
	巨二 破七 六	弼九 廉五 八	文四 弼九 四	

說明

一五到向無替可尋人元四正逆行

二一到山一之人元卽癸仍一入中癸陰逆行

三此局申方可用城門訣

四運乙山辛向兼卯酉辰戌起星圖

	廉五 弼九 三	貪一 廉五 八	祿三 破七 一	
山	文四 輔八 二	武六 貪一 四	輔八 祿三 六	向
	弼九 文四 七	巨二 武六 九	破七 巨二 五	

說明

一六到向六之人元卽亥挨武曲仍六入中亥陽順行

二二到山二之人元卽申挨貪狠故不用二而以一入中申陽順行

三此局申方可用城門訣

五運乙山辛向兼卯酉辰戌起星圖

	輔八 祿三 四	祿三 破七 九	貪一 廉五 二	
山	弼九 文四 三	破七 巨二 五	廉五 弼九 七	向
	文四 輔八 八	巨二 武六 一	武六 貪一 六	

說明

一 七到向七之人元卽辛挨破軍仍七入中辛陰逆行

二 三到山三之人元卽乙挨巨門故不用三而以二入中乙陰逆行

六運乙山辛向兼卯酉辰戌起星圖

	輔八 廉五 五	文四 貪一 一	武六 祿三 三	
山	破七 文四 四	弼九 武六 六	巨二 輔八 八	向
	祿三 弼九 九	廉五 巨二 二	貪一 破七 七	

說明

一 八到向八之人元卽寅挨弼星故不用八而以九入中寅陽順行

二 四到山四之人元卽巳挨武曲故不用四而以六入中巳陽順行

三 此局坤方有水爲當元吉水其亥方並可用城門訣

七運乙山辛向兼卯酉辰戌起星圖

山				向
	貪一武六六	廉五貪一二	祿三輔八四	
山	巨二破七五	弼九廉五七	破七祿三九	向
	武六巨二一	文四弼九三	輔八文四八	

說明

一九到向九之人元卽丁挨弼星仍九入中丁陰逆行

二五到山無替可尋

八運乙山辛向兼卯酉辰戌起星圖

山				向
	巨二廉五七	武六貪一三	文四祿三五	
山	祿三文四六	貪一武六八	輔八輔八一	向
	破七弼九二	廉五巨二四	弼九破七九	

說明

一一到向一之人元卽癸挨貪狼仍一入中癸陰逆行

二六到山六之人元卽亥挨武曲仍六入中亥陽順行

三此局亥方可城門訣

九運乙山辛向兼卯酉辰戌起星圖

向

弼九 輔八 八	廉五 祿三 四	破七 貪一 六
輔八 弼九 七	貪一 破七 九	祿三 廉五 二
文四 文四 三	武六 巨二 五	巨二 武六 一

山

說明

一 二到向二之人元卽申挨貪狼故不用二而以一入中申陽順行

二 七到山七之人元卽辛挨破軍仍七入中辛陰逆行

三 此局亥方可用城門訣

以上乙山辛向九局地運四十年各運同

一運辛山乙向兼酉卯戌辰起星圖

山

輔八 祿三 九	文四 破七 五	武六 廉五 七
破七 文四 八	弼九 巨二 一	巨二 弼九 三
祿三 輔八 四	廉五 武六 六	貪一 貪一 二

向

說明

一 八到向八之人元卽寅挨弼星故不用八而以九入中寅陽順行

二 三到山三之人元卽乙挨巨門故不用三而以二入中乙陰逆行

三 此局巳方可用城門訣

二運辛山乙向兼酉卯戌辰起星圖

向				山
	貪一 廉五 一	廉五 貪一 六	祿三 祿三 八	
向	巨二 文四 九	弼九 武六 二	破七 輔八 四	山
	武六 弼九 五	文四 巨二 七	輔八 破七 三	

說明

一九到向九之人元卽丁挨弼星仍九入中丁陰逆行

二四到山四之人元卽巳挨武曲故不用四而以六入中巳陽順行

三此局巳方可用城門訣

三運辛山乙向兼酉卯戌辰起星圖

向				山
	巨二 武六 二	武六 貪一 七	文四 輔八 九	
向	祿三 破七 一	貪一 廉五 三	輔八 祿三 五	山
	破七 巨二 六	廉五 弼九 八	弼九 文四 四	

說明

一一到向一之人元卽癸挨貪狼仍一入中癸陰逆行

二五到山無替可尋人元四正逆行下同

四運辛山乙向兼酉卯戌辰起星圖

破七祿三 一	廉五貪一 八	弼九廉五 三
山 祿三輔八 六	貪一武六 四	輔八文四 二 向
巨二破七 五	武六巨二 九	文四弼九 七

說明

一二到向二之人元即申挨貪狼故不用二而以一入中申陽順行

二六到山六之人元即亥挨武曲仍六入中亥陽順行

三此局艮方有水爲當元吉水其巳方並可用城門訣

五運辛山乙向兼酉卯戌辰起星圖

廉五貪一 二	破七祿三 九	祿三輔八 四
山 弼九廉五 七	巨二破七 五	文四弼九 三 向
貪一武六 六	武六巨二 一	輔八文四 八

說明

一三到向三之人元即乙挨巨門故不用三而以二入中乙陰逆行

二七到山七之人元即辛挨破軍仍七入中辛陰逆行

六運辛山乙向兼酉卯戌辰起星圖

	廉五 輔八 五	貪一 文四 一	祿三 武六 三	
向	文四 破七 四	武六 弼九 六	輔八 巨二 八	山
	弼九 祿三 九	巨二 廉五 二	破七 貪一 七	

說明

一四到向四之人元即巳挨武曲故不用四而以六入中巳陽順行

二八到山八之人元即寅挨弼星故不用八而以九入中寅陽順行

三此局寅方可用城門訣

四此局向星入囚

七運辛山乙向兼酉卯戌辰起星圖

	武六 貪一 六	貪一 廉五 二	輔八 祿三 四	
向	破七 巨二 五	廉五 弼九 七	祿三 破七 九	山
	巨二 武六 一	弼九 文四 三	文四 輔八 八	

說明

一五到向無替可尋

二九到山九之人元即丁挨弼星仍九入中丁陰逆行

三此局寅方可用城門訣

八運辛山乙向兼酉卯戌辰起星圖

山

祿三 文四 五	輔八 輔八 一	破七 弼九 九
貪一 武六 三	武六 貪一 八	巨二 廉五 四
廉五 巨二 七	文四 祿三 六	弼九 破七 二

向

說明

一　六到向六之人元卽亥挨武曲仍六入中亥陽順行

二　一到山一之人元卽癸挨貪狼仍一入中癸陰逆行

三　此局巳方可用城門訣

九運辛山乙向兼酉卯戌辰起星圖

山

貪一 破七 六	廉五 祿三 二	武六 巨二 一
祿三 廉五 四	破七 貪一 九	巨二 武六 五
輔八 弼九 八	弼九 輔八 七	文四 文四 三

向

說明

一　七到向七之人元卽辛挨破軍仍七入中辛陰逆行

二　二到山二之人元卽申挨貪狼故不用二而以一入中申陽順行

三　此局寅方可用城門訣

以上辛山乙向九局地運一百四十年各運同

一運亥山巳向兼乾巽壬丙起星圖

向 貪一 弼九 九	廉五 廉五 五	祿三 破七 七
巨二 輔八 八	弼九 貪一 一	破七 祿三 三
武六 文四 四	文四 武六 六	輔八 巨二 二 山

說明

一 九到向九之人元卽丁挨弼星仍九入中丁陰逆行
二 二到山二之人元卽申挨貪狼故不用二而以一入中中陽順行
三 此局丁方可用城門訣
四 此局丁星入囚

二運亥山巳向兼乾巽壬丙起星圖

向 巨二 祿三 一	武六 破七 六	文四 廉五 八
祿三 文四 九	貪一 巨二 二	輔八 弼九 四
破七 輔八 五	廉五 武六 七	弼九 貪一 三 山

說明

一 一到向一之人元卽癸挨貪狼仍一入中癸陰逆行
二 三到山三之人元卽乙挨巨門故不用三而以二入中乙陰逆行
三 此局乙方可用城門訣
四 此局丁星入囚

三運亥山巳向兼乾巽壬丙起星圖

向 弼九 廉五 二	廉五 貪一 七	破七 祿三 九
輔八 文四 一	貪一 武六 三	祿三 輔八 五
文四 弼九 六	武六 巨二 八	巨二 破七 四 山

說明

一 二到向二之人元即申挨貪狼故不用二而以一入中申陽順行

二 四到山四之人元即巳挨武曲故不用四而以六入中巳陽順行

三 此局乙丁兩方俱可用城門訣

四運亥山巳向兼乾巽壬丙起星圖

向 祿三 文四 三	破七 弼九 八	廉五 巨二 一
文四 祿三 二	巨二 廉五 四	弼九 破七 六
輔八 輔八 七	武六 貪一 九	貪一 武六 五 山

說明

一 三到向三之人元即乙挨巨門故不用三而以二入中乙陰逆行

二 五到山無替可尋人元四維順行下同

三 此局震方有水爲當元吉水

五運亥山巳向兼乾巽壬丙起星圖

向 廉五 廉五 四	貪一 貪一 九	祿三 祿三 二
文四 文四 三	武六 武六 五	輔八 輔八 七
弼九 弼九 八	巨二 巨二 一	破七 破七 六 山

說明

一　四到向四之人元卽巳挨武曲故不用四而以六入中巳陽順行

二　六到山六之人元卽亥挨武曲仍六入中亥陽順行

三　此局用替山向字字相同名八純卦凶

四　此局乙丁兩方俱可用城門訣

六運亥山巳向兼乾巽壬丙起星圖

向 文四 輔八 五	弼九 祿三 一	巨二 貪一 三
祿三 弼九 四	廉五 破七 六	破七 廉五 八
輔八 文四 九	貪一 巨二 二	武六 武六 七 山

說明

一　五到向無替可尋

二　七到山七之人元卽辛挨破軍仍七入中辛陰逆行

三　此局丁方可用城門訣

七運亥山巳向兼乾巽壬丙起星圖

向 廉五 輔八 六	貪一 文四 二	祿三 武六 四
文四 破七 五	武六 弼九 七	輔八 巨二 九
弼九 祿三 一	巨二 廉五 三	破七 貪一 八 山

說明

一六到向六之人元卽亥挨武曲仍六入中亥陽順行

二八到山八之人元卽寅挨弼星故不用八而以九入中寅陽順行

三此局乙方可用城門訣

八運亥山巳向兼乾巽壬丙起星圖

向 輔八 貪一 七	祿三 廉五 三	貪一 祿三 五
弼九 巨二 六	破七 弼九 八	廉五 破七 一
文四 武六 二	巨二 文四 四	武六 輔八 九 山

說明

一七到向七之人元卽辛挨破軍仍七入中辛陰逆行

二九到山九之人元卽丁挨弼星仍九入中丁陰逆行

三此局丁方可用城門訣

九運亥山巳向兼乾巽壬丙起星圖

向 輔八 巨二 八	文四 武六 四	武六 文四 六
破七 祿三 七	弼九 貪一 九	巨二 輔八 二
祿三 破七 三	廉五 廉五 五	貪一 弼九 一 山

說明

一 八到向八之人元卽寅挨弼星故不用八而以九入中寅陽順行

二 一到山一之人元卽癸挨貪狼仍一入中癸陰逆行

三 此局乙方可用城門訣

以上亥山巳向九局地運一百六十年各運同

一運巳山亥向兼巽乾丙壬起星圖

山 弼九 貪一 九	廉五 廉五 五	破七 祿三 七
輔八 巨二 八	貪一 弼九 一	祿三 破七 三
文四 武六 四	武六 文四 六	巨二 輔八 二 向

說明

一 二到向二之人元卽申挨貪狼故不用二而以一入中申陽順行

二 九到山九之人元卽丁挨弼星仍九入中丁陰逆行

三 此局辛方可用城門訣

四 此局向星入囚

二運巳山亥向兼巽乾丙壬起星圖

山 祿三 巨二 一	破七 武六 六	廉五 文四 八
文四 祿三 九	巨二 貪一 二	弼九 輔八 四
輔八 破七 五	武六 廉五 七	貪一 弼九 三 向

說明

一　三到向三之人元卽乙挨巨門故不用三而以二入中乙陰逆行

二　一到山一之人元卽癸挨貪狼仍一入中癸陰逆行

三　此局癸方可用城門訣

四　此局向星入囚

三運巳山亥向兼巽乾丙壬起星圖

山 廉五 弼九 二	貪一 廉五 七	祿三 破七 九
文四 輔八 一	武六 貪一 三	輔八 祿三 五
弼九 文四 六	巨二 武六 八	破七 巨二 四 向

說明

一　四到向四之人元卽巳挨武曲故不用四而以六入中巳陽順行

二　二到山二之人元卽申挨貪狼故不用二而以一入中申陽順行

三　此局辛方可用城門訣

四運巳山亥向兼巽乾丙壬起星圖

山 文四 祿三 三	弼九 破七 八	巨二 廉五 一
祿三 文四 二	廉五 巨二 四	破七 弼九 六
輔八 輔八 七	貪一 武六 九	武六 貪一 五 向

說明

一　五到向無替可尋人元四維順行下同

二　三到山三之人元卽乙挨巨門故不用三而以二入中乙陰逆行

三　此局癸方可用城門訣

五運巳山亥向兼巽乾丙壬起星圖

山 廉五 廉五 四	貪一 貪一 九	祿三 祿三 二
文四 文四 三	武六 武六 五	輔八 輔八 七
弼九 弼九 八	巨二 巨二 一	破七 破七 六 向

說明

一　六到向六之人元卽亥挨武曲仍六入中亥陽順行

二　四到山四之人元卽巳挨武曲故不用四而以六入中巳陽順行

三　此局用替山向字字相同名八純卦凶

四　此局辛癸兩方俱可用城門訣

六運巳山亥向兼巽乾丙壬起星圖

山 輔八 文四 五	祿三 弼九 一	貪一 巨二 三
弼九 祿三 四	破七 廉五 六	廉五 破七 八
文四 輔八 九	巨二 貪一 二	武六 武六 七 向

說明

一七到向七之人元卽辛挨破軍仍七入中辛陰逆行

二五到山無替可尋

七運巳山亥向兼巽乾丙壬起星圖

山 輔八 廉五 六	文四 貪一 二	武六 祿三 四
破七 文四 五	弼九 武六 七	巨二 輔八 九
祿三 弼九 一	廉五 巨二 三	貪一 破七 八 向

說明

一八到向八之人元卽寅挨弼星故不用八而以九入中寅陽順行

二六到山六之人元卽亥挨武曲仍六入中亥陽順行

三此局辛癸兩方俱可用城門訣

八運巳山亥向兼巽乾丙壬起星圖

祿三 貪一 五	破七 廉五 一	輔八 武六 九 向
廉五 祿三 三	弼九 破七 八	文四 巨二 四
山 貪一 輔八 七	巨二 弼九 六	武六 文四 二

說明

一 九到向九之人元即丁挨弼星仍九入中丁陰逆行

二 七到山七之人元即辛挨破軍仍七入中辛陰逆行

三 此局辛方可用城門訣

九運巳山亥向兼巽乾丙壬起星圖

文四 武六 六	輔八 巨二 二	弼九 貪一 一 向
武六 文四 四	貪一 弼九 九	廉五 廉五 五
山 巨二 輔八 八	祿三 破七 七	破七 祿三 三

說明

一 一到向一之人元即癸挨貪狼仍一入中癸陰逆行

二 八到山八之人元即寅挨弼星故不用八而以九入中寅陽順行

三 此局癸方可用城門訣

四 此局丁星入囚

以上巳山亥向九局地運二十年各運同

一運寅山申向兼艮坤甲庚起星圖

輔八廉五九	祿三貪一五	向 貪一祿三七
弼九文四八	破七武六一	廉五輔八三
文四弼九四山	巨二巨二六	武六破七二

說明

一 七到向七之人元卽辛挨破軍仍七入中辛陰逆行

二 四到山四之人元卽巳挨武曲故不用四而以七入中巳陽順行

三 此局丁辛兩方俱可用城門訣

二運寅山申向兼艮坤甲庚起星圖

輔八文四一	文四弼九六	向 武六巨二八
破七祿三九	弼九廉五二	巨二破七四
祿三輔八五山	廉五貪一七	貪一武六三

說明

一 八到向八之人元卽寅挨弼星故不用八而以九入中寅陽順行

二 五到山無替可尋人元四維順行下同

三 此局辛方有水爲當元吉水

三運寅山申向兼艮坤甲庚起星圖

向

祿三 祿三 九	廉五 貪一 七	貪一 廉五 二
破七 輔八 五	弼九 武六 三	巨二 文四 一
輔八 破七 四	文四 巨二 八	武六 弼九 六山

說明

一九到向九之人元卽丁挨弼星仍九入中丁
陰逆行

二六到山六之人元卽亥挨武曲仍六入中亥
陽順行

三此局丁辛兩方俱可用城門訣

四運寅山申向兼艮坤甲庚起星圖

向

文四 貪一 一	武六 祿三 八	巨二 輔八 三
輔八 廉五 六	貪一 破七 四	祿三 弼九 二
弼九 武六 五	廉五 巨二 九	破七 文四 七山

說明

一一到向一之人元卽癸挨貪狼仍一入中癸
陰逆行

二七到山七之人元卽辛挨破軍仍七入中辛
陰逆行

五運寅山申向兼艮坤甲庚起星圖

向

破七 武六 二	廉五 文四 九	弼九 輔八 四
禄三 巨二 七	貪一 弼九 五	輔八 破七 三
巨二 貪一 六	武六 廉五 一	文四 禄三 八

山

說明

一 二到向二之人元卽申挨貪狼故不用二而以一入中申陽順行

二 八到山八之人元卽寅挨弼星故不用八而以九入中寅陽順行

三 此局離方有水爲當元吉水其辛方可用城門訣

六運寅山申向兼艮坤甲庚起星圖

向

廉五 禄三 三	破七 廉五 一	禄三 貪一 五
弼九 破七 八	巨二 弼九 六	文四 巨二 四
貪一 輔八 七	武六 文四 二	輔八 武六 九

山

說明

一 三到向三之人元卽乙挨巨門故不用三而以二入中乙陰逆行

二 九到山九之人元卽丁挨弼星仍九入中丁陰逆行

三 此局丁方可用城門訣

七運寅山申向兼艮坤甲庚起星圖

向

廉五 巨二 六	貪一 武六 二	祿三 文四 四
文四 祿三 五	武六 貪一 七	輔八 輔八 九
弼九 破七 一	巨二 廉五 三	破七 弼九 八

山

說明

一四到向四之人元卽巳挨武曲故不用四而以六入中巳陽順行

二一到山一之人元卽癸挨貪狼仍一入中癸陰逆行

三此局辛方可用城門訣

八運寅山申向兼艮坤甲庚起星圖

向

文四 弼九 七	弼九 廉五 三	巨二 破七 五
祿三 輔八 六	廉五 貪一 八	破七 祿三 一
輔八 文四 二	貪一 武六 四	武六 巨二 九

山

說明

一五到向無替可尋人元四維順行

二二到山二之人元卽申挨貪狼故不用二而以一入中申陽順行

三此局丁辛兩方俱可用城門訣

九運寅山申向兼艮坤甲庚起星圖

向

廉五 祿三 八	貪一 破七 四	祿三 廉五 六
文四 文四 七	武六 巨二 九	輔八 弼九 二
弼九 輔八 三	巨二 武六 五	破七 貪一 一

山

說明

一六到向六之人元卽亥挨武曲仍六入中亥陽順行

二三到山三之人元卽乙挨巨門故不用三而以二入中乙陰逆行

以上寅山申向九局地運一百二十年各運同

一運申山寅向兼坤艮庚甲起星圖

山

廉五 輔八 九	貪一 祿三 五	祿三 貪一 七
文四 弼九 八	武六 破七 一	輔八 廉五 三
弼九 文四 四	巨二 巨二 六	破七 武六 二

向

說明

一四到向四之人元卽巳挨武曲故不用四而以六入中巳陽順行

二七到山七之人元卽辛挨破軍仍七入中辛陰逆行

二運申山寅向兼坤艮庚甲起星圖

文四 輔八 一	弼九 文四 六	巨二 武六 八 山
祿三 破七 九	廉五 弼九 二	破七 巨二 四
輔八 祿三 五 向	貪一 廉五 七	武六 貪一 三

說明

一五到向無替可尋人元四維順行下同

二八到山八之人元郎寅挨弼星故不用八而以九入中寅陽順行

三此局癸乙兩方俱可用城門訣

三運申山寅向兼坤艮庚甲起星圖

廉五 貪一 二	貪一 廉五 七	祿三 祿三 九 山
文四 巨二 一	武六 弼九 三	輔八 破七 五
弼九 武六 六 向	巨二 文四 八	破七 輔八 四

說明

一六到向六之人元郎亥挨武曲仍六入中亥陽順行

二九到山九之人元郎丁挨弼星仍九入中丁陰逆行

三此局乙方可用城門訣

四運申山寅向兼坤艮庚甲起星圖

		山
輔八 巨二 三	祿三 武六 八	貪一 文四 一
弼九 祿三 二	破七 貪一 四	廉五 輔八 六
文四 破七 七	巨二 廉五 九	武六 弼九 五
向		

說明

一 七到向七之人元卽辛挨破軍仍七入中辛陰逆行

二 一到山一之人元卽癸挨貪狠仍一入中癸陰逆行

三 此局癸方可用城門訣

五運申山寅向兼坤艮庚甲起星圖

		山
輔八 弼九 四	文四 廉五 九	武六 破七 二
破七 輔八 三	弼九 貪一 五	巨二 祿三 七
祿三 文四 八	廉五 武六 一	貪一 巨二 六
向		

說明

一 八到向八之人元卽寅挨弼星故不用八而以九入中寅陽順行

二 二到山二之人元卽申挨貪狠故不用二而以一入中申陽順行

三 此局坎方有水爲當元吉水其乙方並可用城門訣

六運申山寅向兼坤艮庚甲起星圖

貪一 祿三 五	廉五 破七 一	山 祿三 廉五 三
巨二 文四 四	弼九 巨二 六	破七 弼九 八
武六 輔八 九 向	文四 武六 二	輔八 貪一 七

說明

一九到向九之人元即丁挨弼星仍九入中丁陰逆行

二三到山三之人元即乙挨巨門故不用三而以二入中乙陰逆行

七運申山寅向兼坤艮庚甲起星圖

巨二 廉五 六	武六 貪一 二	山 文四 祿三 四
祿三 文四 五	貪一 武六 七	輔八 輔八 九
破七 弼九 一 向	廉五 巨二 三	弼九 破七 八

說明

一一到向一之人元即癸挨貪狼仍一入中癸陰逆行

二四到山四之人元即巳挨武曲故不用四而以六入中巳陽順行

三此局癸乙兩方俱可用城門訣

八運申山寅向兼坤艮庚甲起星圖

		山
弼九 文四 七	廉五 弼九 三	破七 巨二 五
輔八 祿三 六	貪一 廉五 八	祿三 破七 一
文四 輔八 二 向	武六 貪一 四	巨二 武六 九

說明

一、二到向二之人元即申挨貪狼故不用二而以一入中申陽順行

二、五到山無替可尋

三、此局震方有水爲當元吉水

九運申山寅向兼坤艮庚甲起星圖

		山
祿三 廉五 八	破七 貪一 四	廉五 祿三 六
文四 文四 七	巨二 武六 九	弼九 輔八 二
輔八 弼九 三 向	武六 巨二 五	貪一 破七 一

說明

一、三到向三之人元即乙挨巨門故不用三而以二入中乙陰逆行

二、六到山六之人元即亥挨武曲仍六入中亥陽順行

三、此局乙癸兩方俱可用城門訣

以上申山寅向九局地運六十年各運同

玄空輯要

餘姚王則先述

目次

年紫白九星入中表

年庚	上元一運	中元四運	下元七運	年庚	上元二運	中元五運	下元八運	年庚	上元三運	中元六運	下元九運
甲子	一	四	七	甲申	八	二	五	甲辰	六	九	三
乙丑	九	三	六	乙酉	七	一	四	乙巳	五	八	二
丙寅	八	二	五	丙戌	六	九	三	丙午	四	七	一
丁卯	七	一	四	丁亥	五	八	二	丁未	三	六	九
戊辰	六	九	三	戊子	四	七	一	戊申	二	五	八
己巳	五	八	二	己丑	三	六	九	己酉	一	四	七
庚午	四	七	一	庚寅	二	五	八	庚戌	九	三	六
辛未	三	六	九	辛卯	一	四	七	辛亥	八	二	五
壬申	二	五	八	壬辰	九	三	六	壬子	七	一	四
癸酉	一	四	七	癸巳	八	二	五	癸丑	六	九	三
甲戌	九	三	六	甲午	七	一	四	甲寅	五	八	二

乙亥	八	二	五	乙未	六	九	三	乙卯	四	七	一
丙子	七	一	四	丙申	五	八	二	丙辰	三	六	九
丁丑	六	九	三	丁酉	四	七	一	丁巳	二	五	八
戊寅	五	八	二	戊戌	三	六	九	戊午	一	四	七
己卯	四	七	一	己亥	二	五	八	己未	九	三	六
庚辰	三	六	九	庚子	一	四	七	庚申	八	二	五
辛巳	二	五	八	辛丑	九	三	六	辛酉	七	一	四
壬午	一	四	七	壬寅	八	二	五	壬戌	六	九	三
癸未	九	三	六	癸卯	七	一	四	癸亥	五	二	八

凡排五黃卽查入中年星對待合十之數便是如一入中五黃在離九二入中五黃在艮八餘類推

月紫白九星入中表

月別	節候	子午卯酉年	辰戌丑未年	寅申巳亥年
正月	立春 雨水	八白	五黃	二黑
二月	驚蟄 春分	七赤	四綠	一白
三月	清明 穀雨	六白	三碧	九紫
四月	立夏 小滿	五黃	二黑	八白
五月	芒種 夏至	四綠	一白	七赤
六月	大暑 小暑	三碧	九紫	六白
七月	立秋 處暑	二黑	八白	五黃
八月	白露 秋分	一白	七赤	四綠
九月	寒露 霜降	九紫	六白	三碧
十月	立冬 小雪	八白	五黃	二黑
十一月	大雪 冬至	七赤	四綠	一白
十二月	小寒 大寒	六白	三碧	九紫

河洛概義 附圖

河圖

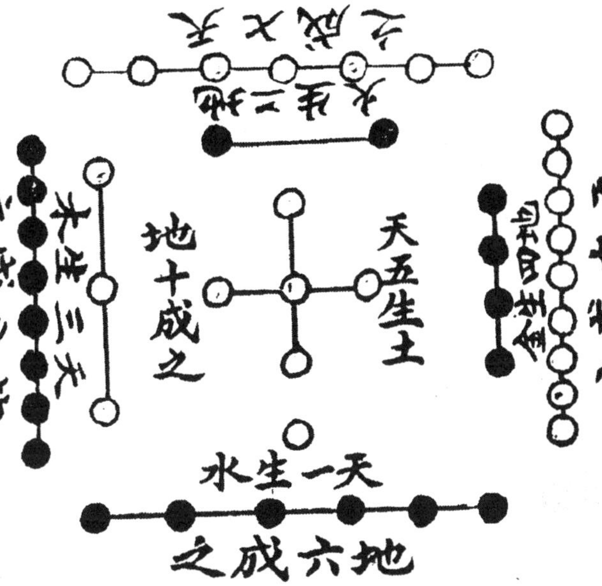

紅屬陽黑屬陰其數天一地二、天三地四天五地六天七地八、天九地十、陽奇陰偶天陽地陰、其位以天一生水地六成之水其位北方、一生一成故一六共宗而居北、地二生火天七成之火位南方、故二七同道而居南、天三生木地八成之木位東方、故三八爲朋而居東、地四生金天九成之金位西方、故四九爲友而居西、天五生土地十成之土位中央、故五十同途而居中、中爲皇極亦爲樞

紐。寄旺於四時。維繫乎八炁。河圖之理。一生一成。陰陽交互。乃地理之源。亦天運之本。三元炁運。蓋本乎此。但河圖有理氣。而無方位。有體質而無運用。故沈氏玄空學之羅經篇曰。盤之體。河圖也。

洛書

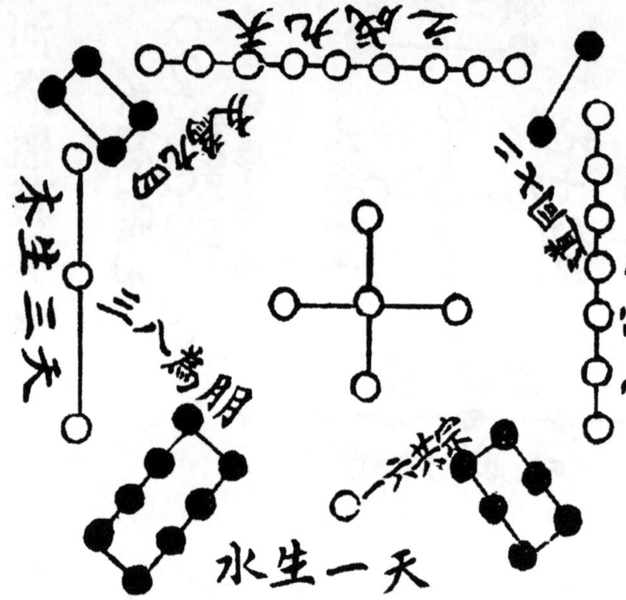

天一生水

天三生木

戴一履九左三右七二四爲肩六八爲足取龜衆焉洛書之文與河圖之數相表裏有河圖而無洛書則有體而無用三元方位本於洛書而運用以起洛書之數對待合十一對九爲十二對八爲十三對七爲十四對六爲十地居四隅天居四正一生一成相爲經緯一陰一陽相爲交媾九疇從此生九宮從此配九星從此挨故沈氏玄空學之羅經篇曰盤之用洛書也

元旦盤二十四山分陰別陽之理根據河洛如干之陰陽即河圖之奇偶支之陰陽則以支中藏干化釀而成其法以逢陽順比隔八相推陰逆納干隔八相藏至四維屬陽之理則亦不外以河圖之陰陽就洛書之方位而以乾巽艮坤順比坎離震兌彼此相加皆成奇數是也說詳沈氏玄空學羅經篇茲不復贅

地盤天盤飛星

後天八卦隷洛書而分佈八方中五爲皇極戊己主之一卦統三山共成二十四山以壬子癸屬坎一丑艮寅屬艮八甲卯乙屬震三辰巽巳屬巽四丙午丁屬離九未坤申屬坤二庚酉辛屬兌七戌乾亥屬乾六此八干四維十二支不易之定位名曰地盤亦稱元旦盤二十四山又分天地人三元以子午卯酉乾巽艮坤爲天元龍領卦之中氣名曰父母以甲庚壬丙辰戌丑未爲地元龍不與父母同行名曰逆子以乙辛丁癸寅申巳亥爲人元龍與父母同行名曰順子此天玉經溫氏續解所謂二十四龍管三卦是也同行者與父母陰陽相同順逆同途也子午卯酉辰戌丑未乙辛丁癸屬陰乾巽艮坤甲庚壬丙寅申巳亥屬陽此八干四維十二支不易之陰陽也更有五行以配九宮如坎一屬水離

九屬火震三巽四屬木乾六兌七屬金中五屬土此玄空五行八卦九星同出一軼也地畫八卦乃理氣之根基亦入用之準繩既瞭然矣始可進言三元九運而天盤之挨星以起三元者何上元中元下元是也上元統一白二黑三碧中元統四綠五黃六白下元統七赤八白九紫元統三運週歷六甲每運二十年以甲子甲戌二旬爲初局一四七等運值之甲申甲午二旬爲中局二五八等運值之甲辰甲寅二旬爲末局三六九等運值之三元九運共成百八十載週而復始循環無已者也何謂天盤卽掌上所起之運星也蓋地理不外陰陽二字治玄空者不囿於地畫八卦之陰陽而取隨時而在往來消長之眞陰陽故端在逐運變易循環九宮此天盤之所由起焉其法卽以所交之運星入中順佈八國如一運用一入中二挨乾三飛兌四到艮五臨離六就坎七

至坤八蒞震九止巽二運二入中則三挨乾四飛兌依此遞推餘運皆然天盤乃入用之初步僅開山向兩星入中之先河究未能顯衰旺生死之妙用故必憑飛星之繼起而吉凶始判法就天盤所臨之山向某字分別入中逢陽順飛逢陰逆佈例如一運子山午向運星六到山天元龍六爲乾陽也即以六入中順飛七乾八兌九艮一離二到山三坤四震以迄五至巽止又運星到向爲五五無固定之陰陽視山向之陰陽而定天人兩元四正屬陰則五仍爲陰四維屬陽則五亦爲陽地元反是今午爲天元龍屬陰即用五入中逆飛四乾三兌二艮一到向九坎八坤七震六巽餘運餘向不難舉一反三依此類推明乎此則下卦挨星之能事已盡而理氣入門之初基奠矣但立兼向則須用坤壬乙訣以求替星名曰起星天盤無異特山向入中之飛星須依訣尋替而

巳

正向

正向名曰下卦。以運星入中。順佈八國。查山上得某字。即以某字入中。逢陰逆飛。逢陽順佈。又查向上得某字。亦以某字入中。分陽順陰逆排之。此即顛顛倒之法。其挨法前已詳言之矣。然入中之字。貴陰而賤陽。蓋逢陰逆排。旺星必到山到向。逢陽順排。旺星則上山下水。故逢逆吉。而逢順凶也。旺星者。當令合運之星辰也。如一運之一。二運之二。推而至於九運之九。臨山到向。又得坐後有山。向上有水之局。則主財丁兩旺矣。茲爲便利閱者檢查吉凶起見。特列表如左。

上元甲子向運吉凶表

龍別	向別	運別	山向衰旺	星運全局	打劫	父母三般卦	城門	反伏吟	入囚
天元	子午	一運	下水		離宮	離乾震一四七	巽坤		九運
		二運	上山				巽		六運
		三運	下水		離宮	離乾震三六九	坤		二運
	午子	一運	上山						六運
		二運	下水		坎宮	坎兌巽二五八	乾		三運
		三運	上山	合十					八運
	卯酉	一運	下水		坎宮	兌巽坎一四七	坤		五運
		二運	上山				乾		四運
		三運	到山到向				坤		五運
	酉卯	一運	上山				巽		八運
		二運	下水		離宮	震離乾二五八	巽		七運

	三運	到山到向						一運
乾巽	一運	下水	合十	坎宮	巽坎兌一四七			八運
	二運	到山到向				卯		一運
	三運	上山下水				午卯		二運
巽乾	一運	上山	合十			酉		二運
	二運	到山到向				子		三運
	三運	上山下水				酉		四運
艮坤	一運	下水				酉午		七運
	二運	上山下水	合三般				反伏	八運
	三運	下水				酉午		九運
坤艮	一運	上山						四運
	二運	上山	合三般			子卯	反伏	五運
	三運	上山				卯		六運

地元	辰戌	一運	下水		離宮	乾震離一四七	壬		三運
		二運	上山下水				庚		三運
		三運	到山到向				壬		四運
	戌辰	一運	上山				甲		九運
		二運	上山下水				丙		一運
		三運	到山到向						二運
	丑未	一運	上山						七運
		二運	到山到向	合十			庚丙		八運
		三運	上山						九運
	未丑	一運	下水				甲壬		四運
		二運	到山到向	合十					五運
		三運	下水				壬		六運
	甲庚	一運	上山				戌		三運

		二運	下水		坎宮	兌巽坎二五八	未		六運
		三運	上山下水				戌	反伏	五運
	庚甲	一運	下水		離宮	震離乾一四七	丑		六運
		二運	上山				丑		九運
		三運	上山下水				丑辰	反伏	一運
	壬丙	一運	上山					伏吟	五運
		二運	下水		離宮	離乾震二五八	未		一運
		三運	上山				辰		七運
	丙壬	一運	下水		坎宮	坎兌巽一四七	戌丑	伏吟	二運
		二運	上山				丑		七運
		三運	下水		坎宮	坎兌巽三六九	戌丑		四運
人元	乙辛	一運	下水		坎宮	兌巽坎一四七	申		五運
		二運	上山				亥		四運

	三運	到山到向				申		五運
辛乙	一運	上山				巳		八運
	二運	下水		離宮	震離乾二五八	巳		七運
	三運	到山到向						一運
丁癸	一運	上山						六運
	二運	下水		坎宮	坎兌巽二五八	亥		三運
	三運	上山	合十					八運
癸丁	一運	下水		離宮	離乾震一四七	巳申		九運
	二運	上山				巳		六運
	三運	下水	合十	離宮	離乾震三六九	申		二運
寅申	一運	下水				辛		七運
	二運	上山下水	合三般				反伏	八運
	三運	下水				辛丁		九運

申寅	一運	上山						四運
	二運	上山下水	合三般			乙癸	反伏	五運
	三運	上山				乙		六運
巳亥	一運	上山	合十			辛		二運
	二運	到山到向				癸		三運
	三運	上山下水				辛		四運
亥巳	一運	下水	合十	坎宮	巽坎兌一四七	丁		八運
	二運	到山到向				乙		一運
	三運	上山下水				丁乙		二運

中元甲子向運吉凶表

龍別	向別	運別	山向衰旺	星運全局	打刦	父母三般卦	城門	反伏吟	入囚
天元	子午	四運	上山				巽坤		八運
		五運	到山到向						九運
		六運	下水		離宮	震離乾三六九	坤		五運
	午子	四運	下水		坎宮	巽坎兌一四七	艮		五運
		五運	到山到向						一運
		六運	上山				乾艮		二運
	卯酉	四運	上山下水				坤		六運
		五運	到山到向						七運
		六運	上山下水				坤乾		八運
	酉卯	四運	上山下水				艮巽		二運
		五運	到山到向						三運

	六運	上山下水				艮		四運
乾巽	四運	下水		坎宮	兌巽坎一四七		反伏	二運
	五運	上山下水				午卯		四運
	六運	上山				午	反伏	五運
巽乾	四運	上山				子	反伏	五運
	五運	上山下水				子酉		六運
	六運	下水		離宮	離乾震三六九		反伏	八運
艮坤	四運	到山到向						一運
	五運	上山下水	合三般			酉午	反吟	二運
	六運	到山到向				午		三運
坤艮	四運	到山到向				子		七運
	五運	上山下水	合三般			卯子	反吟	八運
	六運	到山到向						九運

地元	辰戌	四運	下水		離宮	離乾震一四七	庚		六運
		五運	到山到向						六運
		六運	上山				壬庚		七運
	戌辰	四運	上山				丙甲		三運
		五運	到山到向						六運
		六運	下水		坎宮	兌巽坎三六九	甲		四運
	丑未	四運	上山下水	合三般			庚丙		一運
		五運	到山到向						二運
		六運	上山下水	合三般			庚		三運
	未丑	四運	上山下水	合三般			甲		七運
		五運	到山到向						八運
		六運	上山下水	合三般			庚壬		九運
	甲庚	四運	到山到向	合十					六運

		五運	上山下水				未戌		七運
		六運	到山到向	合十					八運
	庚甲	四運	到山到向	合十					二運
		五運	上山下水				丑辰		三運
		六運	到山到向	合十					四運
	壬丙	四運	下水		離宮	震離乾一四七			三運
		五運	上山				辰未		九運
		六運	上山						一運
	丙壬	四運	上山				戌		九運
		五運	上山下水				戌丑		一運
		六運	下水		坎宮	巽坎兌三六九			七運
八元	乙辛	四運	上山下水				申		六運

	五運	到山到向						七運
	六運	上山下水				申亥		八運
辛乙	四運	上山下水				寅巳		二運
	五運	到山到向						三運
	六運	上山下水				寅		四運
丁癸	四運	下水		坎宮	巽坎兌一四七	寅		五運
	五運	到山到向						一運
	六運	上山				亥寅		二運
癸丁	四運	上山				巳申		八運
	五運	到山到向						九運
	六運	下水		離宮	震離乾三六九	申		五運
寅申	四運	到山到向						一運
	五運	上山下水	合三般			辛丁	反吟	二運

	六運	到山到向				丁		三運
申寅	四運	到山到向				癸		七運
	五運	上山下水	合三般			乙癸	反吟	八運
	六運	到山到向						九運
巳亥	四運	上山				癸	反吟	五運
	五運	上山下水				癸辛		六運
	六運	上山		離宮	離乾震三六九		反伏	八運
亥巳	四運	下水		坎宮	兌巽坎一四七		反伏	二運
	五運	上山下水				丁乙		四運
	六運	上山				丁	反伏	五運

下元甲子向運吉凶表

龍別	向別	運別	山向衰旺	星運全局	打刼	父母三般卦	城門	反伏吟	入囚
天元	子午	七運	上山	合十					二運
		八運	下水		離宮	乾震離二五八	巽		七運
		九運	上山						四運
	午子	七運	下水	合十	坎宮	兌巽坎一四七	艮		八運
		八運	上山				乾		四運
		九運	下水		坎宮	兌巽坎三六九	乾艮		一運
	卯酉	七運	到山到向						九運
		八運	下水		坎宮	巽坎兌二五八	乾		三運
		九運	上山				乾		二運
	酉卯	七運	到山到向				艮		五運
		八運	上山				巽		六運

山向	運	山水	合	宮	三六九	城門	反伏	運
	九運	下水		離宮	離乾震三六九	艮		五運
乾巽	七運	上山下水				卯		六運
	八運	到山到向				午		七運
	九運	上山	合十			卯		八運
巽乾	七運	上山下水				子酉		八運
	八運	到山到向				酉		九運
	九運	下水	合十	離宮	震離乾三六九	子		二運
艮坤	七運	上山				酉		四運
	八運	上山下水	合三般			酉午	反伏	五運
	九運	上山						六運
坤艮	七運	下水				卯子		一運
	八運	上山下水	合三般				反伏	二運
	九運	下水				卯子		三運

地元	辰戌	七運	到山下向						八運
		八運	上山下水				壬		九運
		九運	上山				庚		一運
	戌辰	七運	到山到向				丙		六運
		八運	上山下水				甲		七運
		九運	下水		坎宮	坎兌巽三六九	丙		七運
	丑未	七運	下水				丙		四運
		八運	到山到向	合十					五運
		九運	下水				庚丙		六運
	未丑	七運	上山						一運
		八運	到山到向	合十			甲壬		二運
		九運	上山						三運
	甲庚	七運	上山下水				未戌	反伏	九運

		八運	上山				未		一運
		九運	下水		坎宮	巽坎兌三六九	未		四運
	庚甲	七運	上山下水				辰	反伏	五運
		八運	下水		離宮	離乾震二五八	丑		四運
		九運	上山				辰		七運
	壬丙	七運	下水		離宮	乾震離一四七	辰未		六運
		八運	上山				未		三運
		九運	下水		離宮	乾震離三六九	辰未	伏吟	八運
	丙壬	七運	上山				戌		三運
		八運	下水		坎宮	兌巽坎二五八	丑		九運
		九運	上山					伏吟	五運
八元	乙辛	七運	到山到向						九運
		八運	下水		坎宮	巽坎兌二五八	亥		三運

		九運	上山				亥		二運
	辛乙	七運	到山到向				寅		五運
		八運	上山				巳		六運
		九運	下水		離宮	離乾震三六九	寅		五運
	丁癸	七運	下水	合十	坎宮	兌巽坎一四七	寅		八運
		八運	上山				亥		四運
		九運	下水		坎宮	兌巽坎三六九	亥寅		一運
	癸丁	七運	上山	合十					二運
		八運	下水		離宮	乾震離二五八	巳		七運
		九運	上山						四運
	寅申	七運	上山				辛		四運
		八運	上山下水	合三般			辛丁	反伏	五運
		九運	上山						六運

	申寅	七運	下水				癸		一運
		八運	上山下水	合三般				反伏	二運
		九運	下水				乙癸		三運
	巳亥	七運	上山下水				癸辛		八運
		八運	到山到向				辛		九運
		九運	下水	合十	離宮	震離乾三六九	癸		二運
	亥巳	七運	上山下水						六運
		八運	到山到向				丁		七運
		九運	上山	合十			乙		八運

近期三元九運表

上元			中元			下元		
一運	二運	三運	四運	五運	六運	七運	八運	九運
明弘治十七年甲子至嘉靖二年癸未止	明嘉靖三年甲申至嘉靖廿二年癸卯止	明嘉靖廿三年甲辰至嘉靖四二年癸亥止	明嘉靖四三年甲子至萬曆十一年癸未止	明萬曆十二年甲申至萬曆三一年癸卯止	明萬曆三二年甲辰至天啓三年癸亥止	明天啓四年甲子至崇禎末年癸未止	清順治元年甲申至康熙二年癸卯止	清康熙三年甲辰至康熙二二年癸亥止
清康熙廿三年甲子至康熙四二年癸未止	清康熙四三年甲申至雍正元年癸卯止	清雍正二年甲辰至乾隆八年癸亥止	清乾隆九年甲子至乾隆廿八年癸未止	清乾隆廿九年甲申至乾隆四八年癸卯止	乾隆四九年甲辰至嘉慶八年癸亥止	清嘉慶九年甲子至道光三年癸未止	清道光四年甲申至道光二三年癸卯止	清道光二四年甲辰至同治二年癸亥止
清同治三年甲子至光緒九年癸未止	清光緒十年甲申至光緒廿九年癸卯止	清光緒三十年甲辰至民國十二年癸亥止	民國十三年甲子至三二年癸未止	民國三三年甲申至五二年癸卯止	民國五三年甲辰至七二年癸亥止	民國七三年甲子至九二年癸未止	民國九三年甲申至百十二年癸卯止	民國百十三年甲辰至百三二年癸亥止

坤壬乙訣起例之由來

地理玄空大卦與奇門同出一源欲知其訣只在陰陽一動一靜之間配合生成之妙故立向辨方推運測氣以運星爲主流轉之星辰爲用二十四山向從此推斷吉凶無不應驗若出卦兼向須用寄星故曰兼左兼右空中尋空者何五黃中宮之謂也而八卦中宮各有所寄　經曰坤壬乙巨門從頭出坤爲巨門不待言矣壬爲坎卦之寄星如陽一局坎上起甲子戊坤上起甲戌己震上起甲申庚巽上起甲午辛而中宮甲辰壬癸是以壬寄於坤與巨門爲一例已盡奇門之陽一局而陰九局安排六甲分佈九宮皆以壬爲寄星凡有向出兼卦者以流轉之星逢壬字即以巨門配之至於乙屬巨門乃乾陽六局巽陰四局之寄星也陽局乾上起甲子戊順行陰局巽上起甲子戊逆行則乙字俱入中

宮矣從頭出者從坤出也坤壬乙俱在上元三卦故論巨門陰九局離上起甲子戊艮上起甲戌己兌上甲申庚乾上甲午辛而中宮亦甲辰壬矣巽上甲寅癸丁在震丙在坤乙在坎方故曰坤壬乙巨門從頭出也艮丙辛位位是破軍奇門以兌卦爲天柱配破軍不曰庚而曰辛者何也庚爲震卦陽三局之寄星甲子戊起於震甲申庚入中宮星配天衝故不得爲破軍庚爲兌卦陰七局之寄星自爲破軍不必專指爲破軍奇門下元寄艮但艮配輔星列於北斗之側不當正位不得以輔星寄也至於辛乃上元坤卦陽二局之寄星坤上起甲子戊而甲午辛入中宮矣何以不配巨門而仍曰破軍以下元之星卦責重下元如陰八局甲子戊起艮則辛巳入中宮矣故不能附於上元但兌配丁而丁巳入艮是艮化七赤破軍矣自坤起天蓬而天柱已入艮宮矣則艮爲

破軍也明甚何以不名丑寅而曰艮艮爲父母卦且臨丙配天任爲兌卦陽七局之寄星兌起甲子戊而丙巳入中宮矣兌起天蓬而天任入中宮矣斗杓內下元只有七赤破軍一星而輔弼兩星不與焉二七陽局如是三八陰局亦如是艮丙辛俱在下元三卦故曰位位是破軍也

巽辰亥盡是武曲位何歟此中元巽中乾三卦專取武曲爲吉星中宮局五黃配天禽而無定位分寄巽乾通乎艮坤臨制四方無不周徧此造化運用之主宰也奇門如有所寄三元八卦六甲九宮陰陽消長順逆殊途以至用變不同生化莫測此中大道有至理存焉但言巽辰亥武曲臨而不及中宮者巽木上乘乎震五黃在巽則武曲爲寄星矣乾金下達乎兌五黃在兌則文曲爲寄星矣亥爲五黃居中順一局辰爲五黃居中逆一局以明用法之不同使武曲得以臨二十四山之方

位矣巽乘乎震以武曲爲寄星使人伸風木之思而帝德揚於王庭矣乾達乎兌以文曲爲寄宮使人沾天澤之恩而文德敷於四海矣故曰玄空大卦與奇門同出一源其中宮之謂歟　甲癸申貪狼一路行此三元已週運窮反本之義貪狼者坎卦也甲癸申者甲子戊也奇門同起一宮故曰一路行六甲起於坎故以甲爲貪狼戊癸爲坎卦之符首起於一白故以貪狼名之陰陽一九二局順逆相推則癸在中宮矣癸爲陽九局之寄星寄於巨門又爲陰一局之寄星可配巨門何以仍入貪狼故曰一路行也玄空大卦以中宮起星故五黃主事以甲子戊起中宮亦爲寄星戊在中宮寄於坤位坤爲巨門不得與貪狼並爲戊土生於申申乃坤卦之陽爻故申代戊而列貪狼之目矣故曰甲癸申者即甲子戊也子癸同是陰局故壬不與焉奧語首節責重八干四維者

何也。先天羅經十二支。以地支爲主。八干四維。地支分界中也。凡出卦兼向。責重干維。責重干維中。既已各司一星。而乾與丁獨不言寄星者。乾爲離九陽局寄星。已附於癸。例在貪狼。前註明辨。無庸另尋。至於丁爲艮八陽局之寄星。甲子戊起於艮。則丁巳入中矣。下元寄艮與輔星爲一例。故不專用寄星也。奇門中寄坤。而下寄艮。亦是此意。元空大卦合奇門起例。

乾金甲子外壬午　外戌申午　內辰寅子

坎水戊寅外戊申　外子戌申　內午辰寅

艮土丙辰外丙戌　外寅子戌　內申午辰

震木庚子外庚午　外戌申午　內辰寅子

巽木辛丑外辛未　外卯巳未　內酉亥丑

離火己卯外己酉　外己未酉　內亥丑卯

坤土乙未外癸丑　外酉亥丑　內卯己未

兌金丁巳外丁亥　外未酉亥　內丑卯乙

（先則）謹按自無極子授蔣氏挨星圖後。坤壬乙訣漸明於世。然其起例之由來。除　沈公繪圖繫說外。先賢殊少記錄。是篇得自友人祕本中。其說蓋探源於奇門。用輯入之。以供闡究。然　沈公亦曾作奇門九圖。惜其書在嘉定南翔姚君孟塤家中。不知日兵佔南翔時。此書無恙否。異日蒐集有得。當互相考證爾。

兼向

兼向名曰替卦。亦稱變卦。蔣杜陵曰。兼則須用坤壬乙訣。（見姜垚從師隨筆）　沈公以兼三四分者。當用替星。宗章仲山者。則以出宮兼及本宮陰陽互兼。始用替星。其挨法亦就運星所臨之山向某字配坤壬乙訣。分陽順陰逆佈之。逢子癸甲申。用一入中。坤壬乙卯未用二入中。戌乾亥辰巽巳用六入中。艮丙辛酉丑用七入中。寅午庚丁用九入中。此尋替之法也。如四運立丑山未兼向。運星四入中。一到向。丑未地元龍也。一即壬屬陽。當用二入中順飛。其挨到向星爲八。即替星也。餘類推。若兼而不變。無替可尋者。則照正向挨法行之可也。其山向宮位如值運盤五到則無替可尋。仍五入中。而依山向之陰陽爲順逆推排之繩。則此與下卦同一例也。立向之道。崇尚清純。陰陽互兼。便犯差錯。出宮兼向。更嫌卦氣龐雜。二者皆因順山川之情勢。不得已而立之。然須以乘時合運爲依歸。坤壬乙訣爲取裁。必使旺星挨到山向。又得旁水聯珠之美。此爲地卦出。而天卦不出。轉主大吉。若不明奧義。竟落衰死出卦。固凶。差

錯亦難免咎不可不慎也或云出宮兼向其卦不變者无咎此不足爲訓緣陰陽差錯乘時合運尙不能作旺向論况出卦乎此替卦之概略焉

直向

立向之法正向兼向之外顧更有所謂直向者包括錯卦互卦其法係就出宮兼與陰陽互兼之一部用坤壬乙訣尋替然挨法與替卦異傳者謂直向之名出於章氏仲山而時人卽稱爲拘馬以其愈錯則愈直愈拘而愈正也佈運盤後就正向某字配坤壬乙訣挨向上一盤卽用所得替星列於向首而不以中宮爲出發點且不問陽順陰逆錯卦悉用順互卦盡用逆此直向之特例也三元九運中計錯卦十二局卽一運之亥向兼壬乾向兼戌庚向兼申辛向兼戌二運之辰向兼乙四運之

辛向兼戌五運之亥向兼壬六運之亥向兼壬甲向兼寅卯向兼甲七運之乾向兼戌庚向兼申是也例如一白運坐巳向亥兼丙壬一局運星一入中順行至向上得二二之人元即申申即一白貪則用一列向首爲之旺星到向順行二兌三艮四離五坎六坤七震八巽九入中此錯卦之挨法也又如六運之卯向兼甲震上挨六巽上挨七八入中宮震巽兩方有水主旺四十年財源交八運便主不利又同運之亥向兼壬初年亦不吉交七運始亨通因七挨乾六入中宮故也餘向皆然互卦在三元九運中僅得二局一即二黑運之巳向兼丙以運星二入中順行至向得一一之人元即癸仍爲一白貪用一列向首逆行九入中八到乾七到兌六到艮五到離四到坎三到坤二到震止一即八白運之巳向兼丙運星八入中順行至向上得七七之人元即辛辛仍七

赤破用七列向首逆行六入中五乾四兌三離二坎九坤八震此兩局用於向上遮蔽坤震兩方有生旺水可收之地若向上遮蔽而坤震兩方無水可收者立此局主大凶云茲將直向十四局演圖如左

一白運坐巳向亥兼丙壬

山 八九 九	四五 五	六七 七
七八 八	九一 一	二三 三
三四 四	五六 六	一二 二 向

此局運星二到向二之人元即申申即貪狼故向上挨一爲旺向順行九入中山類推

亥壬局中宮合十書云坎離水火中天過龍墀移帝座中天過者中宮得一九也龍墀者九也帝座者一也

一運立此向要向上有水爲一白水應亥上挨兌爲二艮爲三離爲四坎爲五坤爲六震爲七巽爲八一方有水可旺二十年財丁若多有一

方水照。即加二十年。旺氣由向而兌迄巽。連貫不斷。則旺至一百六十年。九運入中方止。若斷於何方。即停在何運。此直向旺星到向收水法。舉一以例其餘。

一白運坐巽向乾兼辰戌

山 九九 九	五五 五	七七 七
八八 八	一一 一	三三 三
四四 四	六六 六	二二 二 向

此局運星二到向。二之天元即坤。坤即巨門。故向上挨二爲生。向順行一入中。山類推。每運分上下兩旬。凡生向宜用於下旬。餘運皆然。

則按八純卦本主大凶。此局山向運星字字相同。顯係陰陽不調。未可輕立。否則若惑於生向。其吉不敵凶無疑。心所謂危。用綴數語。幸閱者加之意焉。

一白運坐甲向庚兼寅申

七八 九	三四 五	五六 七
六七 八 山	八九 一	一二 三 向
二三 四	四五 六	九一 二

此局運星三到向三之地元卽甲甲卽貪狼故向上挨一爲旺向順行八入中山類推

一白運坐乙向辛兼辰戌

八一 九	四六 五	六八 七
七九 八 山	九二 一	二四 三 向
三五 四	五七 六	一三 二

此局運星三到向三之人元卽乙乙卽巨門故向上挨二爲生向順行九入中山類推

二黑運坐戌向辰兼辛乙

七四 六	九六 八
三九 二	五二 四
八五 七	四一 三 山

此局運盤一到向一之地元卽壬壬卽巨門故向上挨二爲旺

八二一向　七一九　三六五　向順行三入中山類推

四綠運坐乙向辛兼辰戌

九一一　五六六向　四五五　此局運盤六到向六之人元即
七八八　三四四　八九九　亥亥即武曲故向上挨六順行
二三三　一二二山　六七七　四入中山類推

按此局向星入四不利則

五黃運坐巳向亥兼丙壬

四二二　九七七　八六六向　五黃運運星與地盤無異此局
二九九　七五五　三一一　運星六到向六之人元即亥亥
六四四山　五三三　一八八　即武曲故向上挨六爲生向順
行五入中山類推

則按此局犯全盤伏吟令星入中之咎非所取焉

六白運坐酉向卯兼庚甲

五二 三	一七 八 山	九六 七	此局運星四到向四之天元卽
三九 一	八五 六	四一 二	巽巽卽武曲故向上挨六爲旺
七四 五	六三 四 向	二八 九	向順行八入中山類推

六白運坐庚向甲兼申寅

五二 三	一七 八 山	九六 七	此局運星四到向四之地元卽
三九 一	八五 六	四一 二	辰辰卽武曲故向上挨六爲旺
七四 五	六三 四 向	二八 九	向順行八入中山類推

六白運坐巳向亥兼丙壬

三三 三	八八 八	七七 七 向	此局運星七到向七之人元卽

一一一　六六六　二二二　辛辛卽破軍故向上挨七爲生

五五五山　四四四　九九九　向順行六入中山類推

則按此局山向運星字字相同一無變化主大凶

七赤運坐巽向乾兼辰戌

三四四　八九九　七八八向　此局運星八到向八之天元卽

一二二　六七七　二三三　艮艮卽破軍故向上挨七爲旺

山五六六　四五五　九一一　向順行六入中山類推

則按此局犯丁星入中

七赤運坐甲向庚兼寅申

二五四　七一九向　六九八　此局運星九到向九之地元卽

九三二　五八七　一四三　丙丙卽破軍故向上挨七爲旺

四七五　三六四山　八二一　向順行五入中山類推

以上錯卦十二局

二黑運坐亥向巳兼壬丙

三六八　一七四　八二三山　此局運星一到向一之人元卽

五八六　九三二　四七七　癸癸卽貪狼故向上挨一逆行

向一四一　二五九　六九五　九入中山類推

二運中立此向係避衰就旺法須遇向上閉塞坤震兩宮有水之地方

可八白運同

八白運坐亥向巳兼壬丙

九四五　四八一　五九九山　此局運星七到向七之人元卽

二六三　六一八　一五四　辛辛卽破軍故向上挨七逆行

向 七二七　八三六　三七二　六入中。山類推。

此向亦係避衰就旺法。可參看二黑運。

以上互卦二局

則先謹按：直向之名。不著於世。且與替卦並行。莫之適從。友人抄本中。謂其法。為宗章氏者所採取。然稽之古籍。莫明其所由來。證之仲山宅斷。亦無前例可援。究否合乎真理。目下尚未為理氣家所肯定。總之直向偏重水法。就其所取十四局觀之。往往置星氣叢伏於不顧。故是法縱為玄空學者所公認。亦不過收局部之水。為不得已之取裁而已。其遠遜清純正向。甯待言歟。表而出之。聊備一格。以供留心斯道者之研究。所望實地考驗。有以證明其真偽。此某所馨香禱祝者也。

五黃

凡天盤之五黃即零神之方位三元九運中除中五立極之五運外計得二十四局即一運之丙午丁二運之丑艮寅三運之庚酉辛四運之戌乾亥六運之辰巽巳七運之甲卯乙八運之未坤申九運之壬子癸是也宗章氏者輒取此宮之陰字爲正向名五里山不立兼向如一運取子山午向癸山丁向運盤一入中順行五到離午陰也仍以五入中逆行旺星一到向餘運餘向依此類推其引寶照經云前頭走到五里山遇着賓主相交接此即章氏取五爲正向之由來也試問五運作何用法夫亦曰寄艮寄坤之板法而已其實一運一入中八國間配合生成獨缺坎一故一運以五寄坎餘運不難類推得之若五運之玄關所在亦不外山向飛星所缺某字以寄於五耳於此可悟五黃無正位分寄於二十四山之理矣然運盤之五與向之陰陽大有出入陰向逆行旺

星到向且全盤與地卦合十雖曰反吟當令益旺若陽向順行則旺星上山且字字與地卦相同是犯全盤伏吟山向同例此不可不察也惟五運之陰向十二局到山到向無一非五此飛星之五爲當令旺星非他五所堪比擬向星五黃入中名爲皇極居臨正位至大至尊有逢囚不囚之功若飛臨外宮名曰廉貞不論生尅到處成凶故宜靜不宜動動則招殃體用合法飛到三叉猶嫌多事年神並臨自慮疾病損人蓋五爲戊己大煞諺有到處不留情之語凶可知矣

出宮兼借助五黃法

凡立出卦向如向首入中其飛星輪轉之五黃適臨所兼宮位例如一白運立坐亥向巳兼壬丙一局卽運星一入中九到向九卽丁陰逆行仍九入中一到向五黃挨到離位卽可用巳兼丙之向是也然此局山上

用替。雖免下水之咎。而天盤二到山。二即申。陽也。申以一入中。二挨山。夫一乃天心正運之令星。不能到山而反入中。是謂丁星入囚。且順行字字與運星相同。亦稱全盤伏吟。故此局不過舉一例。以資隅反。識者無取焉。且借助之名義。無非以五爲寄旺。與藉以無囚。二者然出宮不變卦。氣已雜。依局立此。猶可若貪助勉立。仍所當戒也。

玄空用法只重一卦

寶照經云。天機妙訣本不同。八卦只有一卦通。玄空之法。取八卦以配九宮。其運用只重一卦。此一卦即天心正運入中之某字。亦即本運旺星到向之一卦是也。明乎此。則隨在之陰陽得矣。而九星之流轉。如乾坤艮巽。躔於何位。乙辛丁癸。落在何宮。甲庚壬丙。臨於何地。亦從可知矣。因而辨山水之得失。察八國之衰旺。吉凶禍福。便如神見矣。

運剋龍趨避法

凡立旺山旺向本主大吉然又當觀近穴下節龍脈有無剋洩運剋龍曰剋龍剋運曰洩逢剋則絕逢洩則衰此生剋制化之一訣也如九紫運立午山子向旺星到向誰云弗吉但龍脈若從兌方入首山上運星是四四卽巽陽也當四入中順行六到兌六爲乾屬金卽犯火運剋金龍矣便主絕丁逢此來脈宜立午子兼向則山上可用替運盤之四變爲武曲當用六入中順行而兌上之乾金變爲艮土非特不剋而反得火運生土龍之妙主丁氣大旺此趨吉避凶之法也餘若九紫運遇一白龍則爲龍剋運矣餘類推

山龍出卦立向與平洋葬法

寶照經云子字出脈子字尋莫教差錯丑與壬可見來脈以清純爲尚不

獨出卦爲忌而壬陽子陰雖屬同宮亦非所宜山穴遇之宜補偏救弊以立淸純之向若向立一卦而坐朝欹斜形局不正者只得內向立一卦淸純外向仍立出卦向以配堂局此卽諺所謂內藏黃金斗外掩時人口也然外向用替亦當乘時合運若平洋則以水證龍脈以水界氣以水聚與山巒非一家骨肉祇要迎龍立向以朝有情之水而取其三吉五吉可也然亦在作者之心靈目巧仍以形氣兼賅爲依歸耳

龍眞穴的宜乘時下葬

凡定穴立向貴乎形止氣蓄堂局整齊此固不刊之論雖然地誠美矣苟用非其時非徒無益反致凶咎縱發亦甚顚倒蔣杜陵所以有我葬出王侯人葬出盜賊之語味其詞旨吉凶禍福之繫於天心得失明矣不過福力之厚薄仍視形局之大小爲等差耳夫龍眞穴的本具自然之

山向固不當刖足就履以強立旺向亦豈可不問元運而隨時扦卜以貽吉地凶塟之咎夫然惟有如程子所云非時不塟而已蓋地理之道形氣並重體用不能偏廢龍眞穴的固已樹發福之根基而立向納氣實司穴中迎神之主宰掌陽神招攝之化機故葬不乘時星衰運替其凶轉不可思議焉爾

上山下水與收山出煞

靑囊序曰山上龍神不下水水裏龍神不上山此二語乃吉凶之樞紐禍福之關鍵爲玄空理氣中扼要法門山主人丁水主財源龍神得失所關至鉅偶或顚倒則損丁破財爲禍百端故山上排龍切忌下水必置旺星於高山實地水裏排龍並忌上山亦須挨旺星於池蕩河流或低窪之處此山向飛星安排之要訣不容倒置者也茲舉七運乙山辛向一

局以例其餘山上排龍以運盤五到山用五入中乙陰逆行山上飛星七到山七即當令之星爲旺氣八挨坤八係將來者爲生氣故七八兩方要高九在坎遇高地則山上龍神得所矣生旺之氣放在高處主旺人丁六爲衰氣臨於巽方四爲死氣臨於乾方若巽乾方高則爲衰死氣得力故宜巽乾兩方有水則衰死之氣放在水裏而煞脫矣水裏排龍運盤九到向用九入中九即丁陰逆行向上飛星七到向七爲當運之旺氣八在乾爲未來之生氣故兌乾兩方有水則水裏龍神得所矣生旺之氣放在水裏主旺財源六爲衰氣五四爲死氣若有水則衰死之氣得力而煞存也故艮離坎三方宜高而不喜見水則衰死之氣放在高處矣且水裏排龍生旺固宜挨到水裏而山上排龍衰死亦要放在水裏則兌乾兩方有水俱一舉而兩得反之震坤坎三方有山亦各

得其宜總之能辨五行之衰旺以配合則龍神豈徒免上山下水之病而收山出煞之妙用亦道在斯矣

上山下水須以局斷

水裏排龍旺星挨在低窪主旺財源若反躍高處謂之水裏龍神上山也不僅破財亦且傷丁陰卦傷女丁陽卦損男丁不必高大星辰即三尺墩阜亦能發禍但上山之後而更有吉水挨到其凶略減大都水之旺星以到向爲吉然向上却逢牆垣高阜形與氣背仍犯上山若飛臨坐後固名上山然坐後有水可收亦能致福水後若更有山則合雙星會合於坐山之局堪輿家亦嘗取之山上排龍旺星挨在高處主旺丁氣若反落低窪謂之山上龍神下水便致傷丁緣山之旺星以臨坐爲吉但坐後却逢池蕩河流局非所用亦犯下水若反値向首原稱下水但

苟與向上旺星同臨又得水外有山之局亦能添丁惟不甚旺是名雙星合會於向首頗爲堪輿家所重視綜上以論到山到向之局必須配背山面水之地爲合法厥理甚明上山下水倘配於坐空朝滿之局龍眞穴的亦能發福因上山而仍遇水下水而又逢山故也然巧奪天工究不及旺星到山到向之悠遠弗替耳卽雙星會合於坐山亦不逮會合於向首者何也蓋向首一星納衰旺之氣司災福之柄非山上飛星所可同日語也故或以謂下水猶可上山則斷斷不可此豈於山向兩星好爲軒輊蓋以向首乘天陽之氣朱雀發源司權特大故耳

斷財丁貴秀以太歲重加取驗

凡斷陰宅須考其受氣之元運與山向之飛星爲主而以客星或太歲之加臨爲用此乃不二法門然斷新坟吉凶以巒頭爲重旁考其星辰是

否當運得水吉則更吉倘方位不吉而遇吉星挨到亦能減凶若夫久塋之坟形巒理氣交相爲用則須視星辰之得失以察形象之美惡而更以太歲之加臨爲取驗動機然後用星分房斷禍福之誰屬秩然無遺矣天玉經云但看太歲是何神立地見分明足徵太歲加臨之損益非其他客星所堪比擬然須就實地巒頭加太歲以斷吉凶則財丁貴秀分別推論百不爽一大抵財以水斷當於向水或旁水上加太歲推其吉凶例如向上飛星是一白交甲子年太歲亦是一白先用年紫白順飛至向上得一白者即爲太歲加臨一白重逢一白故也向上有水主中房申子辰命發財又用月紫白順挨至向上得三碧者更妙因三碧即甲卯乙也是年太歲是甲子一爲子三爲甲二星同臨一宫即重加太歲其月建一白到向亦名重加是也丁以山斷須就坐山與環巒

或水口加太歲定房次合年命以斷吉凶其驗乃神至破財傷丁亦不外以上山下水而又逢太歲沖破尅洩之咎相推斷此山洋同例也若論貴秀山穴以坐山斷大抵陽脈入首不過財丁門族而已穴後有突或墩阜形態端秀者方主發貴洋穴則須視前後左右水流曲折愈折愈貴然八國間有特異挺秀之峯或三叉水口城門交鎖及流神屈曲之處逢太歲塡合即能發貴仍以實地巒頭斷其生肖可也

太歲有地盤年盤之別子年在子丑年在丑者地盤太歲也若年盤太歲子年屬一白丑年屬八白以其飛輪無定又名飛太歲例如上元甲子年一白入中即太歲在中宮中元四綠入中一白飛坤則太歲在坤下元七赤入中一白到艮太歲便居艮後表所列即年盤太歲加臨之方位也

太歲臨方檢查表

年庚	上元一運	中元四運	下元七運	年庚	上元二運	中元五運	下元八運	年庚	上元三運	中元六運	下元九運
甲子	中	坤	艮	甲申	艮	中	[坤]	甲辰	震	離	乾
乙丑	巽	坎	兌	乙酉	中	坤	艮	乙巳	[巽]	坎	兌
丙寅	中	坤	艮	丙戌	中	坤	艮	丙午	坎	兌	巽
丁卯	坎	兌	巽	丁亥	[乾]	震	離	丁未	巽	坎	兌
戊辰	震	離	乾	戊子	坤	艮	中	戊申	中	[坤]	艮
己巳	[巽]	坎	兌	己丑	坎	兌	巽	己酉	坤	艮	中
庚午	坎	兌	巽	庚寅	坤	艮	中	庚戌	坤	艮	中
辛未	巽	坎	兌	辛卯	兌	巽	坎	辛亥	震	離	[乾]
壬申	中	[坤]	艮	壬辰	離	乾	震	壬子	艮	中	坤
癸酉	坤	艮	中	癸巳	坎	兌	[巽]	癸丑	兌	巽	坎
甲戌	坤	艮	中	甲午	兌	巽	坎	甲寅	艮	中	坤

乙亥	震	離	[乾]	乙未	坎	兌	巽	乙卯	巽	坎	兌
丙子	艮	中	坤	丙申	[坤]	艮	中	丙辰	乾	震	離
丁丑	兌	巽	坎	丁酉	艮	中	坤	丁巳	兌	[巽]	坎
戊寅	艮	中	坤	戊戌	艮	中	坤	戊午	巽	坎	兌
己卯	巽	坎	兌	己亥	離	[乾]	震	己未	兌	巽	坎
庚辰	乾	震	離	庚子	中	[坤]	艮	庚申	艮	中	[坤]
辛巳	兌	[巽]	坎	辛丑	巽	坎	兌	辛酉	中	坤	艮
壬午	巽	坎	兌	壬寅	中	坤	艮	壬戌	中	坤	艮
癸未	兌	巽	坎	癸卯	坎	兌	巽	癸亥	[乾]	震	離

年盤太歲加臨於地盤太歲之上者特於字外加方格以資識別

斷向不當旺客星加臨之咎

陰陽兩宅如衰死到向爲某字逢流年客星到向又值某字主傷丁口向不當旺而逢流年紫白旺星挨到亦反主發禍例如八白運立壬山丙向旺星到坐至甲午年年星四綠入中八白到向便主發禍此以向首斷也水裏龍神上山之局並可就坐後斷如七赤運立子山午向向上旺星到坎已犯水裏龍神上山若坎方塡實或有高山高屋已屬不吉緣飛星雙七臨坎天盤三到坎交八運七爲衰氣逮癸卯流年二月客星三又到坎是爲三七迭臨必遭刦盜官訟之禍主乙卯癸未肖人發禍至十一月雖有三到却不爲害因月建已屬甲子非太歲故也此以加臨客星與年月太歲合參而斷生肖然氣運既衰凶星來襲變故之生如響斯應縱無乙卯癸未生肖亦豈能免禍哉

斷陰宅發蹟生肖

大凡善相墓者首察龍穴之眞僞次考星運之衰旺而斷其發蹟之能否地果美也令果得也因而辨公位之誰屬然後進推其生肖大都陰宅所發何肖可從出脈入首處之某字斷換言之卽從坐上斷如子山午向卽斷肖鼠者發但入首倘爲亥則斷肖猪者發不必用飛星推也山上旺星到向則可從向上之地盤某字以斷所發生肖如雙星會合於向首之局立子山午向斷肖馬者發立午山子向斷肖鼠者發依向類推可也然亦不可死執此板法有時却當從飛星斷如宅斷中上虞鯉魚山錢姓祖墓向上雙二共九仲山卽斷爲丙申命發詞林是也更有以城門對宮之分金斷者如宅斷中之論錢茶山祖墓是也但四山環繞獨缺一口在地盤某字卽可斷某肖絕也若其缺口適合城門鎖籥

正氣反主大吉，是又當別論矣。

飛星四綠方宜高

向上飛星之四綠方，當生旺之時，固忌窒塞，須見明水。若水外有高峯高屋，及塔井旗桿等，主旺科名。值衰死之際，放在高處，亦主功名之應。

反伏吟

山向兩星五入中宮，順局爲伏吟，逆局爲反吟，蓋所忌在與地盤相犯耳。然僅犯反吟，亦未嘗爲虐，如一運中之子午癸丁，即其明證。且逢五逆行，令星無一不到山向，雖名穿心煞，當令不忌，故章氏取爲正向而不疑。若伏吟則實能作祟，反伏並犯，更不待言。然全局合成三般卦者，化凶爲吉，得保無虞。此從師隨筆所載爲酉姓卜葬一段，可徵信焉。或云反伏吟之爲害，莫甚於向首，其他方位空實得宜，亦堪制化，此可信也。

然反伏吟每與上山下水不牟而合欲圖補救良非易易除合三般者不忌外惟有用替以變其星苟不能移宮換宿則亦惟待時而埜而已廣義言之伏吟不僅限於地盤即飛星與天盤之字相同及兼向之八純卦亦俱得謂之伏吟也

零神照神

凡水之宮位與運合十者爲正吉零神合生成者爲催吉照神故一二三四之運須收九八七六之水爲正吉零神六七八九之水爲催吉照神反之六七八九之運以四三二一之水爲正吉零神一二三四之水爲催吉照神其方位不若配水之以流轉星辰爲斷而以元旦盤爲歸如一白主運以離宮爲正吉零神乾宮爲催吉照神艮兌兩宮爲吉照二黑主運以艮宮爲正吉零神兌宮爲催吉照神離乾兩宮爲吉照三碧

主運以兌宮爲正吉零神艮宮爲催吉照神離乾兩宮爲吉照四綠主運以乾宮爲正吉零神離宮爲催吉照神艮兌兩宮爲吉照六白主運以巽宮爲正吉零神坎宮爲催吉照神坤震兩宮爲吉照七赤主運以震宮爲正吉零神坤宮爲催吉照神坎巽兩宮爲吉照八白主運以坤宮爲正吉零神震宮爲催吉照神坎巽兩宮爲吉照九紫主運以坎宮爲正吉零神巽宮爲催吉照神坤震兩宮爲吉照是也惟五黃主運須分甲申甲午二旬上十年以戌丑爲正吉零神午丁爲催吉照神下十年以辰未爲正吉零神子癸爲催吉照神因五黃運八宮寄旺於四維故取裁不若他運之易凡配水與零神相合其效益神城門亦如之

零神方位源出先天卦序

山用順水用逆此二語爲零正入用之嚆矢故正神取當元旺神如一運

坎二運坤用以排龍而零神則轉取失元衰神一運用離二運用艮以之排水是也然零神方位後天雖用逆而闡之先天卦序父統三男母統三女陽順陰逆井然而不紊上元一白當令取後天離方水者離乃先天乾位乾爲老父故居第一又一六共宗故以乾六爲照神二黑當令取後天艮方水者艮乃先天震位震爲長男故居第二又二七同道故以兌七爲照神三碧當令取後天兌方水者兌爲先天坎位坎爲中男故居第三又三八爲朋故以艮八爲照神中元四綠當令取後天乾方水者乾爲先天艮位艮爲少男故居第四又四九爲友故以離九爲照神此先天四陽卦先長後少依序順輪者也中元六白當令取後天巽方水者巽乃先天兌位兌爲少女故居第六而一六共宗因以坎一爲照神下元七赤當令取後天震方水者震乃先天離位離爲中女故

居第七而二七同道因以坤二爲照神八白當令取後天坤方水者坤乃先天巽位巽爲長女故居第八而三八爲朋因以震三爲照神九紫當令取後天坎方水者坎乃先天坤位坤爲老母故居第九而四九爲友因以巽四爲照神此先天四陰卦先少後長依序逆輪者也八卦效用以先後天同位其驗乃神章氏仲山於三元九運中每取五里山爲正向者卽隱寓零神於向首耳然水裏排龍星仍用順苟當令旺星挨到水裏卽爲撥水入零堂也若夫正神與零神相對待撥之先天卦序適成反比例學者可得而悟矣山上排龍旺星挨到高山實地爲之正神正位裝但正神百步始成龍平洋立穴忌數十步便爲河流界斷所謂水短便遭凶也總之零正對待消長無定隨運流轉識其所在則排龍排水知所配合可不致犯零正顛倒之病矣

零神正神逐運方位吉凶表

元運 / 零正 / 地盤	一運 龍	一運 水	二運 龍	二運 水	三運 龍	三運 水	四運 龍	四運 水	五運上旬 龍	五運上旬 水
坎	正神	正煞	炁退	凶照	炁死	凶照	炁死	催煞	炁死	催煞
坤	炁平	凶照	正神	正煞	炁退	催煞	炁死	凶照	炁死	正煞
震	炁平	凶照	炁平	催煞	正神	正煞	炁退	凶照	炁退	凶照
巽	炁平	催煞	炁平	凶照	炁平	凶照	正神	正煞	正神	正煞
乾	炁死	催吉	炁死	吉照	炁死	吉照	正凶	零神	正凶	戌方零神
兌	炁死	吉照	炁死	催吉	正凶	零神	炁死	吉照	炁死	吉照
艮	炁死	吉照	正凶	零神	炁死	催吉	炁死	吉照	炁死	丑方零神
離	正凶	零神	炁死	吉照	炁死	吉照	炁死	催吉	炁死	催吉

六運龍	六運水	七運龍	七運水	八運龍	八運水	九運龍	九運水
烝死	催吉	烝死	吉照	烝死	吉照	正凶	零神
烝死	吉照	烝死	催吉	正凶	零神	烝死	吉照
烝死	吉照	正凶	零神	烝死	催吉	烝死	吉照
正凶	零神	烝死	吉照	烝死	吉照	烝死	催吉
正神	正煞	烝退	凶照	烝死	凶照	烝死	催煞
烝平	凶照	正神	正煞	烝退	催煞	烝死	凶照
烝平	凶照	烝平	催煞	正神	正煞	烝死	凶照
烝平	催煞	烝平	凶照	烝平	凶照	正神	正煞

城門

城門爲穴內進氣之關鍵。水之三叉聚會。或照穴有情。權力獨勝處。而又合乎五行生旺之方位者。謂之城門。其五行生旺之方位維何。即向旁左右兩宮是也。天人兩元之向。遇運星一三七九飛到隣宮。便合城門。地元向。逢二四六八飛臨亦然。大凡城門純以逆飛取得旺氣。故於同元一氣中。舍陽而取陰。向旁運星之五。有水挨到。亦作城門論。但同元可用。又有正馬借馬之別。以元旦盤宮位爲率。如坎之與乾。乾之與坎。互合生成者爲正馬。餘則爲借馬。其力略輕。有以出宮兼向爲借庫。一卦純清爲自庫者。此城門之正格也。若言變格。例如挨星之一。臨於乾位。暗合生成於鄰宮者是也。其環山獨缺一口。用作城門方位。亦依此類推。大抵向衰者得城門一吉足資補救。向旺者得之益臻昌盛。因是氣無異中宮之氣故也。諺所謂雪中送炭。錦上添花者。城門兩有之。故經有城門一訣。最爲良之讚美。然城門輪到衰死之星。則亦不免凶耳。

水法

旺向逢水。卽爲旺水。苟無通流。或有而不見。則其力薄。此天玉經所以有龍要合向。向合水。以致其叮嚀之意也。但旁水得令。映照切近。則亦不亞於向上旺水。此言水之用。而其體亦殊多美惡。屈曲流神。名曰御街。一卦清純。謂之三陽。二者皆體之上格。均主貴秀。若斜飛直射。反弓無情。水之所忌。裹頭割脚。出卦斬頭。縱發不久。凡此皆水法所不取。亦卽非龍眞穴的之顯徵。平洋以水證龍。體用得失。背關吉凶。顧不重歟。但八國有水。而無峯相配。其氣散漫。亦主有財無丁。如六運立戌山辰向。水神一到離。九到坎。離方有水。與向首合一六共宗。名催官水。若更有坎方高峯相配。力加十倍。無峯力輕。此取山水相對。其中蓋有精義存焉。

三吉五吉

三吉五吉爲水法所最喜。何謂三吉。卽一白六白八白等於奇門之休開生。一白居九星之首。既統諸卦。合冠三吉。然天氣下降。地氣上升。亦何所容其軒輊。堅金遇土。富並陶朱。八六相生。異途擢用。六白八白之同爲吉曜。蓋可知矣。至五吉則合三般。而兼取貪輔。如上元一運。取一二三之水。而配以六八。中元四運。取四五六之水。而配以八一。下元七運。取七八九之水。而配以一六是也。總之三吉五吉安排得法。聯珠相貫。其發福自久而弗替耳。

陽宅三十則

城鄉取裁不同。鄉村氣渙。立宅取裁之法。以山水兼得爲佳。城市氣聚。雖無水可收。而有鄰屋之凹凸高低。街道之闊狹曲直。凹者低者闊者曲動者爲水。直者凸者狹者特高者爲山。

挨星。陽宅挨星。與陰宅無異。以受氣之元運爲主。山向飛星。與客星之加臨爲用。陰宅重向水。陽宅重門向。然門向所以納氣。如門外有水放光。較路尤重。衰旺憑水。權衡在星之理。蓋亦無稍異也。

屋向門向。凡新造之宅。屋向與門向並重。先從屋向斷外六事之得失。倘不驗。再從門向斷之。若屋向既驗。不必復參門向。反之驗在門向。亦可不問屋向也。

堂局環境。凡看陽宅。先看山川形勢。氣脈之是否合局。纔看路氣與週圍之外。六事及鄰家屋脊牌坊旗桿坟墩古樹等物。落何星宮。辨衰旺以斷吉凶。

大門旁開。 凡陽宅。以大門向首所納之氣斷吉凶。大門旁開者。則用大門向。與正屋向。合兩盤觀之。外吉內凶。難除瑕疵。外凶內吉。僅許小康。

屋大門小。 凡屋與門須大小相稱。若屋大門小主不吉。然屋向門向皆旺。旺屋大門小亦無妨。

乘旺開門。 凡舊屋欲開旺門。須從舊屋起造時。某運之飛星推算。如一白運立壬山丙向。旺星到坐。原非吉屋。到三碧運。在甲方開門。方能吸收旺氣。緣起造時。向上飛星三碧到震。交三運。乘時得令。非為地盤之震三也。若開卯門。亦須兼甲。以通山向同元之氣也。

新開旺門。 凡舊屋新開旺門後。其斷法可竟用門向。不用屋向也。打灶作房亦從門向上定方位。 則按此。指旺門大開。原有大門堵塞。或緊閉者而言。須辨方向之陰陽順逆。與乘時立向無異。若開便門。以通旺氣。則取同元一氣。仍照起造立極之屋向斷之可也。

旺門蔽塞。 凡所開旺門。前面有屋蔽塞。不能直達。從旁再開一低小便門。以通旺門。則小門祇作路氣論。不必下盤。

旺門地高。 旺門門外有水。本主大吉。但門基反高於屋基者。雖有旺水不能吸收。門基高於門內之明堂者亦然。若門外路高。當別論也。

黑衕。 凡宅內有黑衕。不見日光者。作陰氣論。二黑或五黃加臨。主其家見鬼。即不逢此二星。亦屬不吉。

造竈。 不論宅之生旺衰死方。均可打竈。但生旺方可避則避。竈以火門爲重。竈神坐朝可弗問焉。火門向一白。爲水火既濟。向三碧四綠。爲木生火。均爲吉竈。火門向八白。火生土。爲中吉。向九紫。亦作次吉論。但究嫌火太熾盛耳。六白七赤火門不宜向。因火尅金也。二黑五黃更不宜向。因二爲病符。五主瘟㾮也。然火門所朝之向。乃造屋時。向上飛星所到之活方位。非指地盤九星言也。如一白運所造之屋。至八九運打竈。仍須用一白運之向上飛星是也。惟飛星之九紫方切忌打竈。火氣太盛。恐遭火患。此造竈方位之概略也。

糞窖牛池。穢濁不宜。嚮邇。五黃加臨。則主瘟㾮。二黑飛到。亦罹疾病。以較遠之退氣方爲宜。

隔運添造。凡屋同運起造。固以正屋爲主。如後運添造前後進。或側屋。而不另開大門者。亦仍作初運論。不作兩運排也。若添造之屋。另開一門。獨自出入。方作兩運排。倘因後運添造。而更改大門。則全宅概作後運論可也。

分房挨星　凡某運起造之宅至下運分作兩房者仍以起造時之宅運星圖爲主而以兩邊私門爲用蓋星運定於起造不因分房而變動分房以後各以所處局部之星氣推斷吉凶可也同運分房者類推參看宅斷中會稽章宅七運子午兼癸丁圖自明

數家同居　一宅之中數家或數十家同居斷法以各家私門作主諸家往來之路爲用看其路之遠近衰旺即知其氣之親疏得失也

分宅　一宅劃作內室另立私門者從私門算但全宅通達毗連仍作一家排不從兩宅斷也

逢囚不囚　向星入中之運如二四六八進之屋逢囚不囚者何也因中宮必有明堂氣空可作水論向星入水故囚不住若一三五七進之屋中宮爲屋入中便囚但向上有水放光者亦囚不住

店屋。　凡看店屋以門向爲君。次格櫃。又次格財神堂。俱要配合生旺。若門吉。櫃凶。或財神堂凶。吉中有疵。主夥友不和。或多阻隔。其衰旺之氣。皆從門向吸受。

吉凶方高。　宅之吉方高聳。年月飛星來生助愈吉。來尅洩則凶。若凶方高聳。年月飛星來尅洩反吉。來生助則凶。此指山上龍神之方位也。

竹木遮蔽。　陽宅旺方有樹木遮蔽。主不吉。竹遮則無礙。然亦須疎朗。因竹通氣故也。衰死方竹木皆不宜。

一白衰方。　陽宅衰氣之一白方。有鄰家屋脊沖射者。主服鹽滷死。獸頭更甚。

財丁秀。　財氣當從宅之向水。或旁水。看旺在何方。加太歲斷之。功名當從向上飛星之一白四綠兩方。看峯巒。或三叉交會。流神屈曲處。加太歲合年命斷之。丁氣當從宅之坐下。及當運之山星斷之。其驗乃神。流年衰死重臨。與旺星到向。陽宅衰死到向是某字。逢流年飛星到向。又爲某字。主傷丁。旺星不到向。逢流年旺星到向。亦轉主發禍。陰宅同斷。

鬼怪。衰死方屋外有高山屋脊。屋內不見。名爲暗探。屋運衰時。陰卦主出鬼。陽卦主出怪。陰陽並見主神。然必須太歲月日時加臨。乃應。初現時。有影無形。久而彌顯。甚或顚倒物件。捉弄生人。枯樹冲射。屋運衰時。陰卦亦主鬼。陽卦主神。陰陽互見主妖怪。

路氣。路爲進氣之由來。衰旺隨之。吸引。離宅遠者應微。然亦忌冲射。名爲穿砂。有凶無吉。二宅皆然。貼宅近路與宅中內路。尤關吉凶。故內路宜取向上飛星之生旺方。合三般者吉。而外路亦須論一曲之首尾。察

三灣之兩頭看其方位落何星卦灣曲處作來氣橫直者作止氣其法係從門向上所見者排也天元五歌云酸漿入酪不堪斟即言屋吉路凶之咎也

井

井爲有源之水光氣凝聚而上騰在水裏龍神之生旺方作文筆論落衰死尅煞方主凶禍陰宅亦然

塔

塔呈挺秀之形名曰文筆在飛星之一四一六方當運主科名失運亦主文秀若在飛星之七九二五方主興災作禍尅煞同斷陰宅亦然

橋

在生旺方能受蔭落衰死方則招殃石橋力大木橋力輕二宅同斷

田角

取兜抱有情忌反背尖射二宅皆然

九星斷略

竊聞河圖洩兩儀之祕洛書闡九曜之靈 一白先天在乾後天居坎上

應貪狼之宿號爲文昌行屬水色尙白秋進冬旺春洩夏死士人遇之必得其祿庶人遇之定進財喜第一吉神也爲尅煞則莊子鼓盆之嗟卜商喪明之痛有諸　二黑屬土星號巨門發田財則靑蚨闐闐旺人丁則螽斯蟄蟄然爲晦氣病符憂愁抑鬱有所不免暗悶淹延蓋嘗有之爲尅煞孕婦有坐草之虞孀居矢柏舟之志或涉婦人而興訟或因女子以招非大抵此方不宜修動犯者陰人不利其病必久　三碧祿存星隸震宮其色碧其行木値其生興家立業當其旺富貴功名若官災訟非遇其尅也殘病刑妻遭其凶也犯之者膿血之災觸之者足疾大禍　巽得四數其色綠風中木文曲居之當其旺登科甲第君子加官小人進產爲尅煞瘋哮自縊之厄不得免焉淫佚流蕩之失勢所有之　五宮廉貞位鎭中央威揚八表其色黃行屬土宜靜不宜動動則

終凶宜補不宜尅尅之則禍疊戊己大煞災害並至會太歲歲破禍患
頻仍故此星値方在平坦之地門路短散猶有疾病臨高峻之處門路
長聚定主傷人値其凶遭囘祿之災萬室咸燼遇瘟癀之厄五子云亡
其性最烈其禍最酷何其甚也蓋以土爲五行之主中爲建極之基有
天子之尊司萬物之命不可輕犯者也倘有大石尖峯觸其怒古樹神
廟壯其威如火炎炎不可嚮邇矣　乾宮六白武曲居之行屬金性尙
剛其生旺也威權震世巨富多丁其尅煞也伶仃孤苦刑妻傷子　七
赤破軍位居正西有小人之狀爲盜賊之精其生旺也財丁亦增爲尅
煞也官非口舌秋金主殺九紫可制夏月忌臨八白和之　艮得八數
其色白其行土生旺則富貴功名尅煞則小口損傷性本慈祥能化凶
神反歸吉曜故與一六皆歸吉論並稱三白　離宮九紫星名右弼行

屬火性最燥吉者遇之立刻發福凶者值之勃然大禍故術家以爲趕煞催貴之神但火性剛不能容邪宜吉不宜凶故曰紫白並稱

六親吉凶斷

聿九星有生克之辨六親有休咎之占　乾稱乎父六白居之其行屬金畏九紫之克其性喜土賴八白之生配乎坤內助攸資得乎艮中和吉慶當其克宅主有迍邅之慮遇乎生老翁得矍鑠之容　坤稱乎母二黑主之行屬土喜生火九紫到享閨房之福土畏木克三四臨遭採薪之憂　帝出乎震爲長男三碧木也木非水不生一白至則欣欣向榮木無金不克六七來則蕭蕭日瘁　坎乃次男其數一白其行爲水遇六七仲房發達逢二八中子受殃　艮土八白少男當之畏伯兄之克然木雖無情得仲姊之生九紫有助風行壓制逢主母之扶二五可安

長女代母行權。爲父克不和於季妹。七赤來則閨中狼狽。有賴乎仲弟。一白至壼內鴻禧。　離爲中女。九紫屬火。火之熾也。資乎木。三四助之。火之滅也。畏乎水。一白克之。當其熾。仲女福集閨房。值其滅。仲婦災生牀席。　兌季女也。陰金可知。六白來臨。父也。助予。二黑飛至。母兮鞠我。金生水爲洩氣。一白到。未免生災。火制金爲煞地。九紫來。安能無恙。

總之生旺比和。一家均獲休祥。死敗墓絕。六親各罹災咎。

暗建。

例如中元四運甲子年。四綠入中。値年太歲一白到坤。坤爲二黑。每月調遞太歲所臨之二黑。卽名暗建煞。如正月八白入中。暗建在艮。二月七赤入中。暗建在離。每月退一位。乙丑年三碧入中。太歲八白到坎。則以每月調遞之一白爲暗建煞。餘類推。暗建煞切忌修造。犯則凶禍立見。

此選擇應避之一端也

余友陳君念劬昔年卜地葬親不敢假庸地師手緣縱覽靑囊諸籍知三元三合之相去霄壤遂治玄空家言蒐集是類祕本不遺餘力茲編所述治諸家祕笈於一爐而以陳君藏本採輯爲多惟按原本語氣有類師門授受信筆揮灑之作而於篇次之程序文字之繁簡雅俗胥不之計加以轉輾抄傳魚魯滋多則先爲公世計爰爲之權衡損益循序歸納或錄其要而參以己意或存其眞而量予潤飾旁參諸家附表繫說摭述成編以供同好蓋沈公以盡洩此中天機爲懷而陳君亦不以嚴守祕密爲然此玄空輯要之所由作也　則先並識

頁	面	圖	說	行	字	誤	正
三	下			七	第八字下		八國二字删
六	上			八	第十四字	武	午
十一	上			八	第七字	座	坐
十二	上			一	第二字下	行一	一行
十三	上			六	第十一字	封	卦
十三	上			十一	第十字下		脫一辰字
十六	上			十一	第廿三字下		脫一起字
十七	上			四	第二字	諺	語
十七	上			十一	第十九字	三小註	四
十七	下			六	第三字	因	囘
十七	[illegible]			[illegible]	[illegible]		脫一學字
十八	下			[illegible]	[illegible]下	不贅 衍	序不贅
二十	下			五	第二字	落	尋
二三	上			一	第十七字下	巳乾	乾巳
二三	上			五	第二十一字	末	未
二四	下		二	五	第十四字	詔	謂
二五	上	一		二	第三字	九五九	六五九
二七	下	一		三	第五字	四九四	三九四
三二	下		一	三	第三字下	一山	山一
三六	上	一		一	第二字	五三一	五二一
三六	下		二	五	第六字	西	兩
三七	下		一	五	第四字下		脫一午字
四十	下	一		三	末	山	向
四一	下	二		二	第一字	破貪一七四	破貪七一四
四一	下		二	五	第四字下		脫一子字
四二	上			五	第二字下	丙山壬	壬山丙

頁	面					誤	正
四二	上		二	三	第七字下		脫一元字
四三	上		二	末			脫三此局辰方可用城門訣十字
四三	下	二		二	首末	山向	向山
四三	下		二	末			脫此局未方可用城門訣
四四	下		一	末			脫此局丑方可用城門訣
四五			一	末			脫此局戌方可用城門訣
四五	下	一		二	第三字		破七武六一
四六	下		一	一	第十字下		脫一挨字
四六	下	二		二	末	五	七
四六	下	二		十二	末	七	五
四九	上		十	末			脫此局丑方可用城門訣
五一	下		二	三	第十字	經	維
五六	上	二		三	第一字	輔一貪八三	貪一輔八三
五六	下		二	五	第四字	甲	庚
五七	下		二	二	第四字下	陰辰	辰陰
五八	上		三	一	第五字下	地之	之地元
七六	上			二	第一字	向	山

玄空輯要

頁	面	行	字	誤	正
十一	下	一	第十四字下	四艮三離二坎	四兌三艮二離一坎
十三	上	圖九	第一字	六	丸
十四	上	十	第二字	三	四
十四	下	一	第二字	五	六
十四	下	一	第四字	四	五
十九	上	一	第十五字下	則龍神	龍神則
十九	上	四	第廿八字		上字删
廿九	上	六	第二字	本	木

玄空古義

目次

說卦錄要

近人卦象多宗孟氏逸象雖多而不切實用端木氏周易指經生習焉於此篇則簡略初學入門不如江陵鄭石元氏所著讀易輯要淺釋爲易解手錄此篇並變易體裁使人一目了然　丙戌夏沈竹礽識於上虞之福祈山下

☰乾健也乾純陽動而不息☷坤順也坤純陰靜而從陽☳震動也震剛好進銳作上起☴巽入也巽柔始生潛伏上侵☵坎陷也坎一陽在陰中上下皆順必溺而陷之☲離麗也離一陰在陽中上下皆健必附而麗之☶艮止也艮一陽健極於上前無所往必止☱兌說也兌一陰順見於外情有所發必說

此言八卦之性情

☰乾爲馬馬性健而不息其蹄圓乾象也☷坤爲牛牛性順而載重其蹄坼坤象也☳震爲龍震以奮動之身而靜息於重陰之下龍象也☴巽爲雞巽以入伏之身而出聲於重陽之表雞象也☵坎爲豕豕外質濁而心躁剛在內也

☲離爲雉雉外文明而性介，陽明在外也。☶艮爲狗艮外剛能止物而內柔者，狗也。☱兌爲羊兌外柔能悅，羣而內很者，羊也。

此言遠取諸物

☰乾爲首首爲衆陽所會，圓而在上，乾也。☷坤爲腹腹爲衆陰所藏，虛而有容，坤也。☳震爲足一陽動於下，足也。☴巽爲股陰坼而入於下，股也。☵坎爲耳陽明在內，猶耳之聰在內也。兩旁暗而內一陽明，能納言在內，故爲耳。☲離爲目陽明在外，猶目之明在外也。陽白陰黑，離之黑居中，黑白分明，目之象也。☶艮爲手動於上而握物，艮止之象也。☱兌爲口口開於上而能言笑，兌悅之象也。

此言近取諸身

☰乾天也，故稱乎父。☷坤地也，故稱乎母。六子皆自乾坤而生，故稱父母。☳震一索而得男，故謂之長男。☴巽一索而得女，故謂之長女。索者，陰陽相求也。陽先求陰，則陽入陰中而爲男；陰先求陽，則陰入陽中而爲女。一索者，初爻也。☵坎再索而得男，故謂之中男。☲離再索而得女

故謂之中女在中爻為再索☶艮三索而得男故謂之少男☱兌三索而得女故謂之少女在三爻為三索

此以八卦分父母男女一家之象也

☰乾為天乾純陽在上故為天為圜天體圓而運轉不息為圓為君居上為萬物主為君為父萬物資始為父為玉色白而純粹無瑕為玉為金質堅而純剛能斷為金為寒為冰後天乾居西北當戌亥之月其候水始冰地始凍故為寒為冰為大赤先天乾居正南火方故色為大赤為良馬純陽善走者馬也德莫尚者為良馬為老馬智莫尚為老馬為瘠馬骨莫尚為瘠馬健之最堅者也為駮馬力莫尚為駮馬健之最猛者也為木果圓而在上為木果天之大德曰生木上有果生之氣之完也

荀九家有為龍為直為衣為言來氏補有為蔕為旋為知為富為鼎為戎為武邵氏補有為郊為野為虎

☷坤為地純陰在下為地為母萬物資生為母為布地東西為經南北為緯中廣平而旁有邊幅故為布為釜容物熟物

而能養物者、釜也、且六斗四升為釜，坤包六十四卦，故為釜也。為吝嗇陰主收斂，故為吝嗇。為均卦象平分，而地無私載，故為均。為子母牛性順多孕，生生相繼，為子母牛。為大輿形方能載重，故為大輿。為文奇為質，偶為文，三畫平分而成章也。為衆三畫斷而為六畫，六畫斷而為十二畫，故為衆。為柄柄在下而承物於上，坤持成物之權也。其於地也為黑極陰之色，先天坤居正北，故色為黑。

荀九家有為牝，為迷，為方，為囊，為裳，為黃，為帛，為漿。來氏補有為未，為小，為能，為明，為戶，為敦。邵氏補無。

☳震為雷震正東方二月之卦，陽氣動於下，為雷。為龍神物動於淵，為龍。為玄黃乾坤始交，兼有天地之氣，為玄黃。為旉陽氣始施，為旉。為大塗上二偶開張，前無壅塞，為大塗。為長子一索而得男，為長子。為決躁陽動決陰，其進也銳，為決躁。為蒼筤竹，為萑葦東方之色蒼，下苞上茂，本實榦虛，陽下陰上之象，故為蒼筤竹，為萑葦。其於馬也為善鳴上偶開張，故於馬為善鳴。為馵足爾雅，馬左白曰馵，震居左下，一陽白，又為足，故為馵足。為作足兩足並舉曰作，震性動，故為作足。為的顙額有白色曰的顙，頭上旋毛如射之的，故為的顙。其於稼也為反生子墜苗抽，剛反而生於下。

故于稼為反生。其究為健為蕃鮮。陽長終究必至于乾健故其究為健始專而終必盛蕃育鮮明極言盛長之不可量震巽獨以究言剛柔之始也。

荀九家有為玉為鵠為鼓來氏補有為青為躋為奮為官為園為春

耕為東為老為筐邵氏補為車為得

☴巽為木。巽入也物之善入者惟木無土之不穿。為風。氣之善入者惟風無物不被。為長女。一索而得女為長女。為繩直。木曰曲直繩所以糾木之曲者故為繩直。為工。引繩制木為工。為白。先天巽居西南金方其色為白。為長。風行最長。為高。木升最高。為進退為不果。陽性至果陰性多疑風行無常或東或西故為進退為不果。為臭。一陰伏于二陽之下氣鬱不散以風傳之故為臭。其於人也為寡髮。髮為血所生一陰入於下而末上行故其人為寡髮。為廣顙。陽氣獨上盛為廣顙。為多白眼。陽白陰黑離之黑居中為目之正巽則二白在上一黑在下故為多白眼。為近利市三倍。後天離居正南巽居東南近離離為日中之市其數三為利市三倍巽入而貪侵率二陽故為近利市三倍。其究為躁卦。震為決躁巽錯即震其究長而上之復反必為躁卦也。

荀九家有爲楊爲鸛來氏補有爲後爲魚爲草茅爲宮人爲老婦邵氏補爲瓜爲潔爲絲爲床

☵坎爲水坎一陽內明爲水爲溝瀆物陷則汙小者爲溝大則爲瀆爲隱伏水由地中行爲隱伏爲矯揉矯直使曲揉曲使直陽欲直而陰欲曲有水流曲直之象故爲矯揉爲弓輪水激射如弓運轉如輪二物中勁皆矯揉而成故爲弓輪其於人也爲加憂陷而成險心危慮深於人爲加憂爲心病中滿而不虛靈爲心病爲耳痛坎爲耳耳以虛爲體一畫實於中爲耳痛爲血坎在天地爲水在人身爲血水周天地之血脈也卦爲赤得乾中畫赤分乾之赤色但不大耳故爲赤亦由血卦之色相承而言也其於馬也爲美脊剛在中而兩陰旁分故於馬爲美脊爲亟心剛在內而躁故爲亟心爲下首柔在上故首垂不昂爲薄蹄柔在下故蹄薄不厚爲曳陷而失健足行無力故爲曳其於輿也爲多眚行險而勞卦象上下皆缺口故其輿爲多眚爲通上下皆虛流而不滯故通爲月水之精爲月爲盜陽剛伏陰中而能陷人爲盜其於木也爲堅多心陽剛在中則心堅實故於木爲堅多心

荀九家有爲宮爲律爲可爲棟爲叢棘爲狐爲蒺蔾爲桎梏來氏補

有爲沫，爲泥塗，爲孕，爲德，爲淫，爲北，爲幽，爲浮，爲河。邵氏補爲鹿，爲金。

☲離爲火，離，麗也，麗木而生，爲火。爲日，火之精，麗於天，爲日。爲電，火之光，麗於雲，爲電。爲中女，再索而得女，爲中女。爲甲胄，剛在外則外堅，故爲甲胄。爲戈兵，火上炎則上銳，爲戈兵。其於人也爲大腹，中空虛，爲大腹。爲乾卦，火性躁，爲乾卦。爲鼈，爲蟹，爲蠃，爲蚌，爲龜，外剛內柔，象乎介虫。離得坤中之黃，其物介而有黃者，爲鼈、爲蟹。形銳善麗且圓轉而上尖，爲蠃。內虛含明，爲蚌。文明含智，爲龜。其於木也爲科上槁。木之中空者，上必槁，火虛上炎之象也。荀九家有爲牝牛。來氏補有爲苦，爲朱，爲焚，爲泣，爲噩，爲號，爲垣墉，爲不育，爲害。邵氏補爲巷，爲虎。

☶艮爲山，一陽高出二陰之上，而止其所，爲山。爲徑路，一陽塞於外，不通大塗，與震相反，爲徑路。爲小石，堅而止於小山下，爲小石。爲門闕，上畫相連，下畫雙峙而虛，故爲門闕。爲果蓏，得乾之上爻，堅圓在上，爲果蓏。爲閽寺，禁止人之出入者，爲閽寺。爲指，人能止物者在指。爲狗，畜能守物者，爲狗。爲鼠，其剛在上，如鼠剛在齒也。爲黔喙之屬。黔，黑色，爲喙鳥。

之黑色者、其類不一。其於木也爲堅多節。陽在上剛而不中、故於木爲堅多節。

荀九家有爲鼻、爲虎、爲狐。來氏補有爲牀、爲握、爲終、爲宅、廬、爲篤、爲章、爲尾。邵氏補有爲喪。

三兌爲澤。坎水上入而下、不洩爲澤。爲少女。三索而得女、故爲少女。爲巫。以歌悅神、爲巫。爲口舌。以言悅人、爲口舌。兌爲口、爲悅也。爲毀折。兌爲正秋八月、萬木彫落、其象上缺、故爲毀折。爲附決。柔附剛、爲附決。其於地也爲剛鹵。流水甘、而止水鹹、兌澤止水、凝而至堅、爲剛鹵。爲妾。少女從嫡、爲妾。爲羊。外悅內很、爲羊。

荀九家有爲輔頰、爲有常。來氏補有爲笑、爲食、爲跛、爲眇、爲西。邵氏補有爲虎、爲袂、爲金。

此章言象、必合正卦、變卦、錯卦、綜卦、互卦、先後天八卦方位參觀之。六十四卦中言象者、皆不外此。

先後天八卦取象

坎卦爲水星爲貪狼數爲一白人爲中男爲酒徒爲舟子爲盜爲淫爲加憂爲多眚爲孕爲鬼於德爲敬爲勞恻爲疑爲險爲亂於身爲耳爲腎爲血動物爲豕爲鼠爲燕靜物爲池塘爲河海爲泥塗爲幽谷其性浮而蕩

坤卦爲地星爲巨門數爲二黑人爲老母爲寡婦爲女子爲小人爲吝嗇於德爲智爲安甯於身爲腹爲脾爲肉動物爲牛爲羊爲猴靜物爲塚墓爲郊墟其性柔而靜

震卦爲雷星爲祿存數爲三碧人爲長男爲秀士爲官爲好爵爲侯爲里甲爲言於德爲決躁動物爲龍爲狐爲兔靜物爲棟梁爲園爲陵爲刑具其性勁而直

巽卦爲風星爲文曲數爲四綠人爲長女爲文人爲婢妾爲富爲官爲工爲近利市三倍於德爲進退爲損於身爲股肱爲寡髮爲廣顙爲多白眼爲氣動物爲鷄爲龍爲蛇靜物爲廟爲藤蘿爲繩索其性和而緩

乾卦爲天星爲武曲數爲六白人爲老父爲賊盜爲軍吏爲富於德爲大爲道爲德爲福祉慶祥於身爲首爲項爲肺爲骨動物爲馬爲犬爲猪靜物爲鐘鼎爲玉爲石爲金其性剛而動

兌卦爲澤星爲破軍數爲七赤人爲少女爲讒人爲武人爲倡優爲巫祝於身爲口舌爲涎爲毀折爲跛眇動物爲羊爲虎豹爲鷄爲鳥靜物爲刀戟爲斧鋤其性決而利

艮卦爲山星爲左輔數爲八白人爲少男爲僮僕爲樵豎爲君子爲損疾於身爲手爲指爲背爲鼻動物爲狗爲鼠爲虎爲牛靜物爲園林爲巖

壑爲門闕爲宅廬爲邱其性安而止
離卦爲火星爲右弼數爲九紫人爲中女爲顥士爲通人於德爲蓄爲言
爲敬於身爲目爲心爲三焦爲大腹爲不孕動物爲雉爲鹿爲馬靜物
爲爐竈爲燈燭爲焚其性燥而烈

八卦變六十四卦世次圖

乾爲天本宮上世 天風姤一世 天山遯二世 天地否三世 風地觀四世 山地剝五世 火地晉遊魂四世 火天大有歸魂三世

震爲雷本宮上世 雷地豫一世 雷水解二世 雷風恆三世 地風升四世 水風井五世 澤風大過遊魂四世 澤雷隨歸魂三世

坎爲水本宮上世 水澤節一世 水雷屯二世 水火既濟三世 澤火革四世 雷火豐五世 地火明夷遊魂四世 地水師歸魂三世

艮爲山本宮上世 山火賁一世 山天大畜二世 山澤損三世 火澤睽四世 天澤履五世 風澤中孚遊魂四世 風山漸歸魂三世

坤爲地本宮上世 地雷復一世 地澤臨二世 地天泰三世 雷天大壯四世 澤天夬五世 水天需遊魂四世 水地比歸魂三世

巽爲風本宮上世　風天小畜一世　風火家人二世　風雷益三世　天雷无妄四世　火雷噬嗑五世　山雷頤遊魂四世　山風蠱歸魂三世

離爲火本宮上世　火山旅一世　火風鼎二世　火水未濟三世　山水蒙四世　風水渙五世　天水訟遊魂四世　天火同人歸魂三世

兌爲澤本宮上世　澤水困一世　澤地萃二世　澤山咸三世　水山蹇四世　地山謙五世　雷山小過遊魂四世　雷澤歸妹歸魂三世

駱士鵬六十四卦論此爲收山出煞之用錄自圖書發祕

乾爲天運屬中元中辰甲寅爲金爲陽爲老父於身爲骨爲首爲肺爲上焦於數合西方四九配坎爲天水訟水吉山凶配艮爲天山遯砂吉水凶配震爲天雷无妄水吉山凶配巽爲天風姤水吉山平配離爲天火同人山龍上吉水凶配坤爲天地否水吉砂凶配兌爲天澤履山龍上吉水凶

坎爲水運屬上元甲子甲戌爲陽爲中男於身爲耳爲血爲腎爲寒於數合北方一六配艮爲水山蹇水吉砂平配震爲水雷屯山龍上吉水凶配巽爲水風井山龍上吉水凶配離爲水火既濟向水兼收吉砂實凶配坤爲水地比山龍吉水凶配兌爲水澤節山次凶水吉配乾爲水天需山次凶水吉

艮爲山運屬下元甲申甲午爲土爲陽爲少男於身爲手指爲首鼻背於數合中央五十配震爲山雷頤水吉砂凶配巽爲山風蠱水吉山凶配離爲山火賁山龍上吉水凶

配坤爲山地剝水吉山凶配兌爲山澤損水平山退配乾爲山天大畜山平水次吉配

坎爲山水蒙水吉山凶

震爲雷運屬上元甲辰甲寅爲木爲陽爲長男於身爲肝爲足爲髮爲聲音爲驚恐於數合東方三八配巽爲雷風恆山龍上吉水凶配離爲雷火豐砂次吉水吉配坤爲雷地豫砂次吉沖則凶水次吉配兌爲雷澤歸妹水吉砂凶配乾爲雷天大壯水吉砂兇配坎爲雷水解山次吉水次凶配艮爲雷山小過山次吉水吉

巽爲風運屬中元甲子甲戌爲木爲陰爲長女於身爲股肱爲氣爲風疾於數合東方三八配離爲風火家人水吉山凶配坤爲風地觀砂退水次凶配兌爲風澤中孚山龍上吉水凶配乾爲風天小畜向水兼收吉水吉配坎爲風水渙山平退尖峯吉水吉配艮爲風山漸山水均次吉配震爲風雷益山吉水凶

離爲火運屬下元甲辰甲寅爲陰爲中女於身爲心爲目爲熱於數合南方二七配

坤爲火地晉山龍平吉水吉配兌爲火澤睽砂平吉水次凶配乾爲火天大有砂秀吉水次凶配坎爲火水未濟山向兼收吉水吉配艮爲火山旅山退次吉水次吉配震爲火雷噬嗑龍吉砂凶水次吉配巽爲風火鼎水吉山凶

坤爲地運屬上元甲申甲午爲土爲陰爲老母於身爲皮肉爲腹胃爲穀不化於數合中央五十配兌爲地澤臨水吉山凶配乾爲地天泰水吉龍次吉配坎爲地水師山退中吉水次吉配艮爲地山謙水吉山凶配震爲地雷復山吉水凶配巽爲地風井山龍吉水凶配離爲地火明夷水吉山凶

兌爲澤運屬下元甲子甲戌爲金爲陰爲少女於身爲肺爲口舌爲痰涎於數合西方四九配乾爲澤天夬山退中吉水平吉配坎爲澤水困砂水兼收吉水吉配艮爲澤山咸龍砂吉水凶配震爲澤雷隨山中凶水吉配巽爲澤風大過水吉山凶配離爲澤火革山龍上吉水凶配坤爲澤地萃水吉山凶

以上雖論先天河圖當與後天洛書參看蓋收山出煞乃地主靜而常守配先天運行卽天主動而不息尤宜看本卦干支有用此支干入中宜順宜逆上元中元下元之不同上元如坎一卦子癸爲吉壬子凶之類若下元用壬之一二入中順布卽六七到穴何凶之有或上元坐水向實仍吉餘例仿此

祖綿按駱氏所謂吉凶係迂執已見學者萬勿拘泥

河洛生剋吉凶斷錄元合會通

河圖一六水生旺爲文秀爲榜首爲材藝聰明剋煞爲淫佚爲寡婦爲溺水爲漂蕩二七火生旺爲横財巨富爲多女剋煞爲吐血爲墮胎難產爲夭亡横禍三八木生旺爲文才爲元魁爲多男剋煞爲少亡爲自縊爲絕嗣四九金生旺爲巨富爲好義爲多男剋煞爲刀兵爲孤伶爲自縊五十土生旺爲驟發爲多子孫剋煞爲瘟㾮爲孤孀爲喪亡此曆數之大略也然五行臨間喜水金木忌火土以火土興廢靡常不耐久長故也一六生震巽旺坎剋離煞午二七生艮坤旺離剋乾兌煞乾三八生離旺震巽剋坤艮煞坤仿此推之

洛書一白水爲中男爲魁星生旺少年科甲名播四海多生聰明智慧男子剋煞刑妻瞎眼夭亡飄蕩二黑土爲老陰生旺發田財旺人丁不

產文士止應武貴妻奪夫權陰謀鄙吝剋煞寡婦相傳產難刑耗腹疾
惡瘡　三碧木爲長男生旺財祿豐盈興家創業貢監成名長房大旺
剋煞瘋魔哮喘殘疾刑妻是非官訟　四祿木爲長女爲文昌生旺文
章名世科甲聯芳女子容貌端妍聯姻貴族剋煞瘋哮自縊婦女淫亂
男子酒色破家漂流絕滅　五黃土爲戊己大煞不論生剋俱凶宜安
靜不宜動作年神並臨卽損人丁輕則災病重則連喪至五數止季子
昏迷癡獃孟仲官訟淫亂　六白金爲老陽生旺威權震世武職勳貴
巨富多丁剋煞刑妻孤獨寡母守家　七赤金爲少女生旺發財旺丁
武途仕宦小房發福剋煞盜賊離鄉投軍橫死牢獄口舌火災損丁
八白土爲少男生旺孝義忠良富貴綿遠小房福洪剋煞小口損傷瘟
瘟膨脹　九紫火爲中女生旺文章科第驟至榮顯中房受蔭易廢易

與剋煞吐血瘋癲目疾產死同祿官災

玄機賦 陰陽二宅同斷

宋 吳景鸞

大哉居乎，成敗所係；危哉葬也，興廢攸關。氣口（即城門）司一宅之樞，龍穴樂三吉之輔。陰陽雖云四路（四山四水合上下兩元也），宗支只有兩家（一陰一陽）。數列五行，體用恩仇始見；星分九曜，吉凶悔吝斯章。宅神不可損傷（靜以待動），用神最宜健旺（即龍穴之入首）。値難不傷，蓋因難歸閒地（即水之低平無動作處）；逢恩不發，祇緣恩落仇宮（即不當令處，或向水被宮神所尅）。一貴當權，諸凶攝服（龍神得生旺，雖尅亦吉）；衆凶剋主，獨力難支（立穴雖吉，若龍水皆不當令，又遇諸星來尅，故獨力難支）。火炎土燥，南離何益乎艮坤；水冷金寒，坎癸不滋乎乾兌（炎燥、寒冷太過，皆不當元之故也）。然四卦之互交，固取生旺（山水品配，又得元也）；八宮之締合，自有假眞（眞假於來情辨之）。地天爲泰，老陰之土生老陽（土生金也）；若坤配兌女，庶妾難投寡母之歡心（蓋純陰也）。澤山爲咸，少男之情屬少女（下元大發）；若艮配純陽，鰥夫豈有發生之幾兆（品配必審乎時）。乾兌託假鄰之誼（山水皆可相兼），坤艮通偶爾之情二八為配、取比肩也。雙木成林，雷風相薄此後天也，亦如先天。中爻得配，水火方交坎離中爻互易，即天地交泰之理。木為火神之本木生火也。水為木氣之元水生木也。巽陰就離，風散則火易熄宜審元運。震陽生火，雷奮而火尤明即棟入南離之義。震與坎為乍交，離共巽而暫合皆得相生之義，非正配，偶然而已。推坎為生氣，得巽木而附寵聯歡即上元，車驅北闕之義。乾之元神，用兌金而傍城借主乾不當元，而兌當令，亦得生旺。風行地上，決定傷脾土受傷也，風為木，脾為土。火照天門，必當吐血金主肺，被火剋，故吐血也。木見戌朝，莊生難免鼓盆之歎巽為長女，乾金剋之，故主剋妻。坎流坤位，買臣常遭婦賤之羞坎為中男，坤土剋之，即我不剋，而反剋我，主遭婦辱，故以朱買臣為證。艮非宜也，筋傷股折艮主股肱筋絡，如受木剋，即有傷折之應。兌不利歟，唇亡齒寒兌主唇齒，若受金剋，故主唇亡齒寒。坎宮缺陷而墮胎，離位巉巖而損目二方以形勢言，坎為當元，離失元也。輔臨丁丙，位列朝班應在下元。巨入艮坤，田連阡陌艮坤為土，故旺田園。名揚科第，貪狼星在巽宮即四一同宮之義。職掌兵權，武曲峯當庚兌應在下元。乾首坤腹，八卦推詳即乾為首、坤為腹、離為目、坎為耳、兌為口、震為足、巽為股、艮為手之類。癸足丁心十干類取甲頭、乙項、丙肩、丁心、戊脅、己脾、庚臍、辛股、壬脛、癸足、此十干之應也、子疝氣、丑脾肝、寅背肱、卯目手、辰背胸、巳面齒、午心腹、未脾脇、申咳嗽、酉背肺、戌頭項、亥肝腎、此十二支之應也、參合八卦、其應如嚮、木入坎宮鳳池身貴應在上元、此亦四一同宮之義、金居艮位烏府求名、應在下元、金取土培火宜木相

玄空祕旨

按此篇有三註本舊註本及鮑士選註本均題宋吳景鸞同著章仲山註本題明目講僧著玩其理論實與玄機賦同或本吳景鸞作而目講傳之歟茲將原註鮑註列於句下章註則附於每段之後其字句不同處亦逐一註明讀者參證之可也

不知來路章作變易焉知入路章作但知不易盤中章作九星八卦皆空（原註）開章最重來脈來源與入首入路即五行城門一訣之義故為至要若呆拘於坐向謬曰此是一卦而實非此一卦也故曰盤中八卦皆空（鮑註）來路者理氣之根宅之大門地之來脈水之三叉是也入路者領氣之訣即宅之門路墓之明堂是也識得理氣之根方知領氣之訣盤羅盤也盤中八卦方位隨時之顛倒轉換南不是離北不是坎東非卯而西非西故曰八卦皆空空即玄空之謂也

未識內堂章作不識三般焉識外堂章作那識

兩片局裏章作凡屬五行盡錯（原註）受外來立極之所名曰內堂不解玄空者不知內堂所受之氣皆外來之氣則局裏之五行皆錯矣（鮑註）內堂旺神也當加諸向首外堂砂水方位也當挨之卦內明得立向挨加之法砂水方能取用若拘定二十四字則毫釐差而千里謬矣故曰盡錯

乘氣脫氣章作顛之倒之轉禍福於指掌之間（原註）以排山掌訣挨運分之與衰也（鮑註）氣者生旺之氣也得卦中生旺之氣則福不得卦中生旺之氣則禍天地之氣以生旺衰謝分吉凶故陰陽二宅重在乘氣也

左挨右挨辨吉凶於毫芒之際（原註）吉凶即在本卦左右雜與不雜該順該逆之分（鮑註）生旺衰謝之氣兩宮同至或挨

左以乘其吉，或挨右以避其凶，即毫芒幾微，不宜夾雜，一夾雜，即龍神交戰矣。

一天星斗運用只在中央（原註）即先看龍從何來，路從何至，陽宅以路為入氣，與水從何入口，便將來脈來路之卦，入中宮取用（鮑註）中央，中宮也，如天之北辰，衆星環拱，八方從中宮而定，中宮由山向而來，識得此訣，方知運用之妙。

千瓣蓮花根蒂生於點滴（章作九曜干支旋轉由乎北極）（原註）來脈來源，即山向之根蒂，所謂月窟天根者此也（鮑註）山川之氣，滕而為雲，降而為雨，故曰水為氣母，凡墓宅收得吉卦之水，即吸得山川之吉氣，如蓮花之根蒂，生於點滴之水也。

章註 此言玄空大卦，陰陽五行，縱橫顛倒，變化不測，毫釐千里，甚屬玄微，目講，恐讀者無所適從，又將衆星旋轉之機以示之，謂衆星之所以旋轉也，其機在乎北極，陰陽之所以顛倒也，其樞在乎三般，讀者當細細揣之，則縱橫顛倒之機，隨時變易之理，自可得而知之矣。

夫婦相逢於道路，卻嫌阻隔不通情。（原註）若來脈來源，一雜他卦，則我該納何氣，不能得何氣矣，故云阻隔，或山水皆從一卦來，經曰，夫婦同行脈路明，須認流郎別處尋，蓋水須對宮之卦為配也（鮑註）夫向之吉方也，宜有水，婦山之吉方也，宜有山，苟無山水以應之，是為阻隔，不必上山下水也。

兒孫盡在於門庭，猶忌（章作恐）**凶頑非孝義。**（原註）一卦管三山，雖在一宮之內，而脈有左右之分，須知用此爻則吉，彼爻則凶，即子癸為吉，壬子凶，三字真假在其中，故用之各別，蓋人元為順子，地元爲逆子，天可兼人地，而地不能兼天，猶父母之帶子息，是爲一卦純清（鮑註）山向吉方，有砂水以應之固佳，然猶忌情頑形劣，不能端拱朝揖，他日子孫雖盛，必難望其孝順也。

章註相逢者，即山上水裏，陰陽相見，配合生生之謂也，相見而得其所自有福祿之蔭，相見而不得其所，便是禍咎之根，用法即得是方所或逢形勢反背，水法傾流，以是而非，定有阻隔，凶頑之更變矣，此節及下文，總言山上水裏，挨星得失之元微，其中奧妙，全在說卦以推氣，用卦以明理，繫辭以辨吉凶，因形察氣，因氣求形，以推休咎也。

卦爻雜亂，異姓同居，吉凶相併，螟蛉爲嗣（原註）總結上文雜亂之應也。（鮑註）山水界乎吉凶二卦之間，是爲雜亂，故有異姓同居之應，向上排來已有吉水，山上排來又有凶巒，更無一吉砂朝拱，有財無丁，宜其螟蛉爲嗣也。

章註出卦則卦氣雜亂，雜亂即龍神交戰，交戰雜亂，自有此應，雜亂指干支方位而言，相併指挨星反伏而言，所謂用得即是相見，用失便謂反吟。

山風值而泉石膏肓。（原註）艮被巽尅也。（鮑註）艮止巽伏，故有山林之癖，篇中凡言吉者，皆得運，凶者皆失運，人丁指山上言，財祿指水裏言。

午酉逢而江湖花酒。章作栁（原註）午酉雖屬同元，而火能尅金，雖無大礙，亦不免好花好酒之應。（鮑註）離爲目，爲心，爲喜，兌爲悅，爲妾，爲少女，皆陰柔卦，故有柔媚之象，如八運丙向，主敗風俗，蕩花酒，又有成勞瘵者，蓋勞瘵亦好色之所致也。

虛（章作星）**聯奎壁，啓八代之文章。**（原註）虛壬也，奎木壁水，在乾戌之間，其中水木相生，雖居金土之位，而有制有化，故有八代文人之應，蓋一元而兼兩元，所謂一六共宗也。（鮑註）星日離也，文明之宿，奎壁乾也，圖書之宿，六運而直接七八九，曰聯，故有八代文章之應，其吉全在一聯字，若但六兼九，反嫌火金相爍矣。

胃入斗牛，積千箱之玉帛。（原註）胃土，在酉庚之位，入於艮丑，斗木金牛之位，在下元，主富，胃兌也，斗牛艮也，艮爲天市垣，又七八相生，故有巨富之應。入者，言輔星當飛在水口三叉也。

雞交鼠而傾瀉，必犯徒流。（原註）雞酉也，鼠子也，若酉金到子，雖屬相生，苟不當元而又傾瀉，必犯徒流，破敗以水冷金寒也，輕則腎耳有病。（鮑註）傾瀉散漫奔流也，兌爲刑，坎爲陷，坎水流而不返，故有充軍之象，交字宜味之。

雷出地而相衝，定遭桎梏。（原註）雷震也，地坤也，土被木尅，若出元，必遭桎梏之刑。（鮑註）坤爲刑，爲小人，震爲木，爲正直，出字作尅字解，震木尅坤土，故有桎梏之象，衝指水言。

章註　艮爲山，止也，陽在上則止，巽爲風，入也，陰在下則伏，止者不事王侯，高尚之士也，伏者山林隱逸，不求聞達於諸侯者也，止伏相投自有泉石之癖。離爲火，爲目，爲心，性喜流動，兌爲金，爲少女，爲妾，性愛嬌奢，離麗也，一陰附於陽則喜，兌說也，少陰出於陽則說，離兌相逢，故有江潮花柳之應也星應日司文章翰墨之神躔於奎壁定卜文才傑出冑爲土主倉廩五穀之府躔於斗牛定致千箱之積兌如加坎或傾瀉奔流一遇歲君徒流不免震若交坤或相沖相射年逢三碧桎梏難逃

火章增若字剋金兼化木數驚章作經囘祿之災（原註）此即七與九會也七爲先天火數九爲後天火數若七不當元或山上龍神下水水裏龍神上山或七九在三四運內或七九運水該三四而在山山本七九反在水或七九而并有三四配到或龍運夾雜或陽宅與工動作皆主有囘祿之災也（鮑註）九七同宮又遇流年一白飛到則火災立見蓋丁壬化木一九相激也

土章增能字制水復生金自章作定主田莊之富（原註）土本尅水有金來化則金生水而土又生金故主田莊之富雖不當元亦無礙也（鮑註）一六相生遇流年坤艮加來似嫌尅制一白不知生金益水反有田莊之應乾爲金玉坤爲財爲大業坎爲納也

木見火而生聰明奇士（原註）木火通明乃文明之象雖不當元亦生聰敏之子（鮑註）山上排來是震巽水裏排來遇離木火通明故出秀士

火見土而出愚鈍頑夫（原註）火炎土燥雖當元亦主生頑鈍愚夫何況出元也（鮑註）坤爲冥晦爲迷雖遇離明相生而火炎土燥故出頑鈍嘗見有九運立丙向丁未坤方有高山出蠢子癡不辨菽麥

無室家之相依奔走於東西道路（原註）有山而無水以界氣故東西奔走無定所其應如此（鮑註）有陽無陰無所歸宿故主奔走勞碌鮮姻緣

之作合寄食於南北人家。（原註）南北爲諸卦之首，倘本卦無特朝之水爲配，若南北有水，合得圖書之祕，亦主小富小貴。（鮑註）有陰無陽，不能自立，故主寄食依人。

章註 此節專言生尅制化之理，妙在山水峯巒、五星九星正變之象，辨別清楚，再辨玄空隨時變易之機，往來進退之理，認得分明，當補者補，常瀉者瀉，制化得宜，自能得心應手，稍有偏勝，定見榮枯，理之必然者也。如火金相剋，當扶水以尅之，或培土以泄之，乃是扶金壯水之至[illegible]。若反以木助火，火藉風而愈熾，木生火而愈旺，囘祿難逃。土尅水則水自涸，得金曜重重，洩土壯水，自有田莊之富，所謂強者宜洩，弱者宜扶，即同此意。火由木出，相得則木火通明，定生聰俊。土本火生，太過則火炎土燥，自產頑愚。男以女爲室，女以男爲家，無家無室，是言孤陰孤陽，無所依靠，故主奔走寄食於東西南北也。

男女多情無媒灼則爲私約。章作合（原註）若山水無從中用，不合圖書之祕，雖山水有情，只爲私約，蓋中五立極之所，猶丹家黃婆爲媒之義。（鮑註）多情如掀裙舞袖，抱肩挨背之砂，形既不潔，復界於陰陽兩卦之間，故有私約之應。陰陽相見。遇寃仇而反無寃。章作情（鮑云）情當作猜（原註）山水各得其位，當元合令，雖是相尅，而反有相濟之功。（鮑註）寃仇即上山下水，即陰陽正配，亦屬無情。非章作惟正配而一交有夢蘭之兆。（原註）坐下雖無龍氣，倘得外山與我所著明堂來水、合配圖書、亦主妾生子而發貴。（鮑註）九一三四七八爲正配、兼之固吉、一二二三六七八九、雖非正配、若用得合宜、必產佳兒、

夢蘭鄭穆公事、見左傳、**得干神之雙至、多折桂之英**。（原註）即支兼干出最豪雄之義。（鮑註）干神以四正卦言、如震之甲乙是也、雙至言山上水裏俱吉、總以不出卦爲重、既不出卦則山非一山、水非一水、用又合宜、故多折桂、折桂者、捷秋闈也、四維卦亦可謂干神、

章註 多情言山形水勢相得之情、媒妁謂立穴定向之得宜、如立穴定向少有差錯、猶男女不得用媒妁、便爲私合、陰陽雖得相見、遇反伏沖尅、上山下水、顛倒誤用、反恩爲仇、定見災殃、雙至、即干支品配得宜、山上水裏、排來都吉之謂、此即青囊所謂四神第一者是也、

陰神滿地成羣、紅粉場中空章本無**快樂**。（原註）山本陰質、仍得陰星、水亦得陰神、雖多妻妾、只有得空樂而無子。（鮑註）陰神二四七九也、陰宅見於向首砂水、陽宅重陰遇於門方向首、皆主好色、**火曜連珠相值、青雲路上**

自章本無**逍遙**。（原註）山得陽星、水亦得陽星、雖貴而不富。（鮑註）火曜尖秀之峯、即文筆也、連珠一六、二七、三八、四九、九一、一四等是也、遇文筆之砂、挨以官貴之星、故發貴、**非類相從、家多淫亂**。（原註）水若反弓、雖相合而亦主淫、（鮑註）非一九二六三四七八之正配、即爲非類相從、雜亂也、故有此應、亦兼砂不潔言、**雌雄配**章作相**合、世出賢良**。（原註）山迎水抱、

雌雄正配，故出入亦正。（鮑註）山上之陽，遇水裏之陰；水裏之陽，遇山上之陰，是爲配合，故有出賢良之應。

章註 四七九二爲陰神，諸星重疊於水口三叉，或值門方向首，男女貪淫。火曜卽尖秀挺拔之峯，排立於主山朝案，用叉得一六連珠之妙，自能早登科第，得志於當時也。所云相從相合者，總言山上水裏之玄空，及方位干支，淸純錯雜之應驗耳。

棟（章作負棟）**入南離驟**（章作蛀）**見廳堂再**（章作更）**煥**。（原註）九紫運，龍從卯乙來脈，坐午山子，兼丁癸，則九紫運當驟發。木生火，尤速也。此爲龍來三九，逆去爲穴，應主八十年之富貴。（鮑註）三九而逢流年巽至，有廳堂再煥之象，巽爲棟，震爲喜笑，離爲光明也。

車驅（章作驅車朝）**北闕時聞丹詔頻來**。（原註）一白運，龍從巽來，立坎山離向，卽四三二一龍逆去，四子均榮貴之義。（鮑註）一六而逢年上坤來，有丹詔之應。坤爲車，爲國，爲書；乾爲君；坎爲三歲。

苟（章作全）**無生氣入門糧艱**（章作蹇）**一宿**。（原註）入首一節應初年，若入首值衰敗，則家無隔宿之糧。或用順排父母，主代代人才消退。（鮑註）陰宅水上排來，全無生旺，陽宅向首門路，又逢衰敗，故有此應。

會有旺星到穴富積千鍾（章作箱）（原註）入首生旺，以水爲救，水之尅入正龍之生入也。（鮑註）會者，二三處吉水會於向也，如果屈曲朝來，主大富。

章註 負者，排也，挨也。挨排震木加於離火，出乎震者，復相見乎離，故有廳堂之再煥。乾金排於坎水，成乎地者，又生乎天，天地生生不息。

定主丹詔頻來。無生氣有旺神。總言宜生不宜尅。宜旺不宜衰。此亦趨吉避衰之最要者也。

相剋而有相濟之功，先天之乾坤大定（原註）先天之氣惟以生旺衰敗為主，若山水皆得生旺，雖相尅無礙也。

相生而有相凌之害，後天之金木（章作水）交併（原註）若山水不合令，有生旺，雖相生而亦主凶，便以後天金木相尅斷之。

章註　此言河洛先後天陰陽變易之機，五行顛倒之氣，顛倒變易相尅相生，乃陰陽五行自然之理。且先天主體，後天主用，為體者不可以用言，為用者不可以體言。所謂先後八卦體用不咸明者此也。

鮑註　平視後天卦有方位無對待，豎看先天卦有對待無方位。以地面視之，天在上地在下，故高者乾而低者坤。天之黃道高於午，低於子，故乾南而坤北。日生於東，月出於西，故離東而坎西，此先天對待之象也。洛書坎離二卦，勢常遠而情常親，故有相濟之功。究之先天本圖乾坤，洛書坎兌金水相生，先天則為坎坤，非對待卦也。玄空妙用無與先天，此獨牽言者，示人以對待之象也。

木傷土而金位重重，雖禍（章作禍）須有救（原註）木尅土，以金制之，故云禍有救。

火剋金而水神疊疊，災不（章作亦）能侵（章作穰）（原註）有水制，故不為害。

火土困（章作涸）水而木旺無妨，金伐

木而火熒何忌。（原註）以木制土、以火制金也。

章註 此節申言生尅制化得宜之妙、必須形氣兼看、方得制化之精微、如形合而氣不合、或氣合而形不合、稍有偏勝、雖得制化、亦見榮枯、理勢之必然者也。

鮑註 玄空之法、不以生尅爲吉凶、而以得時失時爲吉凶、得時者生我吉、尅我亦吉、失時者生我凶、尅我尤凶、如艮交震巽、七運無礙、破武遇弼、兼貪反吉、貪若兼巨、尤須震巽文兼武、破要用弼星、此因時補救之大旨也。

吉神衰（章作忌神旺）**而忌神旺**（章作制神弱）**乃入室而**（章作以）**操戈**。（原註）吉不當令、忌反當令、故有操戈之暴、若山下水、水上山、兩相冲尅、亦如此斷。

凶神旺（章作吉神衰）**而吉神衰**（章作凶神旺）**直開門而揖盜**。（原註）復接上二句、制神失令、忌神當令、猶開門揖盜、何所用耶。

章註 尅我者、謂之忌神、制忌神、即尅制我之神也、旺者強也、衰者弱也、制尅無權、定見操戈之患、吉不敵凶、自有揖盜之災、要之一貴當權、諸凶咸服、衆凶尅主、獨力難支、此亦扶生制尅之一法也。

鮑註 忌神、凶神、三七也、忌神、言山上排龍、凶神、言水裏排龍、旺謂強旺、非生旺也、制神、吉神、主當元生旺、說生旺方之山水弱而小、三七方之山水強而大。其應如此。

重重剋入立見消（章作死）亡。（原註）既不當令、又遇重重相剋、故有立見消亡之禍。（鮑註）剋入指衰敗之氣。言陰宅向首峯巒、三叉水口、皆遇衰敗、立見傷丁。陽宅向首門路、俱屬衰敗、先破財、後傷丁。位位生來連添財喜。（章作喜氣）（原註）若更當元、又重重生入、美之愈美、故有連添財喜之慶。（鮑註）生旺也。陰陽二宅向首水口門路等、疊見生氣旺神、故主添丁發財。不剋我而我剋（我剋章作剋我同類）多出鰥寡孤獨之人。（原註）他既不來剋我、而我反去剋他、亦猶生出剋出之義。（鮑註）剋衰敗也。水上排來、雖得一二吉神、山上排龍、俱屬剋氣、出鰥寡孤獨、是指山地言。不生我而我生（我生章作生我家人）乃生俊秀聰明之子。（原註）不生我而我自相生、雖不當元、亦生俊秀聰明之子。至當令時、必發矣。（鮑註）生生旺也。水上排來、得一二吉星。山上排來、不止一二吉星、故主生聰明之子。合上文參觀、可見人丁爲重。我向首也。同類家人、左右二爻也。

章註　生則不剋、剋則不生、陰陽五行自然之理也。所云位位重重、指門方水口而言。門方水口、有生入剋入之利害。同類家人、指干支卦爻而言。干支卦爻、有正剋旁剋之吉凶。一生一剋、一正一旁、應驗各殊。讀者當察五行之性情、山水之形勢、去來得失之間、趨生避死、迎旺去衰、自無死傷孤寡之患矣。

為父所剋男不招兒。（原註）被當令陽星所剋，或破碎，皆有此患。被母所傷女不成（章作難得）嗣。（原註）生旺處，被水沖斷，或衰敗方有岡路直沖，則女不能成蔭。（鮑註）此四語，指兩卦夾雜言，如乾雜震巽，即為父所剋，三四夾七，即為母所傷，金剋木長子難招，土剋水仲子必亡，木剋土少男有厄是也。

後人不肖因生方之反背無情。（原註）言生旺方來龍反背而去，或生旺水去，反跳者皆是。

賢嗣承宗緣生位之端拱（章作方）朝揖。（原註）生位有情，端拱朝揖，雖不當元，亦生賢嗣。（鮑註）旺主當時，生主將來，故後嗣全賴生方之山，端拱朝揖，不可反背無情。

章註：木受金剋，長子難招，水被土傷，次子無嗣，皆指玄空而言，非指方位朝揖反背，言山水之情形，生方旺方，言挨星之得失，生方果有真情相向，并有朝揖情形，兒孫定多賢良孝友，此因形察氣因氣求形之法，總之必兼形氣理，以推休咎，方一毫不爽耳。

我剋彼而反（章作覓）遭其辱因（章作為）財帛以喪身。（原註）水本以剋我為旺，而我反去剋他，故有因財帛喪身之應。（鮑註）山形乖戾，勢或逼近，適山上之星剋制水裏之星，一失運，必有是應。

我生之而反被（章作受）其災（章作殃）為（章作因）難產以致死。（原註）我不當令而反生彼，彼不當令，反以生旺之星下水，故有此應。（鮑註）此亦指山形凶惡破碎，言山上之星適生水裏之星是也。

章註生之太過，反主死傷，尅之太急，反遭其辱，均由形氣乖戾之故，所謂過猶不及者此也。

腹多水而膨脹。（原註）坤爲腹，遇坎水，重重，不當令者應。**足以**（章作見）**金而蹣跚。**（原註）震爲足，被金尅，而不當令，故有蹣跚之應。（鮑註）坤爲腹，坎爲水，土敗不能制水，故主腹疾，震爲足，遇六七尅之，故主足跛。**巽路**（章作宮）**水宮**（章作路）**纏乾。爲**（章作主有）**懸樑之犯**（章作厄）（原註）或水或路，巽乾相沖，乾爲首，巽爲索，如不當元，故有懸樑之厄。**兌位明堂破震主**（章作定生）**吐血之災。**（原註）明堂，聚水處也，兌以震爲明堂，兌在下元，陰陽相反，兩敵爲難，兌爲口，爲血，爲肺，震爲肝，兌破震，水沖破，肺肝兩傷，故有吐血之應。（鮑註）山得三，水得七，恰逢向首是也。**風行地而硬直難當，室有欺姑之婦。**（原註）坤爲老母如姑，巽爲長女如婦，形來硬直，如值失令，以巽木尅坤土，故家有欺姑之婦也。如當元則減等。**火燒天而張牙相鬥，家生罵父之兒。**（原註）乾爲天，爲父，離火來尅，其形更如張牙相鬥之狀，必生罵父之逆子，失元者應。

章註坤爲腹，爲土，土衰不能制水，自有膨脹之病，震爲足，爲木，爲肝，肝主血，受乾兌金尅，則木壞肝傷，主足跛吐血之證，巽爲長女，坤爲老母，風行地則坤母受制於巽女，更兼形勢硬直無情，故有欺姑之婦，乾爲天，爲父，爲金，乾金受尅於離火，更有張牙不遜之勢，必生不孝之兒，此種大關風化，全在立穴定向之際斟酌得宜，苟能挽逆化爲順，實有功於名教也。

此節總言相尅之利害。腹脹吐血，欺姑罵父，皆形氣相尅之應驗也。讀者當細心參考，務宜兼形兼氣，方得九星八卦之精微耳。

兩局相關必生雙（章作孿）**子**。（原註）即靜一局動一局，皆得當時生旺，或辛戌二峯，連在六七運中，乙辰二峯，連在三四運中，亦生雙子。此即支兼干出之義。**孤龍單結定主**（章作有）**獨夫**。（原註）如乙辛丁癸之類，惟一字上來脈懦弱，故主單傳。

章註　兩局指承氣收水而言，孤單指地氣形勢而言。此節專言龍水闊狹厚薄之應。

鮑註　孿子雙產也。兩局相關，兩卦會局也。如立向在陰陽交界，或兩卦騎縫處，必一吉一凶。兩局皆吉，故生孿子。兩局皆凶，亦應禍不單行。一吉一凶，有見吉不見凶，有吉凶並見者，須細細詳之方準。孤龍一吉之龍也，不能兼他卦補救，故有獨夫之應。

坎宮高塞而耳聾。（原註）下元坎方高塞，應主耳聾。**離位摧殘而目瞎**。（原註）上元離位摧殘，或建廁，皆主損目、墮胎。**兌缺陷而唇亡齒寒**。（原註）下元兌方缺陷，或水沖敗，皆主缺唇、音啞、口喉諸病。**艮傷殘**（章作破碎）**而筋枯臂折**。（原註）艮爲脾，爲背，爲手，爲足，爲鼻。下元艮位傷殘，故有臂折筋枯之應。**山地被風**（章作風吹）**還生瘋**（章作風）**疾**。（原註）山艮地坤皆屬土，若失元而被巽木來尅，故有風疾之應。**雷風金伐**（章作因金死）**定被刀傷**（章作兵）。（原註）震雷巽風皆屬木，若失元，而被金尅，定主刀斧之傷，或遭兵燹。

章註　坎耳、離目、艮手、震足、皆兼形氣以占休咎、所言卦理、是玄空變易之卦理、非南離北坎之定位、讀者切勿悞會、如坎方高塞、主耳聾、離位傷殘、必多目疾、兌取象於口、缺陷則唇亡齒寒、艮取象於身、破碎則筋枯臂折、艮坤爲土、巽風吹刮、風疾難逃、震巽爲木、乾兌金傷、刀兵必至、種種均由縱橫顛倒、相冲相射、形氣之所應也、

家有少亡、只爲冲殘子息卦、（原註）我生者、爲子息、若子息位被冲傷破損、每主少亡、庭無耋耄、（章作耆老）多因裁（章作攻）破父母爻、（原註）生我者、爲父母、若父母卦位破碎、則家無耋老、或中元乾位損者、亦如是、

章註　乾坤爲父母、六卦爲子息、此八卦之父母也、諸卦自爲母、三爻爲子息、此一卦之父母也、玄空之父母子息、則又以變易干支者爲父母、以何位何宮、倒地翻天者爲子息、冲殘攻破、言生氣之受尅耳。

鮑註　如乾卦、乾爲父母、戌亥爲子息、乾坤爲父母、震巽爲長、坎離爲仲、艮兌爲季、俱爲子息、父母破損、家無耆老、子息破損、室有少亡、衝殘攻破、皆言受尅也、

漏道在坎宮、遺精洩血、（原註）遺精洩血、腎經下體之病也、上元坎方有漏道、則男主遺精、女主洩血也、破軍居巽位、顛疾風狂、（鮑註）破軍非兌卦也、言欹斜破碎、形似金星、巽上逢之、故出顛狂也、開口筆插離方必落

孫山之外（原註）離主文明峯宜尖秀故曰文筆官星倘破碎而開口雖有文而不中故有落孫山之應離鄉砂見艮位（見章作飛）定遭（章作亡）驛路之亡（章作中）（原註）艮為山為岩壁倘此方有反背離鄉砂更遇失元主流亡於外或山脚驛路之旁（鮑註）砂形向外反抱曰離鄉艮為徑路此砂見於艮位故主客死

章註水分兩處曰漏道非分濱不分枝之謂也坎為水為腎主精血是方有水傾瀉奔流便是腎氣不固自有遺精洩血之病其餘顛病風狂皆言因形察氣之法

金水多情貪花戀酒（原註）坎為中男兌為少女主男女多情坎為水為酒兌為金為娼水性淫蕩值失元之時故有貪花戀酒之應水（章作木）金相反背義忘恩（原註）上文七運而用一白此則一運而用七赤為運之相反失令金主義故曰背義忘恩無所取用（鮑註）金兌也水坎也木震也兌為少女為密坎為淫為酒多情如砂有抱肩挨背等形木為仁金為義相反形向外也此皆形體不整故有此應

震庚會局文臣而兼武將之權（原註）震甲為文士庚為武將若上元震山庚水庚峯向水兼收即三陽水向盡源流之義下元兌山震水甲峯亦主文武全備失元不應謂為金木交併（鮑註）山三水七或山七水三得時皆有此應

丁丙朝乾貴客而有耆耄之壽（原註）下元九八七六逆徘父母主八十年之久故主貴壽上元不應（鮑註）離

爲南極主壽，乾爲貴客，山上六，水遇九，得時者應。**天市合丙坤富堪敵國。**（原註）天市艮也，合丙坤即二一九八進氣。或坤山坤向坤水流之類，故曰富堪敵國也。（鮑註）八九排在水上，又二來合十，故有此應。**離壬會子癸喜產多男。**（原註）離水至壬而止，子癸進氣，即支兼干，出最豪雄也。在上元主多男丁盛。（鮑註）離爲喜，九一爲正配，故主多男也。

章註　金水多情，木金相反，是言玄空之金木，非西金東木之方位，震爲天祿，庚號武曲，玄空會合，文武全才，丁爲南極，丙爲太微，巽眞情朝拱，主貴而多壽，艮爲天市，本主財祿，又得火土相扶，故富可敵國，離壬子癸會成既濟，主多男之慶，然必體得其體，用得其用，方有是徵，若拘拘於呆法者，百無一得也。

四生有合人文旺。（原註）上元一二三四之山，有九八七六之水，配成合十之數，下元六七八九之山，有四三二一之水，配合一六、二七、三八、四九，生成之數，主旺人文。**四旺無沖田宅饒。**（原註）四旺即上元九八七六，下元四三二一之水，無有沖破，故主田宅富饒，如失運即有山上龍神下水之患。（鮑註）寅申巳亥四生方之山挨着吉星，主旺人文，子午卯酉四旺方之水挨着生旺，主饒田宅，雖爲臨穴之大旨，實挨星進一層法也。**丑未換局而出僧尼，震巽失宮而生賊丐。**二語舊本無，今照章本增入。（鮑註）坤爲寡，艮爲閽寺，故出僧尼，震爲守，爲草莽，動而不正，有賊象，巽爲近市利，卑而不正，有丐象，二語當兼形體言。**南離北坎**

位極中「央」章作「天」。（原註）南北為中，天立極之所，八卦之父母，其力最厚，能管諸方，故配合之道，以天地為定位也。（鮑註）坎離二卦得乾坤之中氣，合時者至貴。長庚啟明交戰四國。（原註）長庚，西也；啟明，東也。東在天地之左，為陽，為生，主晝，即日之東升，升則處處皆得陽明生旺之氣；西在天地之右，為陰，為死，主夜，即日之降也，降則處處皆昏暗陰慘矣。四面八方，此陽彼陰，此陰彼陽，山水四配，交媾之義準此。（鮑註）兌為長庚，震為啟明，合時用之，主出武略之八。健而動順而動。三字章本無。動非佳兆。（原註）健者龍也，順者水也。若龍水皆得時令之陽，陽為生旺，宜於龍脈之主動；水本靜也，受時令之陰氣，今亦反陽，是獨陽不生矣，故曰非佳兆也。止而靜順而靜。三字章本無。靜亦章作圀不宜。（原註）脈之止處，亦得時令之陰氣，蓋入首最要生旺，而與水皆陰，是孤陰不生也，故曰不宜。（鮑註）乾健、坤順、艮止、巽入，不宜衝動，宜安靜，此以動靜審吉凶也。富並陶朱斷是堅金遇土。章作堆金積玉。（原註）下元六七之山而遇坤水，為水之生入，主富。或六七之山而遇艮水亦然，此即六七八之山一片是也。貴比王謝。總緣喬木扶桑。章作疎水。（原註）即上元震山而配兌水或艮水，主富貴，即三四輔扶是也。辛比庚而辛「要」章作「更」精神。（原註）辛庚雖屬同卦，然有順有逆，所用不同，故有遇庚固吉，而遇辛更精神百倍也。甲附乙而甲「亦」章作「益」靈秀。（原註）此言震卦一宮，總要從父母而來，即三陽一宮之義也。（鮑註）辛庚皆兌，甲乙俱震，四向各有所宜，辛略勝庚，甲不遜乙，合下壬癸丙丁方言羅經立向隨時不同，舉四正以例四維，學者融會貫通之可也。**癸爲元龍，壬號紫氣，昌盛各得有因。**章作有攸司（原註）癸旺本宮，壬順對位，各有順逆不同，元有六甲之辨，故曰各得有因也。（鮑註）癸壬各有宜用之時，非癸向爲吉，壬爲凶，亦非壬向爲吉，癸爲凶也，故曰昌盛各有攸司也。**丙臨文曲，丁近傷官，人財因之耗乏。**（原註）丙、雜巳，巳爲文曲，丁、雜未，以火生土，爲傷官，龍水有犯此者，人財有耗乏之應，龍雜巳主丁，水雜主財也。（鮑註）五運丙向，四運丁向，皆人財耗散之局，傷官，五黃也，近，鄰近也。

章註　有合無冲，即彼此生生，無冲射反伏也。東木、西金、南離、北坎，言四生四旺，各得其宜也。健動止靜，謂干支卦爻清純者爲靜，止錯雜者爲動，健不論山水，則以形動者爲動，形靜者爲靜，所謂行乎不得不行，止乎不得不止，氣勢兩兼，方是眞動眞止。王謝陶朱，皆言砂水峯巒體用兼得之妙，甲乙庚辛，不拘來山去水，方位干支，須歸一路，如丙雜巳，丁入未，不知挨星妙用，而又出卦，自有偏枯耗散之病矣。

見祿存瘟癀必發，遇文曲蕩子無歸。（原註）此二句總結上文，若龍水雜此，應於三碧四綠運中。**值廉貞而頓見火災。**（原註）值五黃運，在中央爲土，在外即廉貞火也。**逢破軍而多虧身體。**（原註）火尅金也。以上皆因夾雜之故，至其元而應。（鮑註）祿存，三也，文曲，四也，廉貞，五也，破軍，七也，非時而向上逢之，其應如此，向可忽乎哉。**四墓非**

吉陽土陰土之所裁章作貴翦裁（原註）四墓辰戌丑未乃戊己寄旺之所陽戊寄未辰陰己寄丑戌四墓有生旺時便以為龍有衰敗時便為消水俗師止知用於水口而不知亦有叩金龍之動時也惟犯乙辛丁癸之位則每多消索用者須知所忌耳**四生非凶卦內卦外由我取**（原註）四生本吉非凶若在卦內則吉卦外則凶無有一定總以得時為吉悖時則凶惟在人之合分取用配合圖書而已（鮑註）辰戌丑未四墓支向俗謂不吉然有時大吉寅申巳亥四生支向俗謂無凶然有時大凶皆須以運為準且四墓四生最易出卦有雜乙辛丁癸甲庚壬丙而凶者亦有兼之而反吉者學者須辨明卦內卦外然後取用之可也**若知禍福緣由**章作因**妙在天心橐籥**（原註）此尾句以結通篇大旨

鮑註橐治器喻砂水也籥管籥喻九星也道德經云天地之間其猶橐籥乎註云橐者外櫝以受籥也籥者內管以鼓橐也由是觀之必橐籥兩備方能造福故曰妙在天心橐籥天心即天心正運之一卦也識得天心方能持籥以尋橐因橐以核籥以此卜陰陽兩宅可無遺憾矣學者勉之

章註此節專辨諸星之應驗必須測氣象辨九星察形勢看遠近再推五行生尅制化之理吉凶消長之機而言得言失言禍言福自能百不失一陰土陽土者借庫自庫之謂卦內卦外者得失之謂讀者須從天心顛倒之間裁取得失自無不當矣

青囊萬卷總不出體用二字體有山水之分用有得失之辨體有形步之不同用有隨時之更變用必依形而顯休咎體必因氣而見吉凶要之體無用不靈用無體不驗必須形氣兩兼默參九星生尅之理以推休咎方得體用之精微此祕旨言體言用縷析條分闡發精詳無微不入非深得青囊之奧河洛之理者焉能道其隻字耶　道光癸未無心道人註

飛星賦

賦、一作斷、是篇、未詳作者姓名、篇中、言吉者從略、言凶者特詳、足補玄空祕旨之未備、欲人知所避也、惟須知九宮摩盪、隨時變易、若呆板輪流、不啻毫釐千里矣、姚士選識、

周流八卦、顛倒九疇、察來彰往、索隱探幽、承旺承生、得之足喜、逢衰逢謝、失則堪憂、人爲天地之心、凶吉原堪自主、易有災祥之變、避趨本可預謀、小人昧理妄行、禍由己作、君子待時始動、福自我求、此節、發明吉凶得失、惟人自召之故、

試看復壁揕身、坤爲積土、有墻壁之象、又爲身、震犯坤土、故主土擊、篇中借用六十四卦名、以明山與向之飛星也、下仿此、壯途躓足、壯、大壯也、震爲足、乾爲行人、乾金、尅震木、故主跌仆也、同人車馬馳驅、乾爲馬、爲遠、爲行人、離日、尅之、故有此象、小畜差徭勞碌、巽爲命令、乾爲大人、乾尅巽、故有差徭勞碌之象、

乙辛兮家室分離、乙、即震、爲主、爲夫、爲反、爲出、辛、即兌、爲妻妾、爲少女、爲毀折、震兌對待冲尅、故有此應、辰酉兮閨幃不睦、辰、即巽、巽爲長女、酉、即兌、兌爲少女、兌巽相尅、故主閨幃不睦、寅申觸巳、曾聞虎咥家人、參宿、爲白虎、在申宮、寅宮、亦有尾虎、申寅衝、衝則動、再遇流年巳火弔來、寅刑巳、巳刑申、三刑會、自有咥人之象、又象取坤虎、艮山、巽風、然事不常見、下故取象於犬傷、壬甲排庚、最異龍摧屋角、震爲

龍、坎爲雲、爲雨、兌爲澤、震坎相生、雲從龍象、兌來衝尅、龍飛騰象、主有龍陣摧屋、然事亦非常見、下故取象於蛇、**或被犬傷**艮爲狗、逢三刑、以猘犬斷、若坤爲主、則斷牛傷、**或逢蛇毒**解見上、又巽爲蛇、必弔太歲到向、方斷傷人、否則、見蛇而已、**青樓染疾只因七弼同黃**兌爲少女、爲賊妾、離爲心、爲目、心悅少女、淫象也、五黃性毒、故主患楊梅瘡毒、**寒戶遭瘟緣自三廉夾綠**震爲虫、中五性毒、巽風夾之、故瘟又有風疹、**赤紫兮致災有數**七赤、爲先天火數、九紫、乃後天火星、二星相併、水如衝動、災必驟發、洩之反不見殃、火性炎烈故也、**黑黃兮釀疾堪傷**二黑、在一二運、爲天醫、餘運、爲病符、若與五黃同到、疾病損人、**交至乾坤吝心不足**乾爲金、坤爲吝、嗇、故吝而無厭、**同來震巽昧事無常**震爲出、巽爲入、出入不當、故因循悞事、**戌未僧尼自我有緣何益**戌爲僧、未爲尼、失時、相生何益、**乾坤神鬼與他相尅非祥**乾爲神、坤爲鬼、尅則、有鬼神指責、**當知四蕩一淫淫蕩者扶之歸正**四爲風、故蕩、水趨下、須扶、蓋得時吉、失時凶、此四爲主、非一爲主也、**須識七剛三毅剛毅者制則生殃**凡三七、皆不可尅制、尅制、則其禍尤烈、**碧綠風魔他處廉貞莫見**害風相薄、本主瘋病、疊五黃、則立應、**紫黃毒藥鄰宮兌口休嘗**火味苦、五性毒、故爲毒藥、若兌金貪五土之生、則毒藥入口矣、嗜煙者如之、酉辛年戊己弔來喉間有疾。兌為喉舌，逢五黃，必生喉症。子癸歲廉貞飛到陰處生瘍。一為腎，故云陰處，五主膿血，故有生瘍之象。豫。雷地也。擬食停。坤為脾胃，木剋之，脾胃受傷，故食停。臨。地澤也。云泄痢。澤金，泄坤腹之氣，澤性注下，故主痢。頭嚮兮六三。乾為首，震為聲，雷性上騰，故頭鳴，大抵肝陽上升等症。乳癰兮四五。四為乳，五膿血。火暗而神志難清。火為神，若離宮幽暗，主神昏，此兼氣色斷，下仿此。風鬱而氣機不利。在天為風，在人為氣，巽宮窒塞，故有此應。切莫傷夫坤肉震筋，豈堪損乎離心艮鼻。此言方位，不可有惡形。震之聲巽之色向背當明。向背，指形勢言。乾為寒坤為熱，往來切記。往來，指形勢及門路言，遇乾坤雙至，必患三陰瘧。須識乾爻門向長子癡迷。乾爻，戊也，乾為知，為健，失時則癡迷矣。誰知坤卦庭中小兒顛頷。二為病符，若飛到東北方，主少男病。凡乾坤二卦，以老父老母斷，十有一二驗，以所到方之卦斷，十有八九驗，因六子當事故也。因星度象木反側兮無仁。反側，指形說，震為仁。以象推星水欹斜兮失志。坎為志，欹斜亦指形言。沙形破碎陰神值而淫亂無羞。陰神，陰卦也，二四七九是。水勢斜衝陽卦憑則是非牽累。陽卦，一三六八也。巽如反臂總憐流落無歸（四綠到處、砂形如臂向外反抱者、主流落他鄉、因風性飄蕩故也、）乾若懸頭更痛遭刑莫避（懸頭、斷頭砂也、遭刑、殺戮也、）七有葫蘆之異醫卜興家（七為刑、有除惡之象、故為醫、洪範、七稽疑、故為卜、葫蘆、砂形、如葫蘆也、）七逢刀盞之形屠沽居肆（刀盞、砂形也、七乃西方金、故為屠、又為口舌、故為沽也、）旁通推測木工因斧鑿三宮觸類引伸鐵匠緣鉗鎚七地（此憑砂之形象、以斷千變萬化、總在形與星也、）至若蛾眉魚袋衰卦非宜猶之旗鼓刀鎗賤龍則忌（蛾眉、女貴、魚袋男貴、失運反賤、旗鼓刀鎗、用不合法、反主盜賊也、）赤為形曜那堪射脅水方碧本賊星怕見探頭山位（射脅水、探頭山、最凶、若七三臨之、禍更甚、）

若夫申尖興訟（尖者、尖峯也、在一九為文筆、在四、為畫筆、在申、為詞訟筆、）辰碎遭兵（辰、乃天罡、破碎、非宜、）破近文貪秀麗乃溫柔之本（一四、雜七、其弊如此、）赤連碧紫聰明亦刻薄之萌（三九、雜七、始聰明、而漸刻薄、兩卦夾雜之弊、如此、）五黃飛到三叉尚嫌多事（用法俱合、流年五黃到三叉、尚有小疵、）太歲推來向首尤屬堪驚（承氣雖吉、太歲到向、猶恐損人、）豈無騎線遊魂鬼神入室（騎綫、如巳丙丁未等、騎綫之向也、離魂、如乾離、坎坤、艮巽、震兌是也、若遊魂失運、鬼神晝見、如九運、用巳丙向、堂中黑暗、承巳氣多、丙氣少、堂中午後、或見鬼神、人不敢居、或疑堂下有伏尸、不知非也、乃卦氣使然耳、更有空縫合卦。夢寐牽情。空縫、乃一卦之空縫、如丙午辰巽等、是也、合卦、如乾坤坎離是也、見此則人嘗用心於無用之地、夢寐縈懷、若用騎綫向、較空縫尤甚、寄食依人。原卦情之戀養。拋家背父。見星性之貪生。承上騎綫、空縫、而言、如九運、亥壬門向、申庚宅向、外卦承氣亥、九喜生、壬五爲戀養、養者、養之也、內承兌氣、庚七喜受坤二之生、即爲貪生、生者、生我也、如是者、主寄食依人、拋家而去也、壬亥門向、又爲空縫合卦、總之助吉助凶。年星推測。流年九星、入中宮、弔動運盤、足以助吉、亦足以助凶也、還看應先應後。歲運經營。吉凶、先後不一、年星與運氣、一一推排、自知先後之應、故曰、歲運經營、

玄關同竅歌

司馬頭陀作。此篇自消遺集、地理辨正補中錄出。玄者、分星、以當運之星、入中也、關者、天根、以山向挨得之星、入中也、竅者、城門、亦以挨得之星、入中也、

知妙道。玄關一訣爲至要。識眞情。玄上天機竅上分。卽城門一訣最爲良之義漫說天星並納甲。且將左右問原因。先觀水倒向何流。玄關造化此中求。內外玄關同一竅。內外、卽山向飛星、城門亦同、故云同竅綿綿富貴永無休。一竅通關作大謀。以城門之星、入中也、玄關交媾亦堪求。若是玄關俱不媾。局堪圖畫沒來由。重重生氣入關中。連逢三五位三公。轉關一節逢生旺。便知世代出豪雄。不論陰陽純與雜。猶嫌墓氣暗相攻。其間造化眞玄奧。不與時師道。吾今數語吐眞情。不悞世間人。

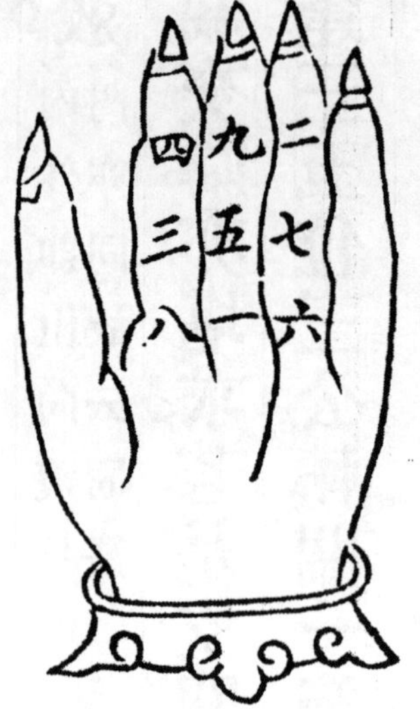

八卦掌訣

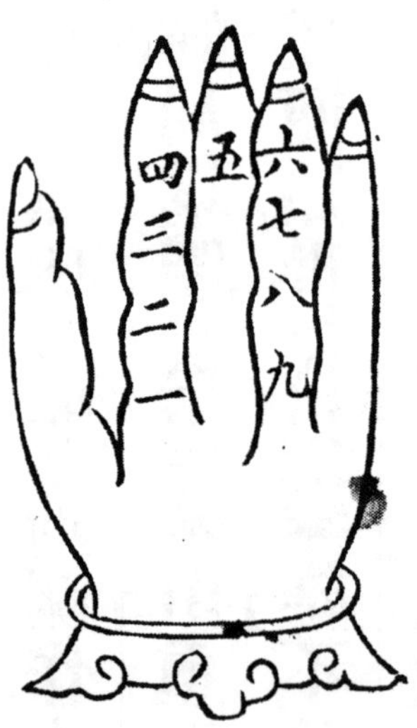

排山掌訣

年上紫白吉星歌

年上吉星論甲子。逐年星逆中宮始。上中下作三元彙。一上四中七下使。

推算法　上元甲子年。一白入中。中元甲子年。四綠入中。下元甲子年。七赤入中。　如上元甲子年。一白入中。二黑到乾。三碧到兌。四綠到艮。五黃到離。六白到坎。七赤到坤。八白到震。九紫到巽。乙丑年。九紫入中。丙寅年。八白入中。丁卯年。七赤入中。戊辰年。六白入中。己巳年。五黃入中。庚午年。四綠入中。辛未年。三碧入中。壬申年。二黑入中。癸酉年。又爲一白入中。周而復始。中下兩元照此例推。凡起法、從中宮、起年順飛、星則逆數

上元甲子六十年紫白圖

中元甲子六十年紫白圖

下元甲子六十年紫白圖

五黃
丙寅 乙亥 甲申 癸巳 壬寅 辛亥 庚申

一白
庚午 己卯 戊子 丁酉 丙午 乙卯

二黑

三碧

四綠

六白

七赤

八白

九紫

月上紫白吉星歌

旺年八白中宮得。墓是五黃生是黑。逐月逆星次第行。一周之內可推測。

推算法。　子午卯酉爲旺年。正月起八白。辰戌丑未爲墓年。正月起五黃。寅申巳亥爲生年。正月起二黑。俱從中宮起。隨月星逆數。　凡子午卯酉年。正月八白入中。二月七赤入中。至十月仍八白入中。周而復始。辰戌丑未年。正月五黃入中。寅申巳亥年。正月二黑入中。不論上中下三元。均依此例推。

凡年月紫白。於開山立向修方。最忌者。五黃一星。切不可犯。犯則諸事不利。此外九星。有吉有凶。於開山立向修方。均無妨礙。惟在配合玄空飛星。定其衰旺生死。合其五行生剋而已。

子午卯酉年月上紫白圖

七赤 二月 十一月
八白 正月 十月
六白 三月 十二月
二黑 七月
五黃 四月
一白 八月
九紫 九月
三碧 六月
四綠 五月

辰戌丑未年月上紫白圖

七赤 八月
二黑 四月
六白 九月
五黃 正月 十月
一白 五月
九紫 六月
三碧 三月 十二月
八白 七月
四綠 二月 十一月

寅申巳亥年月上紫白圖

五黃 七月

七赤 五月

六白 六月

一白 二月 十一月

八白 四月

三碧 九月

四綠 八月

九紫 三月 十二月

二黑 正月 十月

日家白星起例 楊錫祺加註

寶海經云。日家白法不難求。二十四氣六宮周。冬至雨水及穀雨。陽順一四七中遊。夏至處暑霜降後。九六三星逆行求。

如冬至後甲子。爲上元起一白。乙丑二黑。雨水後甲子。爲中元起七赤。乙丑八白。穀雨後甲子。爲下元起四綠。乙丑五黃。並順佈求值日星入中宮順行。夏至後甲子。爲上元起九紫。乙丑八白。處暑後甲子爲中元起三碧。乙丑二黑。霜降後甲子。爲下元起六白。乙丑五黃。並逆佈求值日星入中宮逆行。

時家白星起例

寶海經云。時家紫白更精微。須知二至與三元。謂順局、以冬至起、逆局、以夏至起、務要分清三元、方與日白相胎合、冬至三時一四七。冬至、與雨水、穀雨、爲三時、凡此三時、在四孟日子時、則一白入中、四仲日子時、則四綠入中、四季日子時，則七赤入中，故云一四七也。子酉宮中順佈之。子時與酉時，飛星入中，均同順佈，專指冬至三時而言。夏至九六三星逆。夏至、與處暑、霜降，在四孟日子時，則九紫入中，四仲日子時，則六白入中，四季日子時，則三碧入中，故云九六三也。九星挨巽震排之。此指逆佈之法，如子日一白到巽，二黑到震，是也。順逆兩邊如日例。謂順逆不同，顛倒兩邊，如日白飛星之起例也。戌丑亥寅一般施。言其子酉二時，無論孟仲季日，飛星入中均同，故丑未二時，寅申二時，亦與子酉二時，相似也。

如子午卯酉四孟日上元冬至中元雨水下元穀雨後子時起一白，丑時二黑順行。上元夏至中元處暑下元霜降後子時起九紫，丑時八白逆行。如辰戌丑未四仲日上元冬至中元雨水下元穀雨後子時起四綠，丑時五黃順行。上元夏至中元處暑下元霜降後子時起六白，丑時五黃逆行。如寅申巳亥四季日上元冬至中元雨水下元穀雨後子時起七赤，丑時八白順行。上元夏至中元霜降下元處暑後子時起三碧，丑時二黑逆行。

上元日紫白九星順局表

此表推算法。每歲在冬至後之甲子日起一白順佈。推算至芒稱後癸亥日、九紫入中爲止。以下即與夏至後之甲子日九紫入中對頭、

冬至	雨水	穀雨
小寒	驚蟄	立夏
大寒	春分	小滿
凡在此三節後之甲子日以前概屬大雪節算。	凡在此三節後之甲子日以前概屬立春節算。	凡在此三節後之甲子日以前概屬清明節算。
立春	清明	芒種
凡在此節後之甲子日概歸雨水節算、	凡在此節後之甲子日概歸穀雨節算、	凡在此節後之甲子日概歸夏至節算、
一白	七赤	四綠
二黑	八白	五黃
三碧	九紫	六白
四綠	一白	七赤
五黃	二黑	八白
六白	三碧	九紫
七赤	四綠	一白
八白	五黃	二黑
九紫	六白	三碧

甲子	乙丑	丙寅	丁卯	戊辰	己巳	庚午	辛未	壬申
癸酉	甲戌	乙亥	丙子	丁丑	戊寅	己卯	庚辰	辛巳
壬午	癸未	甲申	乙酉	丙戌	丁亥	戊子	己丑	庚寅
辛卯	壬辰	癸巳	甲午	乙未	丙申	丁酉	戊戌	己亥
庚子	辛丑	壬寅	癸卯	甲辰	乙巳	丙午	丁未	戊申
己酉	庚戌	辛亥	壬子	癸丑	甲寅	乙卯	丙辰	丁巳
戊午	己未	庚申	辛酉	壬戌	癸亥			
中	巽	震	坤	坎	離	艮	兌	乾
乾	中	巽	震	坤	坎	離	艮	兌
兌	乾	中	巽	震	坤	坎	離	艮
艮	兌	乾	中	巽	震	坤	坎	離
離	艮	兌	乾	中	巽	震	坤	坎
坎	離	艮	兌	乾	中	巽	震	坤
坤	坎	離	艮	兌	乾	中	巽	震
震	坤	坎	離	艮	兌	乾	中	巽
巽	震	坤	坎	離	艮	兌	乾	中

此推算表法、每歲在夏至後之甲子日起九紫逆佈推算至大雪後癸亥日一白入中爲止、以下卽與冬至後之甲子日一白入中對頭

上元日紫白九星逆局表

夏至	處暑	霜降
小暑	白露	立冬
大暑	秋分	小雪
立秋	寒露	大雪
凡在此三節後之甲子日以前、概屬芒種節算、	凡在此三節後之甲子日以前、概屬立秋節算、	凡在此三節後之甲子日以前、概屬寒露節算、
凡在此節後之甲子日、概歸處暑節算、	凡在此節後之甲子日、概歸霜降節算、	凡在此節後之甲子日、概歸冬至節算、
九紫	三碧	六白
八白	二黑	五黃
七赤	一白	四綠
六白	九紫	三碧
五黃	八白	二黑
四綠	七赤	一白
三碧	六白	九紫
二黑	五黃	八白
一白	四綠	七赤

甲子	乙丑	丙寅	丁卯	戊辰	己巳	庚午	辛未	壬申
癸酉	甲戌	乙亥	丙子	丁丑	戊寅	己卯	庚辰	辛巳
壬午	癸未	甲申	乙酉	丙戌	丁亥	戊子	己丑	庚寅
辛卯	壬辰	癸巳	甲午	乙未	丙申	丁酉	戊戌	己亥
庚子	辛丑	壬寅	癸卯	甲辰	乙巳	丙午	丁未	戊申
己酉	庚戌	辛亥	壬子	癸丑	甲寅	乙卯	丙辰	丁巳
戊午	己未	庚申	辛酉	壬戌	癸亥			
中	巽	震	坤	坎	離	艮	兌	乾
乾	中	巽	震	坤	坎	離	艮	兌
兌	乾	中	巽	震	坤	坎	離	艮
艮	兌	乾	中	巽	震	坤	坎	離
離	艮	兌	乾	中	巽	震	坤	坎
坎	離	艮	兌	乾	中	巽	震	坤
坤	坎	離	艮	兌	乾	中	巽	震
震	坤	坎	離	艮	兌	乾	中	巽
巽	震	坤	坎	離	艮	兌	乾	中

此表推算法每歲在雨水後之甲子日起七赤順佈推算至立秋後丁巳日九紫入中爲止以下倒數六日即與處暑後甲子日三碧入中相符合

中元日紫白九星順局表

節氣	雨水	穀雨	夏至
節氣	驚蟄	立夏	小暑
節氣	春分	小滿	大暑
	凡在此三節後之甲子日以前概屬立春節算	凡在此三節後之甲子日以前概屬清明節算	凡在此三節後之甲子日以前概屬芒種節算
節氣	清明	芒種	立秋
	凡在此節後之甲子日概歸穀雨節算	凡在此節後之甲子日概歸夏至節算	凡在此節後之甲子日概歸處暑節算
	七赤	四綠	一白
	八白	五黃	二黑
	九紫	六白	三碧
	一白	七赤	四綠
	二黑	八白	五黃
	三碧	九紫	六白
	四綠	一白	七赤
	五黃	二黑	八白
	六白	三碧	九紫

甲子	乙丑	丙寅	丁卯	戊辰	己巳	庚午	辛未	壬申
癸酉	甲戌	乙亥	丙子	丁丑	戊寅	己卯	庚辰	辛巳
壬午	癸未	甲申	乙酉	丙戌	丁亥	戊子	己丑	庚寅
辛卯	壬辰	癸巳	甲午	乙未	丙申	丁酉	戊戌	己亥
庚子	辛丑	壬寅	癸卯	甲辰	乙巳	丙午	丁未	戊申
己酉	庚戌	辛亥	壬子 癸亥	癸丑 壬戌	甲寅 辛酉	乙卯 庚申	丙辰 己未	丁巳 戊午
戊午	己未	庚申	辛酉	壬戌	癸亥			
中	巽	震	坤	坎	離	艮	兌	乾
乾	中	巽	震	坤	坎	離	艮	兌
兌	乾	中	巽	震	坤	坎	離	艮
艮	兌	乾	中	巽	震	坤	坎	離
離	艮	兌	乾	中	巽	震	坤	坎
坎	離	艮	兌	乾	中	巽	震	坤
坤	坎	離	艮	兌	乾	中	巽	震
震	坤	坎	離	艮	兌	乾	中	巽
巽	震	坤	坎	離	艮	兌	乾	中

中元日紫白九星逆局表

此表推算法。每歲在處暑後之甲子日起三碧逆佈推算至立春後丁巳日一白入中爲止以下倒數六日卽與雨水後甲子日七赤入中相符合。

處暑	霜降	冬至
白露	立冬	小寒
秋分	小雪	大寒
凡在此三節後之甲子日以前，概屬立秋節算	凡在此三節後之甲子日以前，概屬寒露節算	凡在此三節後之甲子日以前，概屬大雪節算
寒露	大雪	立春
凡在此節後之甲子日，概歸霜降節算	凡在此節後之甲子日，概歸冬至節算	凡在此節後之甲子日，概歸雨水節算
三碧	六白	九紫
二黑	五黃	八白
一白	四綠	七赤
九紫	三碧	六白
八白	二黑	五黃
七赤	一白	四綠
六白	九紫	三碧
五黃	八白	二黑
四綠	七赤	一白

甲子	乙丑	丙寅	丁卯	戊辰	己巳	庚午	辛未	壬申
癸酉	甲戌	乙亥	丙子	丁丑	戊寅	己卯	庚辰	辛巳
壬午	癸未	甲申	乙酉	丙戌	丁亥	戊子	己丑	庚寅
辛卯	壬辰	癸巳	甲午	乙未	丙申	丁酉	戊戌	己亥
庚子	辛丑	壬寅	癸卯	甲辰	乙巳	丙午	丁未	戊申
己酉	庚戌	辛亥	壬子 癸亥	癸丑 壬戌	甲寅 辛酉	乙卯 庚申	丙辰 己未	丁巳 戊午
戊午	己未	庚申	辛酉	壬戌	癸亥			
中	巽	震	坤	坎	離	艮	兌	乾
乾	中	巽	震	坤	坎	離	艮	兌
兌	乾	中	巽	震	坤	坎	離	艮
艮	兌	乾	中	巽	震	坤	坎	離
離	艮	兌	乾	中	巽	震	坤	坎
坎	離	艮	兌	乾	中	巽	震	坤
坤	坎	離	艮	兌	乾	中	巽	震
震	坤	坎	離	艮	兌	乾	中	巽
巽	震	坤	坎	離	艮	兌	乾	中

此表推算法。每歲在穀雨後之甲子日。起四綠順佈。推算至寒露後辛亥日。九紫入中為止。以下倒數十二日。即與霜降後甲子日六白入中相符合。

下元日紫白九星順局表

節氣	節氣	節氣	說明	節氣	說明									
穀雨	立夏	小滿	凡在此三節後之甲子日以前概屬清明節算	芒種	凡在此節後之甲子日概歸夏至節算	四綠	五黃	六白	七赤	八白	九紫	一白	二黑	三碧
夏至	小暑	大暑	凡在此三節後之甲子日以前概屬芒種節算	立秋	凡在此節後之甲子日概歸處暑節算	一白	二黑	三碧	四綠	五黃	六白	七赤	八白	九紫
處暑	白露	秋分	凡在此三節後之甲子日以前概屬寒露節算	寒露	凡在此節後之甲子日概歸霜降節算	七赤	八白	九紫	一白	二黑	三碧	四綠	五黃	六白

甲子	癸酉	壬午	辛卯	庚子 癸亥	己酉 甲寅	戊午	中	乾	兌	艮	離	坎	坤	震	巽
乙丑	甲戌	癸未	壬辰	辛丑 壬戌	庚戌 癸丑	己未	巽	中	乾	兌	艮	離	坎	坤	震
丙寅	乙亥	甲申	癸巳	壬寅 辛酉	辛亥 壬子	庚申	震	巽	中	乾	兌	艮	離	坎	坤
丁卯	丙子	乙酉	甲午	癸卯 庚申	壬子	辛酉	坤	震	巽	中	乾	兌	艮	離	坎
戊辰	丁丑	丙戌	乙未	甲辰 己未	癸丑	壬戌	坎	坤	震	巽	中	乾	兌	艮	離
己巳	戊寅	丁亥	丙申	乙巳 戊午	甲寅	癸亥	離	坎	坤	震	巽	中	乾	兌	艮
庚午	己卯	戊子	丁酉	丙午 丁巳	乙卯		艮	離	坎	坤	震	巽	中	乾	兌
辛未	庚辰	己丑	戊戌	丁未 丙辰	丙辰		兌	艮	離	坎	坤	震	巽	中	乾
壬申	辛巳	庚寅	己亥	戊申 乙卯	丁巳		乾	兌	艮	離	坎	坤	震	巽	中

此表推算法。每歲在霜降日、後之甲子日、起六白、逆術推算、至清明後辛亥日、一白入中爲止、以下倒數十二日、卽與穀雨後甲子日、四綠入中相符合、

下元日紫白九星逆局表

霜降	冬至	雨水
立冬	小寒	驚蟄
小雪	大寒	春分
凡在此三節後之甲子日以前、概屬寒露節算、	凡在此三節後之甲子日以前、概屬大雪節算、	凡在此三節後之甲子日以前、概屬立春節算、
大雪、	立春	清明、
凡在此節後之甲子日、概歸冬至節算、	凡在此節後之甲子日、概歸雨水節算、	凡在此節後之甲子日、概歸穀雨節算、
六白	九紫	三碧
五黃	八白	二黑
四綠	七赤	一白
三碧	六白	九紫
二黑	五黃	八白
一白	四綠	七赤
九紫	三碧	六白
八白	二黑	五黃
七赤	一白	四綠

甲子	乙丑	丙寅	丁卯	戊辰	己巳	庚午	辛未	壬申
癸酉	甲戌	乙亥	丙子	丁丑	戊寅	己卯	庚辰	辛巳
壬午	癸未	甲申	乙酉	丙戌	丁亥	戊子	己丑	庚寅
辛卯	壬辰	癸巳	甲午	乙未	丙申	丁酉	戊戌	己亥
庚子	辛丑	壬寅	癸卯	甲辰	乙巳	丙午	丁未	戊申
己酉	庚戌	辛亥	壬子	癸丑	甲寅	乙卯	丙辰	丁巳
戊午	己未	庚申	辛酉	壬戌	癸亥			
中	巽	震	坤	坎	離	艮	兌	乾
乾	中	巽	震	坤	坎	離	艮	兌
兌	乾	中	巽	震	坤	坎	離	艮
艮	兌	乾	中	巽	震	坤	坎	離
離	艮	兌	乾	中	巽	震	坤	坎
坎	離	艮	兌	乾	中	巽	震	坤
坤	坎	離	艮	兌	乾	中	巽	震
震	坤	坎	離	艮	兌	乾	中	巽
巽	震	坤	坎	離	艮	兌	乾	中

三元紫白時順逆合局表

新表分上中下三元各元照各元節氣分佈順逆與日紫白每歲佈法庶相符合如上元冬至後子日子時順局為一白入中夏至後子日子時逆局為九紫入中此即合十之義也且與日白順逆兩局相符

元									
上元甲子日冬至後起 中元戊午日雨水後起 下元壬子日穀雨後起	一白	二黑	三碧	四綠	五黃	六白	七赤	八白	九紫
上元甲子日夏至後起 中元戊午日處暑後起 下元壬子日霜降後起	九紫	八白	七赤	六白	五黃	四綠	三碧	二黑	一白

子午卯酉四孟日	丑未辰戌四仲日	寅申巳亥四季日									
子酉	午	卯	中	乾	兌	艮	離	坎	坤	震	巽
丑戌	未	辰	巽	中	乾	兌	艮	離	坎	坤	震
寅亥	申	巳	震	巽	中	乾	兌	艮	離	坎	坤
卯	子酉	午	坤	震	巽	中	乾	兌	艮	離	坎
辰	丑戌	未	坎	坤	震	巽	中	乾	兌	艮	離
巳	寅亥	申	離	坎	坤	震	巽	中	乾	兌	艮
午	卯	子酉	艮	離	坎	坤	震	巽	中	乾	兌
未	辰	丑戌	兌	艮	離	坎	坤	震	巽	中	乾
申	巳	寅亥	乾	兌	艮	離	坎	坤	震	巽	中

右表爲江蘇淮安楊君錫祺去年辯正之新表云得自乃師汪澄伯先生所授汪氏什襲蓋累世矣以舊表不分三元有失寶海經本旨爰秉其師承加以訂正云

則先併識

太歲

子年在子方。丑年在丑方。推之亥年。則在亥方。

太歲爲一年主宰。一年吉凶。宜坐不宜向。避之爲吉。犯則禍大且久。如子年立子山午向。卽爲坐太歲。午山子向。卽爲向太歲。修子方。卽爲動太歲。能不坐不向不動。最佳。否則。坐之動之。須看年月有吉神方可。語云。若要貴。修太歲。其中蓋有玄妙。切勿輕犯。

七煞

子年在午方。丑年在未方。推之亥年。則在巳方。

七煞卽歲破。切不可犯。否則須看年月有太陽及貴人祿馬等吉神飛到方可。否則其凶立見。

年三煞

申子辰水局在巳午未寅午戌火局在亥子丑亥卯未木局在申酉戌巳酉丑金局在寅卯辰

年煞宜向不宜坐如子年立巳午未三山即爲坐煞立丙丁二山即爲夾煞立亥壬子癸丑五山即爲向煞修巳丙午丁未五山即爲犯煞雖有吉神臨方不能化解不得已向之無妨然須有吉神到向方可

月三煞

正五九月煞在亥子丑二六十月煞在申酉戌三七十一月煞在巳午未四八十二月煞在寅卯辰

月煞按月遷移宜向不宜坐犯則凶禍立見遲則一月速則旬日如正月立亥子丑三山爲坐煞立壬癸二山爲夾煞立巳丙午丁未五山爲向煞修亥子丑方爲動煞凶不得已向之須有吉神到向方可

紫白訣上篇 錄華亭姚廷鑾陽宅全祕

姚云此訣無作者姓氏或云目講或云王思山無可證也篇中頗多奥旨陽宅精蘊闡發殆盡應驗如神惜世無刻本抄錄者字多舛錯爰爲細心校讎逐句詮釋庶作者精意大白讀者亦不至有悞解錯用之弊云

紫白飛宮辨生旺退殺之用三元氣運判盛衰興廢之時

紫白洛書九星也以排山掌訣飛佈八方如坎宅一白入中二黑乾三碧兌四綠艮五黃離六白坎七赤坤八白震九紫巽八宅均以本宅入中照此飛去九星各有五行一白水二黑五黃八白土三碧四綠木六白七赤金九紫火八方飛星來生中宮爲生乾宅遇二黑五黃八白土是與中宮比和爲旺乾宅遇七赤金是中宮去生風方爲退乾宅遇一白水是風方來尅中宮爲殺乾宅遇九紫火是中宮去尅風方爲死乾宅遇三碧四綠木是三元卽上中下三元得元運則興盛失元運則衰廢

生旺宜興運未來而仍替退殺當廢運方交而尚榮總以氣運爲之君而吉凶隨之變化

此二節總攝通篇大旨而歸重於元運如一白水遇六七金爲生遇一水爲旺然未交金水元運則水不得令仍衰廢而替遇三四木爲退遇

八土爲殺，然正交金水元運，則一白得令，卽退殺不作廢論，君主論生旺退殺，總以三元氣運爲主，得元則吉，失元則凶，故云隨之變化也。

以圖運論體，書運論用，此法之常也。以圖運參書，書運參圖，此法之變也。

此節總提圖書二運，下文逐一承明之。河圖之運，卽下文五子運也，八宅坐定之星爲體，由宅星飛佈八方爲用，洛書之用，卽下文上、中、下三元大小運也。以圖書五行參合而論，有時用圖兼書，有時用書兼圖，或重或輕，常變互用之法也。

河圖之運，以甲丙戊庚壬五子配水火木金土五行，五子分元，五行定運，秩然不紊。

河圖之數，一六水、二七火、三八木、四九金、五十土，一生一成，順挨其序。甲子十二年爲水運、丙子十二年爲火運、戊子十二年爲木運、庚子十二年爲金運、壬子十二年爲土運，秩然不紊也。

凡屋層與間值水數者喜金水運，值木數者嫌金火運，火金土數依此類推。

屋之一層六層一間六間者，為水數，值庚子十二年金運為生，甲子十二年水運為旺，戊子十二年木運為退，壬子十二年土運為殺，丙子十二年火運為死，其二層七層二間七間為火數，三層八層三間八間為木數，四層九層四間九間為金數，五層十層五間十間為土數，值五子運，俱喜生旺，而忌尅洩。

生運發丁而漸榮，旺運發祿而驟富，退必冷退絕嗣，殺則橫禍官災，死主損丁。吉凶常半，應如桴鼓，圖運有然。

此三節申明圖運論體句，五行屋數遇五子運，來生者發丁而榮顯，比和者發貴而發財，屋生運者為退，屋主貧窮夭絕，運來尅屋則禍生不測，官事連綿，屋尅運者為死，但比運來尅屋為輕，故吉凶互見也。

九星遇此，喜忌亦同。木星金運，宅逢刼盜之凶；火曜木元，人沐恩榮之喜。書可參圖，蓋如是也。

此一節申明書可參圖句，（此）字指圖運言，以洛書之九星，遇河圖之五運，其喜生旺比和，忌死退尅殺，亦同上文所云，木星四句，正申明此句之意，洛書三四木星，遇河圖庚子金運，木被金尅，故逢刼盜，洛書九紫火星，遇河圖戊子木運，木能生火，故沐恩榮，木星火曜，洛書五行也。

金運木元、河圖五行也、洛書之吉凶、參用河圖之元運、所謂書可參圖也。

洛書之運上元一白中元四綠下元七赤各管六十年謂之大運上元一二三中元四五六下元七八九各管二十年謂之小運

上元運一白統管六十年、而前二十年小運亦一白管、中二十年二黑管、後二十年三碧管、中元運四綠統管六十年、而前二十年小運亦四綠管、中二十年五黃管、後二十年六白管、下元運七赤統管六十年、而前二十年小運亦七赤管、中二十年八白管、後二十年九紫管、上、中、下三元共一百八十年、九星則一白至九紫、周而復始也、

元運既分更宜論局如八山上元甲子甲戌二十年得一白龍穴一白方砂水一白方居住名元龍主運發福非常至甲申甲午二十年得二黑龍穴二黑方砂水二黑方居住名旺星當運發福亦同一元如是三元可知

三元之運、生、旺、退、殺、俱由此別、然吉凶應驗、均在局上、局者、龍、穴、砂、水、方位也、如上元前二十年、大小運俱一白司令、若住屋、龍、穴、砂、水、皆一白、為元龍主運、發福無量、元、三元也、龍、龍穴也、一白龍、遇一白運、則一白專主、不雜他運、故曰、主運、如中二十年、小運是二黑司令、住屋之龍

穴砂水皆二黑、其發福與合一白者同、上元前中二十年如是、後二十年可知、上元如是、中下二元、亦可知矣、

二者不可得兼、或當一白司令、而震巽受元運之生、四綠乘時、而震巽合元運之旺、此方居住、亦慶吉祥、

言主運不可得、或一白運、震巽受生氣、四綠運、震巽受旺氣、住震巽方之屋、亦主發福、

先天之坎在兌、後天之坎在坤、上元之坤兌、未可言衰、先天之巽在坤、後天之巽在兌、中元之兌坤、亦可云旺、此卦之先後天運可合論者也、

此四節、申明書之運論用句、先兌金、坤土、值上元一白水運、則金生水爲退氣、土尅水爲死氣、不知先天之坎、在後天兌位、後天之坎、在先天坤位、則兌雖值後天退氣、而先天則得令、坤雖值後天死氣、而先天却乘旺、坤兌俱先天之吉、故不爲衰、先天之巽、在後天坤位、坤雖被中元木尅、而先天巽木、却是得令、後天之巽、在先天兌位、兌雖尅中元木、而先天巽木、正值司令、是中元木運、坤兌亦遇先天之吉、故可云旺、玩先後天卦位圖自明、

一白司上元、而六白同旺、四祿主中元、而九紫均與、七赤居下元、而二黑

並發此即河圖一六共宗二七同道三八爲朋四九爲友之義圖可參書不信然乎

此一節申明圖可參書句洛書一白管上元則一白爲主而水得運河圖一六共宗一旺則六亦旺是河圖之一六可參用上元一白之水運矣二七三八四九五十可以類推

或局未得運而局之生旺財方有六事得地著發福亦同水爲上山次之高樓殿塔亭臺之屬又其次也再論其山與山之六事如門路井竈之類次論其層與層之六事或行大運或行小運俱可富榮否則佈置六事合山與層及其間數生旺則關殺俱避若河洛二運未交僅可小康而已

此一節承上專論其局句意而歸重於河洛二運局之六事外六事也凡屋外橋廟山水之屬皆是山層間之六事內六事也凡屋內門戶井竈之屬皆須從局上山上飛佈九宮生旺爲福尅洩爲禍如六事排在局山層間之生旺方不犯關殺一交河洛二運發福非常未交運則僅小康若排在關殺方不交運猶可苟一得運則與災作禍有不可當者不可不知也

夫八門之加臨非一。九星之弔替多方。納音支干之管殺。有統臨專臨之名。而入中太歲之爲旺爲生。最宜詳審。管山星宿之穿宮。有逆龍順飛之例。而入中禽星之或生或剋。尤貴同參。

此一節、乃將下文諸訣、總提在前、以後逐一分疏之。

何謂統臨。即三元六甲也。六甲雖同。三元之泊宮則異。中宮之支干納音亦異。

六甲者、甲子、甲戌、甲申、甲午、甲辰、甲寅也、三元俱有六甲。而泊宮各不同。上元甲子泊坎宮。中元甲子泊巽宮。下元甲子泊兌宮。支干納音者、即下文上元己巳入中、納音木、中元壬申入中、納音金之類、

如上元一白坎。於本宮起甲子。逆數至中宮。得己巳木音也。中元四綠巽。於本宮起甲子。逆數至中宮得壬申金音也。下元七赤兌。於本宮起甲子。逆數至中宮得丙寅火音也。每十年一易。此其異也。

上元、坎上起甲子，離乙丑、艮丙寅、兌丁卯、乾戊辰、中己巳、爲大林木，故木音。中元巽上起甲子，震乙丑，逆數至中爲壬申，爲劍鋒金，故金音。下元兌上起甲子，乾乙丑，逆數至中爲丙寅，爲鑪中火，故火音也。十年一易，詳下節。

如上元甲子十年，己巳在中宮；甲戌十年，則己卯中元甲子十年，壬申在中宮；甲戌十年，則壬午

上元六甲，俱從坎上起甲子，逆輪至中宮，故甲子至癸酉十年，爲己巳入中；甲戌至癸未十年，爲己卯入中，其甲申、甲午、甲辰、甲寅，每甲俱如是推。中元六甲，俱從巽上起甲子，逆輪至中宮，故甲子至癸酉十年，俱壬申入中；甲戌至癸未十年，俱壬午入中。其甲申、甲午、甲辰、甲寅，每甲俱如是推。下元六甲，俱從兌上起甲子，不言下元者，省文也。

每甲以中宮納音，復以所泊宮星與八山論生比，此所謂統臨之名也。

此四節申明統臨之名句。中宮納音者，即己巳入中，納音木之類。所泊宮星者，即上元甲子泊坎，中元甲子泊巽之類。論生比者，將入中宮星之納音，并此宮所泊星之納音，與八山論其生比。如上元甲子，己巳入中，納音木，是洩坎山也。上元甲子，坎上泊甲子，納音金，是生坎山也。舉此一例，則各元、各甲入中星、納音、各山泊宮星、納音八山較生比之法，可類推矣。

何謂專臨即六甲旬飛到八山之干支也三元各以本宮所泊隨宮逆數至本山得何干支即以此干支入中宮順佈以論八山生旺則吉剋殺則凶

每甲十日故爲甲旬八山干支如上元甲子旬甲子坎乙丑離丙寅艮之類三元所泊之干支每元各異要將本宮所泊干支逐一逆數看係何干支到山入中順飛與八山生剋何如如上元甲子泊在坎隨宮數去乙丑離丙寅艮丁卯兌如此逆挨數至坎上得癸酉即以癸酉入中順佈則甲戌乾乙亥兌丙子艮順排一周看山係何山値何干支即以所値干支之納音與八山較生剋生山者吉剋山者凶

又當與本宮原坐星殺合論或爲生見生或爲生見殺或爲旺見生或爲旺見退禍福霄壤一一參詳此所謂專臨之名也

此二節申明專臨之名句

如上元甲子在坎是甲子爲原坐星由坎逆數到坎爲癸酉遂以癸酉入中順飛到坎爲戊寅即以戊寅與原坐甲子合論生剋如前飛來泊宮之坐星與此山爲生而後飛到之星與山又相生是爲生見生如相剋則爲生見殺若前飛來泊宮之坐星與此山爲旺而後飛到之星與

山收相生，是爲旺見生，如被坐星相剋，是爲旺見退。生、旺、退、殺，禍福有霄壤之分，不可不細審也。

統臨專臨皆善，吉莫大焉。統臨不善，而專臨善，不失爲吉。統臨善，而專臨不善，不免於凶。然凶猶未甚也。若統臨專臨皆不善，斯凶禍之來，莫可救矣。

此一節，總束統臨專臨，而尤歸重於專臨。

至於流年干支，亦入中宮順飛，以考八山生旺。如其年不得九星之吉，而得歲音之生旺，則修動亦獲吉徵。

此一節，中明太歲入中二句。

如甲子年，甲子入中，乙丑乾，丙寅兌，順飛八山，將其納音與八山較生旺。如坎山屬水，甲子納音金，爲金生水吉。乙丑乾，乾上係坎山，二黑方土生金，爲洩氣，餘可類推。八山俱有流年九星入中，從中宮順飛八方，各有生旺退殺之辨，倘此年到山之星不吉，而太歲干支之納音，與山或生或旺，則修理動作，亦可獲吉也。

禽星穿宮當先明二十四山入中之星。巽角木、辰亢金、乙氐土、卯房日、甲心月、尾火、寅箕水、艮斗木、丑牛金、癸女土、子虛日、壬危月、室火、亥壁水、乾奎木、戌婁金、辛胃土、酉昴日、庚畢月、觜火、申參水、坤井木、未鬼金、丁柳土、午星日、丙張月、翼火、巳軫水、各以坐山所值之禽星入中順佈以論生剋。但山以辰戌分界定其陰陽。自乾至辰爲陽山陽順佈。自巽至戌爲陰山陰逆行。星生宮者動用與分房吉。星剋宮者動用與分房凶。

此一節申明管山星宿句。

流年之禽星。則以值年之星入中宮。陽年順飛。陰年逆飛。而修造之休咎於此可考。

此一節申明每年禽星二句、流年禽星是本年所值之禽星也、其起例以日、月、火、水、木、金、土、七宿順排周而復始、即知值年爲何宿、又以虛、鬼、箕、畢、氐、奎、翼、七宿周而復始、即知值年及管事之宿矣、如上元甲子年、畢宿值年、畢月烏是太陰禽起坤、爲一周、戊辰又從乾上起休、己巳艮上起休、爲復始、其輪法、卽干支、陰山陽山、陽順佈、陰逆行也、中元甲子、坎上起休、輪法照上元、下元甲子、艮上起休、輪法照上中元、

論流年係何宮起休門亦論其山之陰陽順逆如寅甲爲陽陽主順乙卯爲陰陰主逆但取門奇門也生宮宮門比和爲吉宮剋門次之宮生門則凶門剋宮則大凶

此三節、申明八門加臨句、

八宮起休之法、在分二十四宮之陰陽、以爲順逆排去、就震宮一局論之、震分甲、卯、乙、三山、如本年、當年震上起休、則甲、卯、乙、三山、俱起休門、但其中、甲係陽干、爲陽山主順、則震休、巽生、離傷、坤杜、兌景、乾死、坎驚、艮開、乙係陰干、卯係陰支、爲陰山主逆、則震休、艮生、坎傷、乾杜、兌景、坤死、離驚、巽開、若奇來生宮、得生氣、如休到木宮之類、宮與門比和、得旺氣、如休到水宮之類、皆吉、宮去剋門、爲死氣、如休到土宮之類、次凶、宮去生門、爲洩氣、如休到金宮之類、主凶、門來剋宮、爲殺氣、如休到火宮之類、大凶、

九星弔替者如三元九星入中飛佈均謂之弔而年替年月替月層替方

門替間皆以替名

自此以下五節俱申明九星弔替多方句此節又總提弔替各法

如上元甲子年一白入中宮輪至子上乃歲支係六白卽以六白入中飛佈八方視其生剋而支上復得二黑是年替年也

此一節申明年替年句

子隸坎宮一白入中坎上飛到六白子係甲年之支故以歲支之六白入中而坎又飛到二黑是以年替年之法也

又如子年三月六白入中宮輪至辰上三月建係五黃卽以五黃入中宮輪見八方伏位而月仍復四綠是月替月也

此一節申明月替月句

三月建辰子年三月六白入中七乾八兌九艮一離二坎三坤四震五巽辰隸巽以月支五黃入中周圍輪佈而月支辰巽上仍係四綠到宮是以月替月之法也　月白每年起法訣曰四仲之年正月八四孟二黑却相逢若問四季如何取正月黃星逆數通如子午卯酉爲四仲年

正月八白入中二月七赤入中三月六白入中四月五黃入中五月四綠入中六月三碧入中七月二黑入中八月一白入中九月九紫入中十月八白入中十一月七赤入中十二月六白入中每月逆數九星寅申巳亥爲四孟年正月二黑入中二月一白入中每月逆數九星辰戌丑未四季年正月五黃入中二月四綠入中每月逆數九星凡此星入中則當令不可動其原坐本方如五黃入中不作乾坤艮巽蓋五黃入中四面八方此月俱不宜動作也此名暗建殺爲伏吟即大月建犯必損人此殺最烈紫白太陽大䐚俱不可解雖隔河亦忌神殺之凶此爲最矣

如二層屋下元辛亥年五黃入中六白到乾以六白入中輪佈八方論生剋是層替方也

此一節申明層替方句

又二層屋二黑居中如開離門則六白爲門星辛亥年五黃入中見九紫到門剋原坐金星復以九紫入中輪數八方而六白到坤及第七間是門替間也

此一節申明門替間句

此用九星分層故層屬二黑以二黑入中六白到離開離門則六白爲門星下元辛亥年年白五黃入中九紫到離離門原坐星是六白今流年飛九紫到離來尅原坐金星卽以九紫入中一到乾二到兌艮離坎坤逐一挨去坤上得六白矣九紫入中卽從第一間起九紫二間一白三間二黑四五六七挨去第七間是六白此以門替間之法也

此河圖之妙用運令之災祥無不可以預決矣

此一節總結河圖運令之妙

紫白訣下篇

訣一作斷、一作賦、宅譜指要、元合會通錄之、又有鮑士選註本、茲仍錄姚、以較諸家註解爲詳也。

四一同宮。準發科名之顯。九七合轍。合轍一作穿途常招囘祿之災。二五交加。罹死亡並生疾病。原作而損主、亦且重病三七疊至。被刦盜更見官災。

此節總提九星同宮、分別吉凶。

四綠一白、同到曰同宮、如坎宅一白入中、流年又四綠入中、坎宅艮方是四綠、流年又一白到艮、巽宅四綠入中、流年又一白到中宮、巽宅一白到坤、流年又四綠到坤、均爲四一同宮、一白爲官星、一作魁星、四綠爲文昌、故發貴、九紫七赤、同入中宮、或同到一方位、名曰合轍、九紫爲後天火星、七赤是先天火數、故主火災、二黑與五黃、同入中宮或同到方位、曰交加、二黑爲病符、五黃爲廉貞、故主死亡疾病、三碧七赤同入中宮、或同到方位曰疊至、三碧爲蚩尤、七赤爲破軍、故主盜訟。

蓋四祿爲文昌之神。職司祿位。原作天輔太乙一白爲官星之應。主宰文章。原作牙笏文章還宮復位固佳。交互疊逢亦美。

一白之宅與方、流年又一白到、四綠之宅與方、流年又四綠到、名爲還宮復位、一白之宅與方、流年遇四綠到、四綠之宅與方、流年遇一白到、名爲交互疊逢、餘可例推。

故三九、九六、六三。惟乾離震攀龍有慶。而二五八之位。（原作位間）亦可蜚聲。

三、九、三碧、九紫也、震宅三碧入中、乾方是四綠、遇流年九紫入中、乾方是一白、離宅九紫入中、乾方是一白、遇流年三碧入中、乾方是四綠、則三九之宅、乾方四一同宮、九、六、九紫、六白也、離宅九紫入中、離方是四綠、遇流年六白入中、離方是一白、乾宅六白入中、離方是一白、遇流年九紫入中、離方是四綠、則九六之宅、離方四一同宮、六、三、六白、三碧也、乾宅六白入中、震方是四綠、遇流年三碧入中、震方是一白、震宅三碧入中、震方是一白、遇流年六白入中、震方是四綠、則六三之宅、震方四一同宮、乾離震攀龍者、言三九宅、四一在乾、九六宅、四一在離、六三宅、四一在震也、二五八者、二謂第二間、承三九言、震宅三碧入中、即將三碧加第一間上、數至二間是四綠、流年遇九紫入中、將九紫加第一間、數至二間是一白、故二間內、四一同宮、離宅與三碧流年仿此、五謂第五間承上、九六言、離宅九紫入中、將九紫加第一間上、數至五間是四綠、流年遇六白入中、將六白加第一間上至第五間是一白、故五間內四一同宮、乾宅與九紫流年仿此、八謂第八間承上六三言、乾宅六白入中、將六白加第一間上、數至八間是四綠、流年遇三碧入中、將三碧加第一間上、數至八間是一白、故八間內四一同宮、震宅與六白流年仿此、亦可蜚聲者、言非獨乾離震之方位、遇四一可發科名、即二五八之間、亦逢四一、可以蜚聲也。

一七、七四、四一，但坤艮中附鳳爲祥，而四七一之房均堪振羽。

一七、七四、四一，照上節三九等挨法，艮坤中者，艮字承上一七言，艮上四一同宮，坤字承上七四言，坤上四一同宮，中，中宮也，承上四一言，中宮四一同宮也。四七一者，四謂第四間，承上一七言，坎宅一白入中，將一白加第一間上，數至第四間是四綠，流年遇七赤入中，將七赤加第一間上，數至第四間是一白，故四間內四一同宮，兌宅與一白流年仿此。七謂第七間，承上七四言，兌宅七赤入中，將七赤加第一間，上數至第七間是四綠，流年遇四綠入中，將四綠加第一間，上數至第七間是一白，故七間內四一同宮，巽宅與七赤流年仿此。一謂第一間，承上四一言，巽宅四綠入中，將四綠加第一間上，流年遇一白入中，將一白加第一間上，故第一間內四一同宮，坎宅與四綠流年仿此。附鳳振羽者，飛騰之意也，亦言四一到間之妙。

八二、二五、五八，在兌巽坎登雲足賀，而三九六八之屋俱足題名。

八二、二五、五八，照前三九等挨法，兌巽坎者，兌字承上八二言，兌上四一同宮，巽字承上二五言，巽上四一同宮，坎字承上五八言，坎上四一同宮。三九六者，三謂第三間，承上八二言，艮宅八白入中，將八白加第一間上，數至三間，是一白，流年遇二黑入中，將二黑加第一間上，數至三間，是四綠，故三間內四一同宮，坤宅與八白流年仿此。九謂第九間，承上二五言，坤宅二黑入中，將二黑加第一間上，數至第九間，是一白，流年、遇五黃入中、將五黃、加第一間上、數至第九間、是四綠、故九間內、四一同宮、中宮、與二黑、流年仿此、六、謂第六間、承上五八言、五黃局、五黃入中、將五黃、加第一間上、數至第六間、是一白、流年、遇八白入中、將八白、加第一間上、數至第六間、是四綠、故六間內、四一同宮、艮宅、與五黃、流年仿此、俱足題名者、言三九六間、與兌、巽、坎、俱主發貴也、

沈註。三九九六六三、二七七四四一、八二二五五八、此三節爲前人所未道破、實卽指中宮山向之飛星也、第一節爲六運之艮坤寅申兩局。第二節則四運之艮坤寅申。第三節乃指二八兩運之未丑。蓋皆山向當旺之局也。僅舉坤艮兩卦者。因坤艮爲生死之門。舉一反三之義焉爾。

遇退殺可無嫌。逢生旺而益利。年與運固須並論。運與局尤貴參觀。

此極贊四一二星、到方到間之妙、而又提出看法、局運年俱當並重、鮑云、局者、向首承氣之局也、

運氣雙逢分大小。年月加會辨三元。

如上元一白，管運六十年，此大運也，前甲子甲戌二十年，小運亦是一白，是運宜分大小也，各元類推，每歲交接加會，要辨明上中下三元之星，各有不同，如同一甲子，上元在坎，中元在巽，下元在兌之類，

但住宅以局方爲主，層間以圖運爲君。

住宅由局方上論九星，是以局方爲主也，談云水在離宮爲坎局，在兌宮爲震局，蓋朝南爲坎宅，朝西爲震宅，宅論坐山也，層與間之得運失運，以河圖五子運爲君，五子運者，即甲子十二年水，丙子十二年火，戊子十二年木，庚子十二年金，壬子十二年土，比較生尅以判吉凶。

故坤局兌流左輔運，臨科名獨盛。艮山庚水巨門運，至甲第流芳。下元癸卯，坎局之中宮發科。歲在壬寅，兌宅之六門入泮。

坤局、二黑入中、兌上是四綠、左輔八白也、交八運、兌上飛到一白、是四一同宮、故科名獨盛、艮山八白入中、兌上是一白、巨門二黑也、交二運、兌上飛到四綠、亦四一同宮、故甲第流芳、下元癸卯年、四綠入中、坎局本一白入中、是年又四綠入中、是四一同宮、故主發科、兌宅七亦入中、六白飛到巽、是巽爲六門、下元壬寅年、五黃入中、四綠到巽、故曰兌宅之六門入泮、此言四六同到、文曲武曲會合亦妙、但只入泮、不能發科者、未得一四同宮故也、

此白衣求官秀士赴舉。推之各有其法。而下僚求陞廢官思起。作之亦異其方。

此以上、總申明上文、四一同宮意、

求官、重一白官星、求名、重四綠文昌、方法各有不同、

夫殺旺須求身旺。爲佳造塔堆山。龍極旺宮加意。

殺位強盛、當於龍局宅、生旺之方、堆高、蓋生方高、則洩殺氣、旺方高、則助主山、但言龍者、省文也、

制殺不如化殺。爲貴鐘樓鼓閣。局山生旺施工。

此二節、總提下文、各殺、必須制化意、

如坎局以土爲殺、金爲生、水爲旺、遇土殺、當於金水二方、起金水星體之樓閣、或用宅主金水之年命、或用金水年月日時、則土來生金、貪生忘剋、兩水比和、身強自不畏剋、雖不與殺爲敵、殺自不能爲害、此化殺之謂也、

七赤爲先天火數。九紫爲後天火星。旺宮單遇。動始爲殃。煞處重逢。靜亦

肆虐。

先天之數、二七爲火、故七赤、爲先天火數、九紫隸離、離象爲火、故九紫、爲後天火星、俱主火患、如局山旺方、七赤九紫只到一位、動作則火發、不動則無虞、在局山殺方、而又二星同到、卽不動作、亦主火發也、

或爲廉貞疊至。或爲都天加臨。卽有動靜之分。均有火災之患。

廉貞五黃也、都天十二戊己最凶、紅羅紅舌主火、如七赤九紫上、五黃又到、都天又臨、衆煞相聚、是爲羣醜會集、無論動與不動、均有火災、

是故亥壬方之水路宜通。通者閉之。則登時作祟。右弼方之池塘可鑿。鑿者塡之。則隨手生殃。

亥壬二宮屬水、水可制火、故不可閉、閉則火無水制、右弼九紫方也、火方有水、所以制火、故不可塡、

廟宇刷紅。在一白煞方。尚主瘟火。樓臺聳峻。當七赤旺地。豈免炎災。

廟宇、紅色屬火、在一白方、似乎有制、豈知一白是局山上煞地、煞地見火、水不能制、故瘟火不免、七赤在旺地、已主發火矣、若於七赤上、高造樓閣、火災烏能免哉、

建鐘樓於煞地。不特亢旱常遭。造高塔於火宮。須知生旺難恃。但一宮而二星同到。必片刻而萬室全灰。

局山之煞地、巳是凶方、又建鐘樓、鐘鳴則催動殺氣、不但患火、且犯訟病、九紫七赤本是火宮、雖在局山生旺之方、但高聳則火星強盛、況塔形尖利、又是火形、生旺何可恃乎、若九紫七赤會於一處、火災之慘徧地皆紅、

巽方庚子造高樓。坎艮二局俱焚。而坤局之界不犯。

庚子、中元也、是年四綠入中、七赤飛艮、九紫飛坎、一白飛坤、巽方本九紫火星之位、造高樓則火動、艮之七赤、爲先天火數、坎之九紫、爲後天火宮、流年飛到之星最重、故坎艮俱焚也、坤上流年是一白飛到、水能制火、故可不犯、此就坎離定位、分八方方隅也、

巳上丙午興傑閣。巽中離兌皆燼。而艮局遠方不侵。知此明徵。不難避禍。

此以上、總申明前九七合轍句意、丙午、中元也、是年七赤入中、故中宮被火、九紫到兌、故兌亦被火、二黑到離、二亦先天火數、故離亦被火、巽方本九紫火宮、於此造閣、所謂動始爲殃也、艮上流年一白到、可制火星、故遠則可免、此亦就坎離定位分方隅也。

正煞爲五黃不拘臨方到間人口常損病符爲二黑無論流年小運疾病叢生五主孕婦受災黃遇黑時出寡婦二主宅母多病黑逢黃至出鰥夫

五黃中央土、爲正關煞、故最凶、二黑隸坤、爲病符星、故主病、五黃爲陽土、二黑爲陰土、主肚腹、故孕婦應災、黃上加黑、陰壓陽也、故出寡、二黑隸坤、坤爲老母、故應宅母、黑上加黃、陽壓陰也、故出鰥、

運如已退廉貞逢處眚不一總以避之爲良運若未交巨門交會病方深必然遷之始吉

廉貞五黃也、已失生旺運時、遇之災難畢至、惟避爲良、巨門二黑也、未交生旺運時、見之病不能免、惟遷始吉、

此以上、總申明、前二五交加句意、

蚩尤碧色好勇鬥狠之神破軍赤名肅殺劍鋒之象是以交劍殺興多刦掠鬥牛殺起惹官刑七逢三到生財豈識財多被盜三遇七臨生病那知病愈遭官

三碧爲蚩尤、喜門爭、七赤爲破軍、主肅殺、三碧遇六白、爲金見金、名交劍煞、三碧遇坤艮、爲木剋土、名門牛殺、三碧木來、被七赤金剋、我剋爲財、但七赤是賊星、故主被盜、三碧木、遇七赤金來剋、剋我則病、三碧喜戰鬥、故又遭官、

運至何處穿心。然煞星旺臨。終遭刦賊。身強不畏反伏。但助神一去。遂見官災。

三七、對冲曰穿心殺、旺者、如三碧值木運、七赤值金運、煞遇旺爲得令、故刦賊在所難免、反吟與穿心煞同、卽對宮相遇也、若三又見三、七又見七、爲伏吟、助神、助局宅之神也、助神去則身弱、而煞旺、官災必不能脫矣、

此以上、總申明、前三七叠臨句意、

要知息刑弭盜。何須局外搜求。欲識愈病延年。全在星中討論。

此節、總提吉凶、總在局星上見、

更言武曲青龍。喜逢左輔善曜。六八武科發跡。否亦韜略榮身。八六文士參軍。或則異途擢用。旺生一遇已吉。死退雙臨乃佳。

武曲、六白、左輔、八白、俱爲吉宿、六遇八、主發武、八遇六、主發文、如在局上、爲旺、爲生、或六、或八、有一星到、卽吉、如在局上、爲死、爲退、則六八同到始佳、

九紫雖司喜氣然六會九而長房血證七九之會尤凶四綠固號文昌然八會四而小口殞生三八之逢更惡

六白金、遇九紫火剋、故主血證、六白屬乾、乾爲老父、故應長男、七赤金、遇九紫火剋、理應少女受災、六白是吉星、逢剋已凶、七赤是破軍惡曜、故尤凶、八白土、遇四綠木剋、八白艮、爲少男、故應小口、八白土、遇三碧木剋、亦主小口不利、四綠是吉星、逢剋已凶、三碧是祿存惡曜、故更惡也、

八逢紫曜婚喜重來六遇輔星尊榮不次如遇會合之道盡同一四之中

八白、本吉星、九紫、又喜曜、九紫火、來生八白土、故主婚喜重來、六白本吉宿、八白又善曜、八白土、來生六白金、故主不次之擢、會合、謂二星同度也、吉星同度、其吉徵與四一同宮者、同也、

欲求嗣續紫白惟取生神至論帑藏飛星宜得旺氣

紫白吉曜、生主發丁、如九紫火來生土、一白水來生木、六白金來生水、八白土來生金、均爲生神、加紫白故發丁、飛來旺星、皆紫白吉曜、旺星來、主發財帛、

二黑飛乾逢八白。而財源大進。遇九紫則瓜瓞緜緜。三碧臨庚逢一白而丁口頻添。交二黑則倉箱濟濟。先旺丁後旺財。於中可見。先旺財後旺丁。於理易詳。

此以上、中明前息刑弭盜句意、坎宅二黑飛乾、二黑土也、遇流年八白土亦到乾、土見土爲旺、八白又爲吉曜、故主發財、二黑土、遇九紫火來生、九紫是吉曜、故發丁、坎宅三碧飛兌、三碧木也、遇流年一白水亦到兌、水生木爲生、一白又吉曜、故發丁、三碧木去剋二黑土、我剋爲財、故交二運主發財、此數句均應上節四句而言、凡生星先到、旺星後到、則先發丁、而後旺財、旺星先到、生星後到、則先旺財、而後發丁、

木間逢一白爲生氣添丁不育必因星到艮坤火層遇木運爲財宮官累不休必是年逢戌亥故遇煞未可言煞須求化煞爲權逢生未可言生猶

懼恩星受制

一白水生間一白爲子星主生子又遇八白土來尅故主添丁不育木運能生火層故發財但火墓於戌絕于亥故交戌亥年主官災如遇水爲煞則用木洩之用土尅之所謂化煞爲權也遇水爲恩或土尅之木洩之火退之所謂恩星受制也餘類推

但方曜宜配局配坐山更配層星乃善門星必合山合層數尤合方位爲佳

凡八方飛到之星要與局山層上配合生旺各間輪到之星要與山層方上配合生旺

蓋在方論方原有星宮生尅之辨復配以山之生死局之旺衰層之退殺而方曜之得失始彰

在方論方者言就本方之星論生尅也如本方爲坎遇六白七赤飛到金來生水爲生遇二黑八白星到土來尅水爲尅八方皆然或生或尅必須辨之更以方星與山局層較論生旺則得尅洩則失

就間論間固有河圖配合之殊再合以層之恩難山之父子局之財官而

間星之制化聿著

就間論間者言就本間之星論生尅以河圖之數與之配合如一間水二間火之數水間遇金水星吉遇土木星凶更以層山局與間星較論生我者爲恩尅我者爲難生我者爲父我生者爲子我尅者爲財尅我者爲官如遇尅殺退洩則用制化之法

論方者以局山層同到觀其得運失運而吉凶懸殊

將方與局山層飛到之星合河洛二運觀其得失得運則吉失運則凶大相懸殊也

論間者以運年月疊至徵其得氣失氣而休咎迥別

將此間看値河洛何運年星又値何星其星在生旺運中則得氣在尅洩運中則失氣得氣主休失氣主咎兩途分判各不相同

八卦六白屬金九星二黑屬土此號老父配老母入三層則木來尅土而財少入兌局則星到生宮而人興更逢九紫入土木之元斯得運而主科名財丁並茂

河圖八卦方位乾位西北屬金洛書二黑屬土二黑到乾土來生金故善乾金喜二黑來生矣若乾宅屋造三層屬木二黑飛到刦被木尅不

能生金，故主財少。兌局屬金，二黑飛到則土來生金，主發丁。故八與九紫屬火，元運値木，木生火爲運生星；元運値土，火生土爲星生運。星運相生，所以丁財貴均發也。

河圖四間屬金，洛書四綠屬木，此爲河圖尅洛書。入兌方則文昌破體而出孤，入坤局則土重埋金而出寡。若以一層入坎震之鄉，爲得氣而增丁口，科甲傳名。

此以上總論層間星之吉凶。河圖水一火二木三金四，第四間屬金；洛書一白二黑三碧四綠，第四間屬木。是河圖之金尅洛書之木，而又在兌方，兌屬金，金又尅木。四綠爲文昌，被尅則體破。四綠位巽爲稺木，受兌尅，兌爲女，女強則尅夫，而稺木受災，故出孤。四間金屋在坤局，坤爲土，土重埋金，土勢強矣。坤爲老母，勢強尅夫，故出寡。一層屬水，若在坎方則水見水爲旺，在震方則水層生木方，爲生。層方互爲生旺，始爲得氣，發丁發貴，理必然也。

局爲體，山爲用；山爲體，運爲用。體用一元，合天地之動靜。

先看局，就局上分別山之吉凶，是局爲體山爲用也。先看山，由山上分別運之與山生旺退洩何如，是山爲體運爲用也。體主靜，用主動，局山

能合生旺則體用合一矣得天動地靜之道也

山爲君層爲臣層爲君間爲臣君臣合德動神鬼之驚疑

君主也臣輔也先以坐山爲主某山應配幾層是層從山而定者也則山爲君層爲臣先以層爲主幾層應配幾間是間從層而定者也則層爲君間爲臣君臣合德者山與層相生旺而不尅洩層與間亦然是君臣合德矣鬼神有不見而驚異者哉

局雖交運而八方六事亦懼廉貞戊己疊加山雖逢元而死位退方猶懼

局雖交生旺元運而局上八方有六事如流年戊己廉貞凶星重疊而臨亦懼六事宜分內外內六事在宅內如門戶井竈牀房等外六事在宅外如橋梁殿塔亭臺等凡望見照着者皆是雖曰六實不止於六也戊己每年用五虎遁遁至戊巳二方爲戊己煞如甲己之年丙作首甲子年寅上丙寅卯上丁卯辰上戊辰是戊煞巳上己巳是己煞廉貞五黃也山雖交生旺元運而山之死退方有巡羅天罡惡煞加臨最可懼

巡羅天罡助虐

也巡羅每年太歲爲建對宮爲破破爲河魁巡山羅睺是也天罡是奇門內之惡星其法每年從辰上起子逆行遇太歲泊宮即是

蓋吉凶原由星判而隆替乃由運分局運興屋運敗從局召吉山運敗屋

運與從星徵祥

此以上總論局山宜並重星之吉者主吉凶者主凶星果吉矣而又得生旺元運則其吉愈隆星雖吉矣而值死退之元運則雖吉仍替如局得元運而興屋失元運而敗則從局而舍屋山失元運而敗局得元運而興則從局而舍山

發明星運之用啓迪後起之賢神而明之存乎其人也

此節總收通篇大旨而示叮嚀告誡之意

則先謹按。右紫白訣上下兩篇。今之治陽宅者。多宗之。篇中於圖書氣運體用參詳。局山層間吊替多方。大旨不外以九星。辨生旺退殺。而以氣運判盛衰興廢。華亭姚氏。稱此訣應驗如神。意者其合於玄空活潑之妙用乎。然玄空之用。下卦起星而已。吉凶悔吝辨之於飛星之間。其法、由於按運立極而求山向兩星入中、分陽順陰逆以飛佈八方。今按姚氏所註。乃此訣可不論起造元運。與二十四山之陰陽。僅將八宅坐山入中順飛一盤即爲坐定宮星其構成推考之星局如此簡單似遠遜玄空大卦三般挨法之精密豈理氣中別具一格耶善哉　沈公之遺註發前人所未發證明三九二七八一三節乃指六四二八運艮坤兩卦山向中宮之飛星因思舊註殆未盡得作者之眞詮故表而出之俾學者知所印證以免膠柱而鼓瑟爾

八宅天元賦

蔣大鴻著

元天垂象九霄開梵氣之中大地炳靈九野兆坤維之紀龍馬以河圖啓瑞神龜以洛書效珍剖混沌之先機昭乾坤之大法自然妙化至人因之建都邑以御萬邦授室廬以綏兆姓明堂九室見於月令之文方井八家考之徹田之制（此段統論象數之始）粤稽黃帝始創宮室我祖文公爰營洛邑當時著爲憲令後世遵爲遺規生民日用而不知聖人先知而不議秦火之後典籍蕩然千聖不傳之心一綫寄諸哲士黃石授之圯上乃出靑囊蕭相功成未央大開北闕逮於管郭微言莫稽比及楊曾正術始顯嗣後僞書雜出異軌爭馳家造滅蠻之經人排掌中之卦詞能害志僞且亂眞斯固世道之衰微抑亦天機之隱祕不得雲陽之訣豈知幕講之傳（此統論地理之流傳、而歸重於無極、得傳於幕講爲正宗、幕講爲吉安劉達僧之高弟、無極實得幕講之傳、以續楊曾之緒者也、）萬世洪荒一朝剖破。（統結以上二段）坐山定宅宅既不眞東西分宮宮亦全謬五鬼六害豈皆絕命之神生氣天醫不盡延年之路貪狼巨門高聳本是吉星廉貞破軍昂頭詎眞凶曜欲執遊年訣法斷無取驗機關（此辨宅書之非）要明八宅之眞先識九宮之數年分甲子運轉三元上元一白爲君坤震爲輔中元四綠居首五六相承七赤下元艮離裏旺（此指氣數之眞是天元賦正文前後皆發明此祕）春榮秋落莫尋出運之龍陽往陰來須遇本宮之水正偏曲直惟貴格淸廣狹淺深只求位的（此示人以入用之法）形局之糢糊猶可方隅之雜亂難言曠野平原端取流神結體關廂村鎭多將衢路分蹤城隅依城爲憑山谷傍山立局高樓峻宇嶠星借插於鄰家堰閘橋梁動氣交衢乎轍迹墻垣皆能障蔽竹木亦可欄當（此言氣之所到以形而受）總之水爲引氣之神察其來又看兜抱風多動氣之力性主散須用遮闌呼吸須辨陰陽化機總歸一局風之所送卽是水之所交陽之所噓、亦即陰之所吸、交類牝牡、如影隨形、應若宮商、似響斯答、水氣在土膚之上、當以光交、風氣來空虛之中、但隨質取、光交親、憑目覩、質取變有多端、若逢空缺、即爲來、一有遮闌、旋作止、辨明止來二氣、方知噓吸眞機、此言風水二者、分道揚鑣、殊途同軌、更有宅神、尤多妙用、權衡內外、變化吉凶、蓋內氣是宅內之方隅、外氣是宅外之風水、內外俱凶成廢宅、內外俱吉是仙宮、外凶內吉、謹許小康、外吉內凶、難除瑕玷、此言曠野一家之宅、非言城市比屋之居、論曠野居宅、但辨吉凶二氣、凡宅皆同、俱宜分淸者也、若夫接宇連甍、尤重升堂入室、略陳矩矱以備推求、大體先論宅形、機括更看門路、四方正直、備有八宮、區闊直長、偏居二卦、一曲須論首尾、三灣亦取兩頭、長短消除、廣狹轉變、均齊方正、有左衰右旺之時、缺曲偏斜、辨此濁彼淸之界、卦有定理、格不一方、此論接宅法、而一曲首尾、三灣兩頭、二語、尤千古傳心之祕、最宜詳玩之也、假如震兌橫若几樣、二卦適均艮坤折若磬形，兩宮並至，試問門開何地，乃知氣入之源；嚴搜內室何方，始定歸根之路。若門通前後，則卦不一家，更臥室居中，則氣收兩舍。此論形異、則氣別也。向兼寅甲，坐雜亥壬，東房富則西房必貧，南枝榮則北枝定萎。察重輕於門路，測深淺於卦爻，析爨乃彰，合居不判。此分一宅榮枯、而以出卦兼爻爲戒也。欲較門之力量，亦辨宅之形模。方宅四周，門通八國，如其曲折，難以推移。坤向深沉，兌離二門皆不應；正南重疊，巽坤兩戶總無憑。門若居中，左右截然分氣；門如旁啓，一邊獨領眞情。全憑內路之曲折直長，引神入室；幷審旁門之有無純雜，漏氣奪胎。總之多門不如一門之專精，遠路豈同近路之親切。總門統一家之隆替，房門辨夫婦之安危。此論門路。別有男女弟昆，驗分居之房闥；下至婢奴妾媵，據所授之一廛。萬花谷裏，豈無一樹先零；數罟池中，亦有鯨魚漏網。此論大小男女、主奴之房室。宅大則所招之勢必遠，宅小則所受之氣亦微。總求領氣爲樞機。細審眞方分順逆。（此論大宅、小宅收氣之厚薄。）改一門頓分枯菀。移一巷立判災祥。拆屋添房。看取東宮西舍。整新換舊。須知旺位衰方。（此論修改之法。陽宅氣從門入。儻有失元之地。改一旺門。便能起衰。得元之地。行一衰門。便至減福。尺寸之間。不可不愼也。凡開門。當問其起造之年。是何時。用飛星掌訣。審明某方最旺。宜開門。而所開之門。又必與目前最旺之運相合。方可起衰。若但知門旺。而本宅所造之元運。在或尅或洩之方。反見凶煞。所謂改門。宜從旺方。開旺門也。）或彼家吉而此家凶。或昨日興而今日替。其機可畏。其理難明。歎肉食之終迷。遇眞詮而罔覺。有宅於此。吾所共疑。何祖父顯而末祚中微。何舊主傾而更姓驟起。亦有弟肥兄瘦。豈無主弱奴強。愚人不識氣機。輒議全無宅法。不見芳春綠蓐。隕秋霜而自凋。譬諸大旱赤苗。沛甘霖而立起。吉人趨其景運。薄祚遘其衰時。實有天心。適符地脈。此理捷於影響。至人祕而不傳。（此示人審運。以趨吉避凶。宮室不同。與生人之命相似也。）世重葬經。每輕宅相。夫反氣入骨。固人道報本之常經。立命安身。亦孝子守身之本務祖先實以後昆爲血脈邱墓反以住宅爲安危其理甚微不可不察且死者已枯之骨非歷久而不榮生人食息之場隨呼吸而立應欲求朝琗暮榮之術須識移宮換宿之奇歷試不渝吾言若契（此以陰宅比論）將此重任愼簡其人苟非同天地之心何以通造化之妙按圖索驥難悉端倪觸類引伸粗陳大概省察之機寓乎目變化之巧因乎心書不盡言言不盡意果精其術眞堪羽翼斯民克守遺規庶以延長世澤至理不易上士何由傳之下愚天道無私祖父豈敢貽其孫子我滋懼矣尙愼旃哉（總結通篇）

魏柏鄉相國家藏有傳家得一錄蔣公得之武夷道人始著此賦其發明天元精奧全豹可窺視五歌更爲細密同志者寶之

光緒丙戌錢唐沈竹礽錄

從師隨筆

會稽姜垚汝皋甫著

胡伯安藏
曹秋泉校

姻戚某氏其家廣延地師十餘年得一地堂局極美康熙二十三年甲子扦時在一運係壬山丙向葬後不一年全家患疫死子姓爭產訟事至今未息杜陵夫子來登山觀之笑曰地固美惜犯反吟伏吟葬之禍至無日矣

垚問珠寶火坑之別師曰通則爲珠寶不通爲火坑而或輕或重正在珠寶火坑之間在人心悟而已諺云我葬出王侯人葬出盜賊同一山水在辨之早也

垚問納甲之法與挨星合否師曰是一是二今之所謂納甲不過言其體爾用玄空方是眞納甲

我師在魏相國家中。得祕笈諸法。皆能了了。獨於北斗打劫未載。故注天玉經。不敢明白載明。一日告余北斗打劫。即坎離二卦是也。余窮思深究。知用坎者。與巽兌成三般卦。用離者。與乾震成三般卦。再問之先生微笑。僅謂子可與言道矣。思過其半矣。

甲子年杜陵夫子。爲劉姓卜壽藏。圖中註明甲申後二十年。除力士五黃加臨外。年年可葬。惟不可兼巳亥。兼則氣不純。余詢師何故。但笑而不答。則按甲申後二十年二黑主運乾巽當旺、不可兼巳亥者蓋兼則二黑入中故耳

丙寅年復爲余家卜一地。圖說亦如是。固詢之師。曰。子學尚不足以語此以待來年。

戊辰年杜陵夫子又遊越。余又詢之。師曰。兼則宜用坤壬乙訣。不兼下卦可耳。余始恍然。自後余從事奧語。開山有斧矣。惟奧語僅言十二山。且

非字字可以起星其他十二山總未能得其口訣時我師將葬親於餘姚無貲購地余以二千金報之使者歸授余以子癸並甲申口訣二十八句乃知子癸甲申貪卯乙未坤壬巨辰戌乾亥巽巳武酉辛丑艮丙破午丁寅庚弼來書諄諄告戒謂此祕中之祕惟子可以知之慎勿洩漏一二也余得此訣後乃註奧語

庚午年奧語告成杜陵夫子又來越謂余註識掌模二句未免顯露乃改正之

城門一訣可以意會不可言傳今二運有壟酉山卯向以艮方有水作城門杜陵夫子以同元可用因此氣無異中宮之氣亦猶城門也然余思之八國城門鎖正氣當用八國爲然

杜陵夫子謂楊聖倒杖之法並無第二法門不過知元運旺於何宮在何

宮㙢之則自然之陰陽已得何必再用羅盤

杜陵夫子謂最難識得者是天心然天心在我掌中我欲如何天心便如何此所謂人力勝天也

江浙近日僞法日出最奇者爲起星之法自辨正出始有王道可循矣師囑余作歌以正平砂玉尺之謬歌中僅言裝卦未言挨星也

向首天盤一字入中謂之囚囚則爲禍甚烈勝於上山下水我鄉趙姓一地巽山乾向元至正四年㙢二運㙢後出尚書二人科甲迄今未絕此等山向氣運最短何以如此綿長懷疑既久同師相之師曰前面有水放光此囚不住也反作悠久論

凡到山到向之地則向星天盤之字入中爲囚雙星會合向首則以向盤飛星到山之字爲入囚此杜陵夫子所恆言也

杜陵夫子。每謂今日僞學所持之蔣盤。在起星一層。除坤壬乙艮丙辛巽辰亥甲癸申十二字外。子祿丑弼寅輔卯祿巳文午弼丁輔未祿庚輔。酉弼戌文乾文。無一字合法。指爲余所定。妄矣。

一日從杜陵夫子遊飢甚。見一老者道貌岸然。向乞食焉。入其書齋。置羅盤於几上。老人見之。未通姓氏。卽駁此盤之誤。老者乃持一盤出。曰此蔣先生盤也。其用法惟吾知之。奈天律有禁不可妄傳也。余詢老者何處見蔣。答曰昔年官吳中。執贄爲弟子。此盤先生所親授者也。師大笑不止。余年少不能忍。乃曰此卽杜陵先生也。老者力詆余之謬。時師手中執柏鄉相國所書便面。始通姓氏。且與余家有年誼。殺雞爲黍而肅客焉。席間談當時爲人所紿情形。狀甚懊喪。次日相其所卜墓兆。所扦者咸誤於星卦混合。故塋後家道日見蕭條云。老者乃隨師來余家。信

宿始歸師授以顛顛倒一訣

余同門丹陽張孝廉仲馨號野溪師授以天星選擇謂之曰巒頭不佳理氣不合天星亦無用巒頭本也理氣末也天星末之又末也

夫子寡言笑一日謁黎洲黎洲未之奇也我師從不二謁黎洲自卜壽藏我師時在餘姚遣其子百家持圖請我師鑒定師卽信手書數千言反復論其地之不合時宜黎洲見之曰何蔣生之深於易哉次日訪師於寓次堅請卜地時欲歸雲間固辭焉

我師嘗謂得吾術者時時當凜天律之可畏宜效金人之三緘不漏片言如有狂妄子弟妄詆吾術其人必有陰惡汝輩萬勿計較姑聽之可也

一日余從夫子在昌安門外見某家下葬土工皆曰蔣先生來矣主人問蔣爲誰土工皆曰地仙也地師數輩咸嗤以鼻謂主人曰卽天機不可

洩漏之蔣大鴻也。若輩見我師曰：如此好地，天之所與也，不費汝洩漏天機。主人並誇其地龍穴山水之美，師唯唯。土工有識余者，默告之曰：地係丑未兼艮坤，前三年蔣先生爲人葬一地，用丑未山向，今其家日見興隆。內中有一地師，欲抄蔣先生老文章，擬用單向，主人與其餘地師皆不敢，聚訟紛紛，始兼三度。師歸，余告之，師曰：主人死矣，犯五黃力士，焉得不損人丁。葬後未五日，主人墮馬死。則按二運己亥年，丑山未向，坐上犯五黃力士，緣是年年星二入中，五到艮，亥子丑之年力士亦在艮故也。

沈孝子，東關人，親死下葬，地師爲之立辰戌兼乙辛山向。夫子與余過此，孝子撫棺大哭，其狀甚慘。師詢觀者，知其孝行，爲之立乾巽向。葬後十年，孝子以商起家，積貲十餘萬，生子數人，皆容貌魁偉，聰明過人。葬時爲上元甲午年年春。二運乙酉（二運）春先生爲商姓塟一地用艮山坤向余等私議以爲上山下水且犯他害（即反伏吟）不知何故用此失時之山向竊問師師微笑但言日後君輩看其如何可也未數年商姓丁財貴三者皆備是年冬又爲王姓扦一地亦用此山向而王姓家道亦日見興盛余再三問之師但笑而不答未知此何術也（則按二運艮坤坤艮全局合成三般卦故吉）

師曰坤壬乙一訣經人妄改已數十種蓋此訣河洛與生成之數變化而成今術士烏能知其奧知此訣非大聖大賢大智大慧者不可然此等人猶非得有眞傳不可如奧語勸君再把星辰辨吉凶禍福如神見天玉經五星配出九星名天下任橫行惟此法見心術端方可偶一洩漏子其識之（今此訣改竄者益多矣）

師又云更有妄人將奧語十二字亦竄改矣大旨舉外傳而言每卦翻出

無論兼與不兼，皆以星起，不以卦起，眞是聾盲評古。（卦起與星起不可混而爲一）

地理精纂

理氣立命說

江陰杜振達藏

理以數言舍數無以知天之理也氣以運言舍運無以知地之氣也因天之理乘地之氣而立命乎其間矣自伏羲辨陰陽畫八卦黃帝作甲子分三元河出圖洛出書而理數與氣運遂爲天地萬物立之命而莫能外夫元會以混沌闔闢爲始終荒遠難稽存而弗論已若三元分運一百八十年周而復始猶一歲之有四時十二月一日之有晝夜十二時易知簡能豈可習焉不察人生自少至老皆以歲計故立命於初生之時日干支而窮通驗焉人死則乘化而歸盡不可歲計故立命於初葬之運數理氣而榮落占焉然則化者之有命與生者同乎曰否生者皆動物本乎天者親上貴賤窮通皆天之所命化者如植物本乎地者親下盛衰榮落則不盡

天之所命也膏腴之地雖隆冬布種不遇天時一旦寒盡春回勾萌畢達磽瘠之區縱方春播種其生不蕃塞磧胡沙夏無青草何者地之氣不齊也人之生天地中也猶嬰兒之在母腹也一呼一吸一動一息無不與天地之氣相通子孫之嗣父祖後也猶木之有根水之有源也根深則葉茂源遠則流長自然之理也堪輿者天地之總名也堪爲天道輿爲地道學者顧名而思義灼然見天之理著乎上地之氣應乎下其道並行而不背則庶乎知命之君子矣

河洛用中說

天地之道一動一靜而已非靜則本體無據非動則功用不彰河圖一六共宗二七同道三八爲朋四九爲友五十居中天數五地數五五位相得而各有合河圖者洛書未分之象也靜也而動寓其間天得一以淸地得

一以貫一者中也是故聖道執中王道建中中之爲用大矣試嘗以洛書數衍之一入中則六居一位七居二位八居三位九居四位一二三四皆生數生者物之始故用一而各得其合焉九入中則四居九位三居八位二居七位一居六位六七八九皆成數成者物之終故用九而亦各得其合焉五爲皇極皇極居中順則靜而爲伏吟逆則動而爲合十是河圖實寓洛書之用總括運數之始終即飛星入中之所由昉也夫地道本靜而乘以天時則靜中一動運盤以當運之星入中義取當旺者貴山向未立太極未分故不論陰陽順飛九宮焉逮山向既立太極已判則必辨陰陽分順逆何也地盤爲體八卦成列象在其中矣運盤爲用因而重之爻在其中矣故陰陽必從運盤定焉天地之氣陽爲舒而陰爲斂四時之序陽主進而陰主退進者順也陽是以順焉退者逆也陰是以逆焉當元正向

取令星必用逆做大易逆數之例也向必用逆山或用順者山以數往向以知來數往者順知來者逆也九宫合十不畏反伏河圖五十居中洛書縱橫十五不用十而用五無非十也自令星入中起運觀其陰陽逆順乘以山向兩盤所謂參伍以變錯綜其數也靜盤爲地運盤爲天山向盤爲人配三才而立極也凡三變而觀其會通所謂爻象動乎內吉凶見乎外也陰陽之變何以不從卦而從爻吉凶之機何以不觀運而觀山向運所同也向所獨也卦猶公也爻乃私也山爲體而向爲用令星各歸山向甚善矣二者不可得兼則舍山而取向形勢以龍爲祖理氣以水爲宗山主靜水主動理氣之道純乎用而已矣

九宫配斗輔說

嘗考北斗七星魁四星曰璇璣杓三星曰玉衡又爲帝車取運動之義一

曰天樞二曰天璇三曰天璣四曰天權五曰玉衡六曰開陽七曰瑤光而貪巨祿文廉武破其別名也古之言天者如甘德石申巫咸諸家天文別錄大象旁通等書備錄各星之所主掌而詳其吉凶北斗者七政之樞機陰陽之本源也運乎天中臨制四方均五行達四時定紀綱出號令而魁四星中又別有四星曰天理爲之元氣造化萬物者地理因乎天理故堪輿家用以配九宮定吉凶焉斗一星曰貪狼又曰正星主陽德爲本爲天爲帝魁之首也爲文章魁首坎一者正北方之卦也天一生水之始也故貪狼居之其二曰巨門又曰法星主陰刑爲地爲后爲土爲宮室田園坤二者地也母后也萬物皆致養焉故巨門居之三曰祿存又曰令星主律令爲中禍爲火爲徭役其於小人也爲賊動而不居者也動萬物者莫迅乎雷故祿存屬震三焉四曰文曲又曰伐星主天理爲水爲政治號令天

之權也。觀乎人文而化成天下。風以動之也。故文曲屬巽四焉。五曰廉貞亦曰殺星。主中央。盻四旁。殺有罪。爲土。爲火。爲刑罰。中央者皇極也。聖人建中立極。御四方。討有罪。故繫之以廉貞焉。六曰武曲。亦曰危星。主倉庫。爲水。爲金。爲分別賢佞。乾者君也。西北方之卦也。戰乎乾。用武之地也。故繫之以武曲焉。七曰破軍。亦曰部星。又曰應星。主兵。爲金。爲財帛。行軍視其所指。宜向不宜背。兌者正秋也。肅殺之氣也。故繫之以破軍焉。由是而七星全矣。斗杓開陽之旁。有輔星。爲丞相。助斗成功者。艮東北方之卦也。萬物之所成終而成始也。故受之以輔。而斗之左又有上輔少輔。其右則爲上弼少弼。離南方之卦也。聖人南面聽下。嚮明而治。必有賚予良弼者。故受之以右弼終焉。

羅經辨

昔黃帝戰蚩尤作指南車羅經之所自昉也堪輿之道由來久矣古人備物致用示其當然不言其所以然後之人學焉不得其要領則往往造爲邪說互相聚訟有謂羅經但宜用十二支不宜配八干四卦者此就地辨方不以之致用可也若夫羅經之爲用本洛書奇偶之數宮析九而爻各爲三則必合天地人三才而達其經權常變何也山水取地理元運乘天時而卜兆者人事也干爲天支爲地卦則與天地合撰而爲人三者闕一則爲不備卦分三爻爻之象何以成四正爲奇天之數也天與地合天包乎地故兩干配一支爲四隅爲偶地之數也地與人合地載乎人故兩支配一卦焉爻之義何由定正者方之常地之經本乎靜者也一君而二民地爲之主故爻居中焉隅者方之變人之權本乎動者也執兩而用中人爲之主故卦居中焉然則天遂退處於無權乎非也方隅之中地與人既

各得其位皇極之中則天心默運焉獨戊己居之故方書有以戊己爲都天之說蓋成位乎中而運乎八方剛健中正天之道也由是合三才而爲一太極矣三才定位兩儀俱陳一三七九陽也陽卦多陰其數與奇配故一陽二陰陽先而陰後二四六八陰也陰卦多陽其數與偶配故一陰二陽陰先而陽後至若河圖爲先天定數水北火南木東金西四方之正位洛書乃後天參變則有乾坤艮巽之四隅先天定數純乎天者也人不得與焉後天參變純乎人者也天亦不得與焉而要皆不離乎地故三才參用四正無八卦四隅無天干四正秉氣之純壬子癸丙午丁甲卯乙庚酉辛五行不雜方以類聚也四隅秉氣之兼則五行不專物以羣分也艮之寅兼木坤之申兼金而從坤艮則皆以土論巽之辰巳兼火土乾之戌亥兼水土而從巽以木論從乾以金論臣從君之令也九宮全體土獨居三

金木各居二水火各居一則又何也河圖之數五十有五而洛書之用四十有五析之以九各得五數較一六與二七水火之數不足於二較三八與四九木金之數不足於三惟五十爲土其數獨盈三五蓋五行之質土最厚而金木皆實水火爲虛凡物之數謙則進盈則退進者長也退者消也水火木金居一居二謙也將進也土獨居三盈也將退也寅申巳亥木金水火之氣初長於乾坤艮巽而各爲母所謂精氣爲物者進也辰戌丑未水火木金之氣潛消於巽乾坤艮而皆爲土所謂游魂爲變者退也是皆造化自然之理經常之道也世之執羅經談堪輿者不求諸河洛理數而求諸穿鑿不經之邪說是猶盲人辨色聾者聆音耳况經常之道若大路然數不過九卦不過八爻不過三星不過斗輔氣不外陰陽消長理不外生尅盈虛用不外天地人三才上中下九運放之則彌六合卷之則退

藏於密人謀鬼謀百姓與能者也乃日用而不知可慨焉夫

經辨

古經奧語云甲癸申貪狼一路行坤壬乙巨門從頭出巽辰亥盡是武曲位艮丙辛位位是破軍四語相傳最古堪輿家不得其旨謬解紛紛甚且妄添四語造爲僞法不知此乃古人總括三元而微示其妙用四語已足包羅豈容復贅蓋六十年爲一元每運分二十年起元必自一始起運必自甲始一二三爲上元之分運六甲五子皆同氣甲乃震之初爻癸申乃坎與坤之末爻舉甲癸申而一二三見焉一白貪狼爲三元之首又爲本元之首欲收上元旺相之氣必由貪狼以次遞及欲收一白運旺相之氣亦必由貪狼以次推行故曰甲癸申貪狼一路行一二三既各有正運即各有令星當令而用事者收旺相之氣在坐山利旺相之用在對向坐山

既收旺氣對向必取令星指二黑運爲例故曰坤壬乙巨門從頭出若乃中元之四五六運一串三運氣象不免偪促而皇極居中不動無跡可尋或謂坎納戊離納己有戊一己九之說或謂戊寄艮己寄坤或謂上元戊寄於艮己寄於坤中元戊寄離己寄坎下元可隨意寄坎離與艮坤者實則河圖之一六二七三八四九如一運一入中八國缺一五即寄之五運五入中山向飛星之盤挨得之星內中缺一即寄五也前言貪狼言巨門皆顛倒其爻參錯其數渾舉一二三之方位而每運各有正向猶未之及此言以巽辰亥爲坐山即四五六運之正向其序秩然不紊而或以武曲爲向或以武曲爲山則武曲實爲中元用事之主故曰巽辰亥盡是武曲位正向既定而陰陽逆順猶未明辨也以下元七運爲例七入中二白壬子癸到艮八艮變爲陰二黑未坤申到離九丙亦變爲陰九紫丙午丁到

兌七辛仍爲陰而不變用逆則令星必到本位七運以艮丙辛爲山向皆得令星破軍之用故曰艮丙辛位位是破軍古人隱而不發以待學者善悟豈料後之人不求甚解易涉歧趨哉今特盡情揭出誠默識而會通之理氣之術更無餘蘊而邪說僞法或幾乎息矣

則先謹按立向之道單向兼向二者而已單向名曰下卦蓋以卦爲本位故山向飛星之入中悉依固定之數逢一用一逢九用九是也兼向則名爲起星亦稱變卦蓋以爻爲單位不爲固定之卦所拘由於河洛生成變化而成故世目坤壬乙訣爲挨星祕中之祕緣以星替卦别有條例存也學者閱子癸並甲申口訣當知二十四山中應尋替者計十有三字餘十一字兼而不變無替可尋與下卦同其挨法此訣雖莫詳起例之由來而兼向挨排之能事盡矣昔姜汝皋得此訣於蔣杜陵後

始註青囊奧語。然憚於師戒，紐於祕守。微露端兆，莫由探索。致後世名師如溫明遠，其人猶不免以解下卦之說，傅會起星祕密之謬，良可慨焉。今是篇立論，察其詞意，以甲癸申為一二三運，依次遞收上元旺氣於坐山。作一路行解，而以取得對向令星，釋從頭出，更泛言武曲為中元山向用事之主位。末舉七運立艮丙辛山向，合位位取得破軍令星之妙，以明陽順陰逆流行之所在。作如是解，非不秩然有序，言之成理，惜與逐爻尋替之訣，格格不相入，亦猶溫明遠氏之以下卦解起星耳。顧以經辨名篇，夫亦深思明辨，發為創解，期有裨於後學，用心亦足多矣。然非所論於起星條例，學者用替，仍以子癸並甲申一訣為依歸可也。

出卦辨

地有生成之向出卦者用法仍以本卦爲主在丁作離論在未作坤論言三元卦氣者往往謂出卦則地之秉氣不淸目爲棄材不知天地之氣變動不居周流六虛取用者惟變所適斯得之矣繫辭傳曰帝出乎震齊乎巽相見乎離則震與巽巽與離相爲周流也又曰艮東北之卦也萬物之所成終而所成始也所成終右與坎無間所成始左與震無間也推之致役乎坤說言乎兌戰乎乾勞乎坎是八卦之氣無不相通也出卦之向十有六各有時措之宜經曰巳丙宜向天門上亥壬向得巽風吹是巽可兼離乾可兼坎故卦氣運運不同而流行之氣亦隨之而異合時則吉背時則凶且生成出卦之地亦具天然之堂局細心斟酌移步合形其朝應及六宫山水必歸本卦何也風水形勢必須左右停勻前後配合方見淸純不雜否則位置失所無所取裁矣所謂出卦者蓋以理氣而就本然之情

勢也。彼泥羅盤卦爻以繩地者。固拘執鮮通。而泥元運進氣以繩向者。又謂一運必作丁兼未向。乃爲上元兼輔力貫三元。八運必作未兼丁向。乃爲八白兼紫預迎進氣。不問地之本向。專以出卦爲貴。尤爲邪說謬解。則是過猶不及。執中無權。猶執一也。堪輿之道。差之毫釐。謬以千里。不得不極爲辯之。

生剋吉凶篇

主剋客爲剋出。客剋主爲剋入。主生客爲生出。客生主爲生入。生入者旺。剋出者亦旺。生出者休。剋入者囚。比肩者和。生入者發福遲而久。剋出者發福速而暫。向上宜剋出旺財。忌剋入。並忌生出。向之吉凶應驗速也。山上宜生入旺丁。忌剋入。不忌生出。山之吉凶應驗遲也。先至者爲主。後來者爲客。分地與運而觀。則地盤爲主。運盤爲客。分運與山向而觀。則運盤爲主山向盤爲客分山與向而觀則山上飛星以山盤爲主向盤爲客向上飛星以向盤爲主山盤爲客辨其生剋之出入以山向運遞生地盤爲最佳若旁六宮無須辨主客卽不重運盤專取山向盤挨到之星並看吉凶生尅九星各有吉凶又各有因時之吉凶山向上尤爲緊要蓋生入者星之吉凶可不問吉星生我固加吉凶星生我亦不害其爲吉尅出者亦然吉則我能用其吉凶亦無所蒙其凶也若生出尅入比和則全在星之吉凶上看我生及比和之星果吉則克家有子同道爲朋我生及比和之星果凶則我匪致傷養虎貽患至論剋入剋我之星吉則縱被欺淩而君子不爲已甚凶則我原屈服而小人叵測中藏故生出剋入比和咸當辨星之吉凶且須辨時之吉凶耳非若生入剋出之得以置而不問也

山向山水篇

山管山水管水山主人丁水主財祿山盤飛星論山不論水吉星要放在在山之特起處而向盤飛星論水不論山吉星要放在水之聚會處經曰山上龍神不下水水裏龍神不上山是也山盤看峯巒橋樑邱阜向盤看來源汪洋水口飛星吉處遇之則吉凶處遇之則凶向盤吉星有水須山盤來生則加吉來剋則吉亦減然來剋而有水無山其剋尙輕山盤吉星有山亦宜向盤來生若來剋而有山兼有水其剋較重山向盤論山水要父母配父母順子配順子逆子配逆子兼山向用兼山水單山向用單山水如作午丁向以巽巳坤申乾亥艮寅酉辛卯乙山水爲純清而以辰戌丑未甲庚山水爲錯雜丙上水口爲敗財丙上峯巒爲刼殺若作丙向卽以辰戌丑未甲庚山水爲純清而以乾坤艮巽卯酉寅申乙辛巳亥山水爲錯雜午上見獨水孤峯爲敗財刼殺最凶凡遇橫過之水本無收拾立

向迎來而避去向去水主退財大忌

則先謹按立午向丁向忌丙上水口立丙向忌午上獨水此卽空位忌流神之義向司招攝之化機水乃財祿之主宰向水一卦三爻名爲三陽當無不諧若本爻無水而獨見他爻則駁雜已極縱有令星到向而吸收之水非聲應氣求之所同宜乎旺財之適以敗財耳八國山水之求端於同元從可推矣

主佐屈伸篇

上元一白主事以八爲佐中元六白主事以一八爲佐下元八白主事以一爲佐是卽上元兼輔下元兼貪中元貪輔並兼之正旨也中元氣象偏促所以要並兼貪輔向盤上當令及用事之星爲衆水所宗固宜旺水來朝或之玄曲折而出而輔佐之星亦必特地有一枝純清之水匯到明堂

譬如京都首善之區宗廟百官之美富自不待言而天下省會之所亦必民物豐盈府庫充實方顯得薄海昇平此三元不敗之局主佐用法各適其宜之有以致之也一運以貪狼爲令星令者旺也貪狼旺則巨門祿存相二運以巨門爲令星巨門旺則祿存相三運以祿存爲令星文曲爲進氣四運以文曲爲旺廉貞武曲爲相五運以廉貞爲旺武曲爲相六運以武曲爲令星破軍爲進氣七運破軍旺輔弼相八運輔星旺右弼相九運右弼爲令星貪狼爲進氣周而復始循環不窮亦主佐之義也凡旺相皆本運之吉星一二運以五七爲殺氣三四運以七九爲殺氣五運以二九爲殺氣六運以二三爲殺氣七運以二三四爲殺氣八運以三四五爲殺氣九運以四五爲殺氣凡殺氣皆本運之凶星所謂往者屈也來者伸也至若一運中之九紫三運中之二黑五運中之三碧四綠等類不過功衰

者退不得謂之殺也

造化休咎篇

九星以一六八白爲三吉二黑三碧小凶五黄七赤大凶四綠九紫有凶有吉其本體然也五行造化各有休咎之徵休徵者何一四同宫生科名號靑雲得路有文筆硯池水鼎元之兆也一六合爲水主催官遇旺水秀峯官居極品也六八爲武庫亦主財帛利武庫及異路功名八九爲輔弼相輝田園富盛而子孫蕃衍也咎徵者何紫赤相加回祿之災也黑黄交錯家長有凶也八逢三四損由小口也一加二五傷及壯丁四逢六爲肝病輕或痼疾重且夭折也六會九爲肺疾衰則血症盛必火災也三七逢盜賊相侵訟凶而病厄四七臨文章不顯嘔血而早夭二逢四咎當主母三逢六患在長男二妨三而五妨四博奕好飲田園廢盡四九合爲金與

本體木火不協無益而有損二七合爲火乘殺氣遇凶山水烏焚其巢也受尅而奇偶相配如八逢三與一逢八咎輕受尅而奇偶相敵如三逢七與四逢六咎重大抵休咎由生尅而來以飛星同宮相遇爲準而山向上休咎更爲眞切又當辨生尅出入之吉凶辨受尅受生之虛實若旁六宮必山水並見觀其形勢之善惡倘山水俱無或有山無水有水無山則玄空生尅吉凶亦不足憑然道無不體理無盡藏此時略見一斑欲求精微玄妙必先熟透易理於飛星變動中參諸先後天不變不動之方位觀其象而玩其占乃能無微不顯山龍遇高峯大水平龍遇橋梁墩阜及水口汪洋羅星捍門等類看在何宮何爻即以所在之運盤上星入中分陰陽逆順挨至山向上及所在之宮係屬何星是何造化然後知此山此水之吉凶乃一定而不易此山向盤之外再加山水飛盤乃因地制宜乘時利

用之法其理最爲微妙也

避就篇

繫辭傳曰剛柔相推變在其中矣是卽陰陽逆順之說也又曰剛柔者立本者也變通者趨時者也是卽避就之說也凡遇旺相平坦之地先看何宮有切近旺水何方有特異秀峯卽將山向挨星就之旺水必挨到向盤吉星上秀峯必挨到山盤吉星上謂之就生而避殺再看旺水秀峯在何卦爻辨父母子息之順逆立向要各從其類如在兩爻相兼處便立兼向倘山水在逆子爻而山向必欲就父母便就立穴之上下左右爲斟酌移步可便易位謂之避雜而就純此皆因尋常之地本無定向亦無定穴故專就理氣爲避就若大地融會精神全在結穴處而向又其情之所專屬則絲毫不可移易也然亦別有避就之法今設有兩地於此其善相等則

就其合元運者用之宜矣設有一地形勢非不盡善盡美而乘元運年月之凶竟不能解救或俟二三年五六年旺運主事時用之此以局待運非時不塟之義即避衰就旺也倘年運相距較遠待之無可待則不如擇一旺相地合元運者用之亦可取效總之理氣有三重飛星吉凶以向爲重當令取用以水爲重水以交會處爲重就其重而取之得一當元吉星臨照有情旺水自能發福此守約之道也

參變篇

先取當運之星入中以次順飛九宮謂之運盤次取運盤向上星入中分爻之陰陽逆順飛佈九宮謂之向盤再取運盤山上星入中分爻之陰陽逆順飛佈九宮謂之山盤假如一運以一白入中運盤六白到壬子癸即作戌乾亥論壬變爲戌便是陰爻用逆子癸變乾亥便是陽爻用順凡戌

己所到陰陽原無定位。或以戊爲陽。己爲陰。父母之爻。創爲半陰半陽而立向。必左右相兼。方分逆順。此乃惑於僞法。謬解紛紛。不得不極爲之辯。爰五黃所到。以入中起運某字之陰陽爲陰陽。蓋五黃通本元之氣。即運星之化嬗也。皇極居中。陰者逆。陽者順。順則靜而爲伏吟。逆則動而爲合十。此乃學者不可不知。至兼向之法。父母與順子陰陽相比。兼之最多者至三度。至逆子與父母陰陽相背。則無所取焉。

跋

沈氏玄空學重編既竣事則先敢謹綴數語述其梗概以爲 閱者諸君告則先 生也晚不獲及侍 沈公而幸蒙 公之嗣君 瓞民先生收諸教誨之末得於俗說瀰漫中獲聞楊曾心傳正法斯固由於 先生之樂育爲懷而要亦善繼 沈公昌明絕學振聾發聵之遺志焉爾則先 嘗聞諸 先生曰理氣之學辨正啓其端未洩其奧自玄空學出始發其祕而顯其用海內同好知其說於古人精深之旨闡發爲多爭以先覩爲快於是原書印行遂不久告罄後之求者多抱向隅不續梓之是烏乎可且先子著述散見於筆記中爲原書所遺漏者亦復不少不增輯之又烏乎可壬申初夏同邑朱丈嘉琳有鑒於此謀醵資重印以告 先生 先生曰此吾願也蓄之久矣時 先生方清理沙田主政浙局不暇躬自纂輯爰

命則先役其勞且告之曰玄空學說雖 先子多所闡發而世之祕本亦頗有足採者子其圖之俾詔來學則先既聞命固粗識 先生志義所在而得託附以爲寵然自問於河洛眞諦瞠乎其後苟引伸頌歎之無當反使 沈公之說晦而不彰得毋懼獲罪於 先哲乎 先生曰子毋恐余總其成若有所補闡余當權衡而去取之則先乃唯唯承命著手增輯分類校錄酌量補刪越半年蒇事分自得齋叢說爲一二卷以增輯玄空天心紫白三元僞法等篇故也二宅祕斷因係 沈公詳註列爲第三卷則先亦竊識其意於行間然非有所發明夫亦申明其提要而已四卷爲江迂叟下卦挨星江氏昔年曾著有速塟文勸世 先生以其詞旨曉暢易於領解改名玄空淺說今併入之同門申君筮詩以江氏挨星僅及下卦而江浙俗師偏喜兼向分星定卦之義 沈公起星篇雖言之綦詳猶恐

學者忽視混星卦爲一譚因有三元九運起星立成圖之繼起演圖繫説舉以示人俾與下卦挨星互相輝映亦庶幾裨學者盡挨星之能事 先生弁其端於諸家謬解多所論闢玆列爲第五卷而則先摭述之玄空輯要附焉則先述而不作非敢掠美凡所稱引半多得諸師友間祕藏之餘蘊剟取見聞加臆度爲説或爲列表以便初學之參考而已不足以語高明也末卷仍爲玄空古義無所更迭僅於紫白訣下篇增 沈公遺注一段及時日紫白改採淮安楊君錫祺所訂正之新表而已此就原版論也姜汝皋從師隨筆久爲世珍祕友人江陰杜君振遠所藏地理精纂亦名師傑作二書雖篇幅無多俱師承善本以向未梓行特輯而殿諸卷末以公於世此本書重編之概況則先秉命於 先生之所爲也惟是則先末學無文謬任纂輯雖循江氏之遺規得 先生[illegible]訓迪然管窺蠡測間

有綴述愧無補於玄理懼有背乎奧義所望　閱者諸君恕其庸陋而教以所不逮此則先所馨香禱祝者也茲編付梓朱丈嘉琳首發其端而尤以蘇吳周丈渭石贊助之力爲多例得并書是爲跋

民國二十二年歲在癸酉夏正人日再傳弟子餘姚王則先謹識

篇次	頁面	行	字	誤	正
說卦錄要	四上	十一	末兩字	喙鳥	鳥喙
	四下	七	一	筍	荀
玄機賦	一上	五	十三	閒	閑
	一下	四	十四	旡	元
玄空祕旨	四上	九	一	自	白
	十上	三	二十八	己	巳
飛星賦	二上	十	二十一	沙	砂
	二下	六	十五	脅	脇
	三上	四	二行小註首	氣字上	脫一乾字
時日紫白圖	七上	六	第十二字下	概屬寒露節算	概屬立秋節算
紫白訣上篇	四下	三	十八	巳	己

玄空古義四種通釋

民國排印本

沈瓞民先生◎釋

序

杭縣沈子瓞民。著玄空古義四種通釋。屬序於余。余讀其書喟然曰。形家玄空之說。出於郭氏景純。郭氏引而未發。迨楊筠松始以挨星明之。清初蔣平階氏。爲之傳註。辭隱意晦。讀者驟難通曉。世人既多習三合。於是羣疑筠松無此法。蔣氏特一人之私言。甚或擬於洪水猛獸。今此古義四種。爲宋明以來傳書。皆在蔣氏之前。其所論列。上不違筠松之旨趣。下亦與蔣氏之說相通貫。然則蔣氏果非一人之私言矣。古義四種。沈氏玄空學一書。曾已收入。瓞民治經之餘。重爲通釋。以儒者之雅博。繹深湛之舊文。惟恐古義弗宣。後學難知。於是其所知者莫不肯言。言者莫不肯盡。自非通人達識。未易若此。以視蔣氏之謬託天寶。固閉深藏。度量相越。豈不遠哉。玄空淵源於易。易之道時與位二者盡之。玄空卽時與位二者之理。而時尤重於位。故其法。以天心爲衡。以生旺爲準。而星卦二例。實挈入用之綱。向兼以星起。起星之例也。不兼微兼皆以卦起。下卦之例也。其兩片三卦等法。星卦之條理也。城門合十三般等法。星卦之輔佐也。打劫零正生成入囚反吟伏吟生剋出入等法。星卦之羽翼也。合星卦之二例。爲玄空之挨星。挨星既以一法攝衆法。卽以衆法奉一法。綱舉目張。有條不紊。至精至密。亦易亦簡。自昔以來。得門或寡。羣相珍祕。在智猶惑。中人以下。方欲問津。已入斷港。愈學愈歧。終於皓首。瓞民　先德竹礽先生。精研易理。覃及玄空。憫其若此。舉所識前賢授受心法。入用領要。及一切義理度數。詳明愷切以述之。其論著雖頗散佚。存於自得齋叢說者。玄空之法。亦云備矣。又復徵之於實。而註仲山宅斷。稽之於古。而著地理辨正抉要。所以截僞續眞。廣前聞開後學者。如是其急也。可不謂仁賢乎。 先生有天下大名。從之游者徧東南。其遺著長留人間。[illegible]民旣世其學。繼志述事而著茲編。其言亦猶 先生之言也。善讀者玩索有得。則行由斯路。出入斯門。昔時荊棘。已爲坦途。玄空之學。其將興乎。昔蔣氏因辨正一書。聚訟紛紜。至今二百餘年。得失是非。卒未論定也。夫玄空用八卦九宮。其源出於易。三合用十二支十干。其源亦出於易。三合之本法。果爲僞乎。三合之有僞法。不善學者之咎。智者過之。愚者不及。過與不及。實生僞法。玄空之有僞法。亦猶是也。三合重左右旋。習玄空者多非笑之。習三合者。亦或愧言之。不知道不遠人。而精義入神。斯其所以足多。左右旋。果非陰陽進退。乾坤往來。二氣感應以相與之明徵乎。以形言之。山與水必左右旋。然後陰陽相逆。相逆然後相交。相交然後陰陽和。葬也者。葬於陰陽相交之和之中者也。以理言之。水爲陽山爲陰。山水左右旋。然後陰陽相見。相見然後相會。相會然後陰陽爲一。由兩儀返於太極。穴法者。定太極之法也。葬於陰陽相交之和之中。穴定而太極定。夫然後時與位之功用。可得而言。準斯以談。三合不惟非僞。且宜用之於山巒之次。玄空之前。蓋山巒體也。玄空用也。三合亦體亦用。介於其間者也。至若三合喜用兼向。尤爲習玄空者之所詬病。不知此又用半之術。亦即加倍之理。三合固用兼法。玄空亦用兼法。未以兼向爲非也。一卦三爻。三元分用者。挨星之條理也。不明此法。星卦無由飛布。而非用以定向之謂。定向在挨星前。挨星在定向後。定向之法。以地形天然融結爲本。兼以驗之於局。證之於龍。所謂純者。龍向砂水城門皆純。固純也。所謂雜者。龍向砂水城門皆雜。亦雜之純也。向法者。觀其會通而已。戕賊杞柳而以爲桮棬則非也。向既定矣。則或用起星。或用下卦。亦因之以定。然後以三元挨星。察其生旺爲何。以明取用之時。乃玄空正法也。世之習玄空者。未盡明星卦二例之理。於是以挨星法三元分用者。爲立向之準繩。則狹且滯矣。以余所見。地形天然融結。兼向實爲至多。因悟三合必明定兼向之例。蔣氏必深祕起星之法。皆有奧義。俱宜深思。夫天玄地黃。玄黃者雜也。剛柔相摩。八卦相盪。摩盪亦雜也。雜也者。交也。交也者。二氣之感應以相與也。二氣既感應以相與。則無時無地不在相雜之中。易之理卽雜之理。理氣之用亦雜之用。所謂純者。

與雜相對而爲言。卽雜之彝倫也。非雜之外有純也。故知天地之雜。始可言天地之純。三合用兼。四六亦非所取。此與玄空無以異。其取用者。三七二八。二八可通於玄空之下卦。三七可通於玄空之起星。其妙合無間如此。蔣氏明敏聰慧。十年冥悟。萬里探奇。精勤如此。兼得師傳。固明玄空。抑豈不明三合。然而闢之者。不破不立。亦聊以固吾圉也。昔賢道術。其本源同者。其用多可相通。知其精義之所存。自可並行而不悖。八卦九宮十干十二支。皆所以明乾坤之用。亦皆所以用乾坤。玄空以八卦九宮明時間陰陽之摩盪。三合以十干十二支明空間二氣之迴旋。一經一緯。一縱一横而已。孔答鄙問。必扣兩端。韓非法家。亦重參伍。理氣必兼設二例。方能運用不滯。肆應無窮。得其會通。本自一貫。否則肝胆胡越矣。莊生有言。後世之學者。不幸不見天地之純。古人之大體。道術將爲天下裂。蔣氏因闢三合。致習玄空者。羣疑三合。於是三合與玄空裂。又珍祕起星之法。致習玄空者。兼疑起星。於是起星與下卦裂。復不肯明言下卦之用。而咨嗟詠歎以述挨星法之三元分用。致習玄空者更疑挨星專用於單向。玄空僅有單向之一法。於是下卦且與下卦裂。此秘之一念階之厲也。可不爲太息乎。余又嘗聞。筠松當時。携入遊山。所授理氣實爲三合。及其著書兼傳玄空。蓋三合精粹簡要。口授可詳。玄空深湛富贍。非書不明。以其一文而一質。故有傳書傳訣之不同。亦猶山巒之法。疑龍撼龍二經。高矣美矣。如求口訣。又在總索倒杖之間。疑龍撼龍。猶玄空也。總索倒杖。猶三合也。疑龍撼龍。註之者莫能闡其精蘊。總索識者益寡。倒杖密傳至宋始出。論者或以爲僞。昔賢高深。果非易測者也。巽曰余與厥民。揭三合之理。供之于世。使學者知類通達。庶幾衆轍一軌。入于該備之域矣。爰爲序而略言之。覽者以余爲無端厓恣縱不儻否乎。均縣蕭萱

序

玄空之學。由來舊矣。蓋自易緯肇其端。鄭註闡其微。而太一下行九宮之理。洒粲然著明於世。玄者。一也。說詳楊子法言。一卽坎矣。誼見五行大義。玄空之以玄名者。黃帝九宮經所謂「太一之始。始於坎宮。」是玄殆坎一之異稱歟。空之爲言。猶云竅也。竅有九。故云九竅。路史註引「壺子曰。黃帝作九竅。以定九宮。」蓋空卽竅。竅卽九。九於洛書之方位。當後天之離卦。有若一於洛書之方位。當後天之坎卦者然。是空又離九之異稱歟。號玄空。猶言坎離也。何以徵之。夫坎象爲水。水深者玄。離象爲火。火空則明。故知玄空其名。正卽坎離其實也。然所以先言玄而後言空者。何耶。敘一九之數。攝始終之誼爾。夫數之始。生於一。而數之終。窮於九。九窮則變。

變復生」。如是循環。轉運不息。此玄空之理。挨排之術。所由建歟。

更欲溯流窮源。則導其機者實發自玄聖之繫傳。一則曰「五位相得而各有合。」再則曰「成變化而行鬼神。」此玄空之師說。九雒之心傳也。何以相得。何以有合。何以變化。何以運行。非深於玄空之學者。類不能達其理而明其故。獨乾鑿度乃曰「太一取其數以行九宮。」洵堪謂一言以蔽之矣。第所謂九宮者。何耶。徵諸班固白虎通辟雍之篇。蔡邕明堂月令之論。則知九宮之說。蓋古明堂之遺制也。至其各宮之數。排列之序。始見於大戴禮盛德之篇。詳載於子華子大道之章者。殆正所謂洛書之圖象矣。漢有康成。一代之大儒。萃西京東京兩朝之師說。融今文古文兩家爲經誼。其註易緯。則謂「太一下行八卦之宮。從坎宮始。終於離宮。」可見玄空飛挨之法。在漢時已行之矣。惟此迺順飛順挨之法爾。康成又曰。「陽起於子。陰起於午。」子謂坎一。午謂離九。順局起坎一而進坤二乃至離九。逆局起離九而退艮八乃至坎一。是則陽順陰逆之分。康成亦辨之矣。

凡上所述。皆玄空學說之淵源也。明其理而得其傳者。晉有郭景純。唐有楊救貧。宋有陳圖南。明有蔣杜陵。至現代而有錢塘沈公父子。夫景純之學。去今已遠。其術絕傳。不可識已。其書眞僞。不可辨已。後世堪輿家所奉爲圭臬者。導源浚泉。首推救貧。獨惜晦言競祕。純成術士之風。隱訣傳疑。反闢僞書之路。玄空不彰。職是故爾。傳其學者曾公亮著青囊序行世。而追溯淵源。乃曰「晉世景純傳此術。演經立義出玄空。」其說是非。不可詁已。圖南之學。最精易象。數傳而得廖金精。其術與賴太素齊稱。世之言堪輿學者。必數曰。楊曾廖賴四大家。

唐呂才陰陽書葬論曰。「近代葬書。出於巫史。附妄憑妖。乃有百二十家。」宅論又曰。「百二十家。皆係妖妄之談。」而救貧再傳弟子所著都天寶照經亦曰。「百二十家渺無訣。」然後知救貧所說者方是玄空之精義。其餘百二十家。盡皆僞術。不足道也。然自宋元迄今。泰半猶存。迺術士奉爲科律。不亦惑乎。

逮杜陵出而著書「辨正。」上以繼救貧之絕學。下以啓相地之眞傳。其功誠足多矣。惜乎誤解天機。不敢洩其祕而發其要。仍未脫乎方技之故習。卽其及門姜汝皋。所註輿語。詞仍閃爍。致使後之註疏辨正者。皆誤解其書。雖有百餘十家之衆。而浮詞蕪語。影響模糊。蓋一無足取。甚至穿鑿附會。杜撰妄作者。接踵而起。於是三元亦有僞術。反爲相地者添一枝節矣。豈杜陵當日撰辨正時。所夢見及此者乎。諸書之中。差可佐證。足資參考者。僅張心言之辨正疏。章仲山之辨正直解。温明遠之辨正續解等三家而已。然於杜陵精髓處。非隱則誤。仍不免乎有疵。

今幸沈公宣洩不傳之祕訣。闡明垂絕之微言。表彰玄空之學。完成相地之術。而後蔣法登峯造極。盡美且善。有如日月出而爝火息矣。蓋其爲學。深入精妙。前無古人。發人之所不能發。明人之所不易明。乃至言人之所不敢言。著稱者。有羅經。挨星。替卦。城門訣。反伏吟。令星入囚。生成合十。七星打刼。四十八局。諸訣。用之於卜地葬親。可免上山、下水、反吟、伏吟、以及兼向、差錯、出卦、諸病。誠仁人孝子之福音也。

而其隻眼獨具。心得獨到之處。尤在兼向之起星。替卦之闡明。按楊公青囊奧語。首載坤壬乙之訣。蔣法替卦。實淵源於此。第傳其衣鉢者。獨於此訣宣而不露。至歷來註家。又或竄改文字。或枝添蛇足。皆與蔣氏之說。枘鑿而不相入。姜汝皋外。惟章仲山辨正直解。姚銘三辨正再辨。能知有起星之殊例。其他雖張心言辨正疏。温明遠辨正續解。亦皆誤合下卦起星而爲一。至如朱小鶴辨正補。榮錦鏕辨正翼。詭謬更無論矣。尹有本據逸語。翻出四十八局。是不明起星之例也。蔡岷山地理求眞。又誤於每元必備九星。而更改星名。周梅梁仁孝必讀。則又誤混於城門一訣。于楷地理錄要。所采獨多。惜訣眞而挨法又誤。卽吳錦泉圖書發微。歐陽純風水一書。雖皆源合姜氏。而挨法又不合。此奧語之所以失傳。而替卦之所以難知也。

惟我沈公。精究地理四十年。得汝皋從師隨筆一書。遂暢發替卦之精微。完成天心之效用。皆其博覽羣書。融通一貫。研幾易象。精邃數理。故能直接眞傳。廓清僞謬。剪除荆棘。獨闢康莊。集歷來玄空學之大成。以是表其心得。著之簡册。福利當時。明詔後學。洵杜陵之功臣。不世之名師也。後之言「地理辨正」者。皆欲折中於錢塘矣。瀚清研究玄空之學有年。親炙瓞公。得替卦等眞傳。悟希有之新誼。故知之獨詳。茲値 瓞公復以所著玄空古義四種。刋印行世。又將爲仁人孝子添一福音矣。不禁私心雀躍。故樂而謹爲之序。

中華民國二十九年夏曆庚辰正月上海陳瀚清拜識

玄空祕旨通釋

杭縣沈祖緜釋

江志伊曰。按此篇有舊註本。及鮑士選註本。均題宋吳景鸞著。章仲山註本。題明目講僧著。玩其理論。實與玄機賦同。或本吳景鸞作。而目講傳之歟。玆將原註列於句下。章註則附於每段之後。其字句不同處。亦逐一註明。讀者參證之可也。

不知來路。章作變易 焉知入路。章作但知不易 盤中章作九星 八卦皆空。

〔原註〕開章最重來脈來源。與入首入路。即五行城門一訣之義。故爲至要。若呆拘於坐向。諺曰此是一卦。而實非此一卦也。故曰盤中八卦皆空。

〔鮑註〕來路者。理氣之根。宅之大門。地之來脈。水之三叉是也。入路者。領氣之訣。即宅之門路。墓之明堂是也。識得理氣之根。方知領氣之訣。盤。羅盤也。盤中八卦方位。隨時顛倒轉換。南不是離。北不是坎。東非卯而西非酉。故曰八卦皆空。即玄空之謂也。

按兩註雖言有中肯。然未能切實。來路指各運言。故章本作變易。入路指山向言。章本作不易。並通。山向係不易。每運係變易。蓋能知變易之理。以每運入中不同。而八國流行之氣。亦隨之而變也。盤中兩字。章本作九星誤律以下文凡屬兩字。不能與九星對仗。鮑註以空作玄空解。則失之鑿。八卦者。指不易言。卽洛書。俗所謂地盤或元旦盤是也。每運之盤。指變易言。卽九宮。其流行之氣。隨運而變。與洛書異。此作者言不能僅呆據元旦盤。而不顧各運流行之氣。此卽盤中八卦皆空之意也。

未識內堂。章作不識三般 焉識外堂。章作那識兩片 局裏章作凡屬 五行盡錯。

〔原註〕受外來立極之所。名曰內堂。不解玄空者。不知內堂所受之氣。皆外來之氣。則局裏之五行皆錯矣。

〔鮑註〕內堂。旺神也。堂加諸向首。外堂砂水方位也。堂挨之卦內。明得立向挨加之法。砂水方能取用。若拘定二十四字。則毫釐差而千里謬矣。故曰盡錯。

按。鮑註允。章本作三般兩片。不及內堂外堂四字所包者廣。

乘氣脫氣。章作顚之倒之 轉禍福於指掌之間。

〔原註〕以排山掌訣。挨運令之興衰也。

〔鮑註〕氣者。生旺之氣也。得卦中生旺之氣則福。不得卦中生旺之氣則禍。天地之氣。以生旺衰謝分吉凶。故陰陽二宅。貴在乘氣也。

按。兩註皆是。得生旺之氣曰乘。得衰謝之氣曰脫。玄空挨排。如一運向上一盤挨得一字之處有水。或二字之處有水。卽屬生旺之氣。一乃本運之氣。二乃未來之氣也。又九字之處有水。或八字之處有水。卽屬衰謝之氣。九乃過去之氣。八則去一更遠矣。轉禍福於指掌之間。係排山掌訣。分其順逆知其盛衰。吉則趨之。凶則避之。自能轉禍爲福也。

左挨右挨。辨吉凶於毫芒之際。

〔原註〕吉凶卽在本卦左右。雜與不雜。該順該逆之分。

〔鮑註〕生旺衰謝之氣。兩宮同至。或挨左以乘其吉。或挨右以避其凶。卽毫芒幾微。不宜夾雜。一夾雜卽龍神交戰矣。

按。原註以左挨右挨一卦三山兼向立說。誤也。鮑註亦膚。挨卽山向飛星之挨排。左右者指順逆而言也。立向後。挨排八國。空處宜空。實處宜實。如一運向上一盤。挨着一二三字處有水。或山上一盤。挨着一二三處有山。在三般中。卽得生旺之氣。吉。向上挨着九八七處有水。山上挨着九八七處有山。在三般卦中。卽得衰謝之氣。凶。

一天星斗。運用只在中央。

〔原註〕卽先看龍從何來。路從何至。陽宅以路爲入氣。與水從何入口。便將來脈來路之卦。入中宮取用。

〔鮑註〕中央。中宮也。如天之北辰。衆星環拱。八方從中宮而定。中宮由山向而來。識得此訣。方知運用之妙。

按原註以路之入氣。水之入口。此僅指城門一訣而言。不知城門一訣。由中央而來。不可捨中央而言城門。鮑註以中宮由山向而來。其說殊謬。蓋山向係不易。其挨排因中宮而變。則山向之變易。由中央而來。所謂中央者。一運一入中。二運二入中。三運三入中。四運四入中之類是。八國流行之氣。隨運而變易。而山向之陰陽。亦隨運而變易。若此。然後能乘氣脫氣。左挨右挨。方得運用之妙。

千瓣蓮花。根蒂生於點滴。章作九曜干支旋轉由乎北極

〔原註〕來脈來源。即山向之根蒂。所謂月窟天根者此也。

〔鮑註〕山川之氣。騰而爲雲。降而爲雨。故曰水爲氣母。凡墓宅收得吉卦之水。即吸得山川之吉氣。如蓮花之根蒂。生於點滴之水也。

按。兩註皆傳根蒂即山向。左挨右挨。皆由山向而來。千瓣蓮花言山川之形勢。章本旋轉由乎北極。九宮挨法。由北坎而旋轉。如離九至坎一。九一爲旋轉之機也。如一入中。離五坎六。二入中。離六坎七。三入中。離七坎八。四入中。離八坎九。餘類推。逆排則反。是下章註可參。

右第一段

〔章註〕此言玄空大卦。陰陽五行。縱橫顛倒。變化不測。毫釐千里。甚屬玄微。目講恐讀者無所適從。又將衆星旋轉之機以示之。謂衆星之所以旋轉也。其機在乎北極。陰陽之所以顛倒也。其樞在乎三般。讀者當細細揣之。則縱橫顛倒之機。隨時變易之理。自可得而知之矣。

夫婦相逢於道路。卻嫌阻隔不通情。

〔原註〕若來脈來源一雜他卦。則我該納何氣。不能得何氣矣。故云阻隔。或山水皆從一卦來。經曰。夫婦同行脈路明。須認流耶別處尋。蓋水須對宮之卦爲配也。

〔鮑註〕夫向之吉方也。宜有水。婦山之吉方也，宜有山。苟無山水以應之。是爲阻隔。不必上山下水也。

按。原註不及鮑註之當。立向雖合時。而局則相背。仍有凶而無吉。例如宅斷五運扞卯山酉向徐姓祖墓。（增廣沈氏玄空學卷三第三十五頁）卯酉雖爲五運旺山旺向。而形巒不當。仍犯上山下水之病。其情阻隔不通矣。

兒孫盡在於門庭。猶忌（章作恐）凶頑非孝義。

〔原註〕一卦管三山。雖在一宮之內。而脈有左右之分。須知用此爻則吉。彼爻則凶。卽子癸爲吉壬子凶。三字眞假在其中。故用之各別。蓋人元爲順子。地元爲逆子。天可兼人地。而地不能兼天。猶父母之帶子息。是爲一卦純清也。

〔鮑註〕山向吉方有砂水以應之固佳。然猶忌情頑形劣。不能端拱朝揖。他日子孫雖盛。必難望其孝順也。

按。原註以來脈來源。及立向解之。實似是而非。來脈來源祖宗也。非兒孫也。鮑註以兒孫作子孫解。亦泛。兒孫者。指八國而言。若排水而八國合時之水。形局反背。排山而八國合時之山。形勢巉險。卽謂凶頑。理氣雖合。而形巒不合。仍不能視爲吉兆論。

右第二段

〔章註〕相逢者。卽山上水裏。陰陽相見。配合生生之謂也。相見而得其所。自有福祿之隆。相見而不得其所。便是禍咎之根。用法卽得是方。或逢形勢反背。水法傾流。似是而非。定有阻隔凶頑之更變矣。

此節及下文。總言山上水裏。挨星得失之元微。其中奧妙。全在說卦以推氣。用卦以明理。繫辭以辨吉凶。因形察氣。因氣求形。以推休咎也。

卦爻雜亂。異姓同居。吉凶相併。螟蛉爲嗣。

〔原註〕總結上文雜亂之應也。

〔鮑註〕山水界乎吉凶二卦之間。是爲雜亂。故有異姓同居之應。向上排來已有吉水。山上排來又有凶巒●更無一吉砂朝拱。有財無丁。宜其螟蛉爲嗣也。

〔章註〕出卦則卦氣雜亂。雜亂即龍神交戰。交戰雜亂。自有此應。　雜亂指干支方位而言。相併指挨星反伏而言。所謂用得卽是相見。用失便謂反吟。

按。章註爲勝。反伏見自得齋地理叢說論反吟伏吟篇。（見增廣沈氏玄空學卷一第六至八頁）凡山向飛星。五入中者。順排字字與地盤相同。謂之伏吟。逆排字字與地盤合十。不作反吟論。其餘諸字。凡一入中逆排者。伏吟在震。順排者反吟在兌。一九相對。故九入中逆排者。伏吟在兌。順排者反吟在震。二入中逆排者。伏吟在艮。順排者。反吟在坤。二八相對。故八入中。逆排者伏吟在坤。順排者。反吟在艮。三入中。逆排者。伏吟在巽。順排者。反吟在乾。

三七相對。故七入中。逆排者伏吟在乾。順排者反吟在巽。四入中。逆排者伏吟在離。順排者反吟在坎。四六相對。故六入中。逆排者。伏吟在坎。順排者反吟在離。是故逆排有伏而無反。順排有反而無伏。此種反伏吟。與居向首者爲禍較輕。然須動靜得宜。否則亦作吉凶相併論。

右第三段

山風值而泉石膏肓。四八

〔原註〕艮被巽剋也。

〔鮑註〕艮止巽伏。故有山林之癖。篇中凡言吉者。皆得運。凶者皆失運。人丁指山上言。財祿指水裏言。

〔章註〕艮爲山。止也。陽在上則止。巽爲風。入也。陰在下則伏。止者不事王侯。高尚之士也。伏者山林隱逸。不求聞達於諸侯者也。止伏相投。自有泉石之癖。

按。山風爲蠱。蠱之上九。不事王侯。高尚其事。每見二運乾山巽向。龍自坤兌方來者。兌天盤四。與向上飛星八山。八也。風。四也。坤方天盤八。向上飛星四。得令時雖入仕途。孤標自賞。不事奔走。又如三運卯山酉向。坤方有城門者。向上飛星八。山上飛星四。亦山風相値。主人有泉石膏肓之癖。

午酉逢而江湖花酒。（章作柳）九七

（原註）午酉雖屬同元。而火能剋金。雖無大礙。亦不免好花好酒之罹。

（鮑註）離爲目。爲心。爲喜。兌爲妾。爲少女。皆陰柔卦。故有柔媚之象。如八運丙向。主敗風俗。蕩花酒。又有成勞瘵者。蓋勞瘵亦好色之所致也。

（章註）離爲火。爲目。爲心。性喜流動。兌爲金。爲少女。爲妾。性愛嬌娑。離。麗也。一陰附於陽。則喜。兌。說也。少陰出於陽則說。離兌相逢。故有江湖花柳之罹也。

按。午離九也。酉兌七也。皆爲陰神。是火剋金。倘山向飛星七九相遇。而天盤係坎一。可以制化。否則必出蕩子淫婦。

虛（章作星）聯奎壁。啓八代之文章。（一六或九六）

〔原註〕虛。壬也。奎木壁水。在乾戌之間。其中水木相生。雖居金土之位。而有制有化。故有八代文人之應。蓋一元而兼兩元。所謂一六共宗也。

〔鮑註〕星日。離也。文明之宿。奎壁乾也。圖書之宿。六運而直接七八九曰聯。故有八代文章之應。其吉全在一聯字。若但六兼九。反嫌火金爍矣。

〔章註〕星應日。司文章翰墨之神。臨於奎壁。定卜文才傑出。

按。虛字章本作星。鮑本同。似當作虛。取一六共宗也。惟二十八舍因歲差之故。隨時而變。此書重在卦理。今忽以天官釋之。此術家故弄虛玄之技也。原註奎壁在乾戌之間。此天元與地元相雜。與前第二段註意悖。鮑註以連接釋聯。欠妥。聯者同宮也。

胃入斗牛。積千箱之玉帛。（七八）

〔原註〕胃土在酉庚之位。入於艮丑斗木金牛之位。在下元主富。胃。兌也。斗牛。艮也。艮爲天市垣。又七八相生。故有巨富之應。入者書輔星當飛在水口三叉也。

〔章註〕胃爲土。主倉廪五穀之府。躔於斗牛。定致千箱之積。

按。原註以酉庚艮丑解之。犯差錯之病。流行之氣。由山向飛星而來。故能七八同宮。都天寶照經曰。乾坤艮巽躔何位。乙辛丁癸落何宮。甲庚壬丙來何地。星辰流轉要相逢。是也。章註以胃躔斗牛。非是。蓋二十八舍。皆有一定之星座。非行星也。故不能移動。又何能躔哉。本文已誤。致諸註更以誤傳誤矣。

雞交鼠而傾瀉。必犯徒流。一七

〔原註〕雞。酉也。鼠。子也。若酉金到子。雖屬相生。苟不當元。而又傾瀉。必犯徒流破財。以水冷金寒也。輕則腎耳有病。

〔鮑註〕傾瀉散漫奔流也。兌爲刑。坎爲陷。坎水流而不返。故有充軍之象。交字宜味之。

〔章註〕兌如加坎。或傾瀉奔流。一遇歲君。徒流不免。

按。巒頭不眞。理氣無用。水犯傾瀉。形勢險惡。雖當元無益。原註謂苟不當元。章註謂一遇歲君。皆悖原意。

雷出地而相衝。定遭桎梏。三二

〔冥註〕雷。震也。地。坤也。土被木剋。若出元必遭「梏之刑。

〔鮑註〕坤為刑。為小人。震為木。為正直。出字作剋字解。震木剋坤土。故有桎梏之象。衝指水言。

〔章註〕震若交坤。或相冲相射。年逢三碧。桎梏難逃。

按。此句重在衝字。鮑註以衝指水言。章註震若交坤。或相冲相射。未言是山是水。凡形勢險惡。目所能覩者。不論山水。均作衝論。原註謂出元必遭桎梏。苟二三同宮之處。山水相衝。雖當元亦遭桎梏也。飛星賦曰。復壁攙車。意同。

右第四段

火章增若字剋金兼化木。數驚章作經回祿之災。七九・三

〔原註〕此卽七與九會也。七爲先天火數。九爲後天火數。若不當元。或山上龍神下水。水裏龍神上山。或七九在三四運內。或七九運水該三四而在山。山本七九反在水。或七九而幷有三四配到。或龍神夾雜。或陽宅興工動作。皆主有回祿之災也。〔鮑註〕九七同宮。又遇流行一白飛到。則火災立見。蓋丁壬化木。一九相激也。

按。紫白訣曰。七九合轍。常遭回祿之災。向首中宮坐山及宅之氣口。遇七九同宮者。年運二黑七赤或九紫交加。不必龍神夾雜數驚回祿也。鮑註謂一白飛到。火災立見。誤也。此取象於丁壬化木。以爲木能生火。但七九之火已熾。不必再用木生矣。

土章增鮑字制水復生金。自章作定圭田莊之富。二二。六七。一八。六七。

〔原註〕土本剋水。有金來化。則金生水。而土又生金。故主田莊之富。雖不當元。亦無礙也。〔鮑註〕一六相生。遇流年坤艮加來。似嫌剋制一白。不知生金益水。反有田莊之應。乾爲金玉。坤爲財。爲大業。坎爲納也。

按。鮑註以一大遇二八流年加臨。是也。惟不可拘執流年。如二運午山子向。向上有水放光者。每多此應。因地盤坎。天盤七。向上飛星二。卽土制水復生金也。惟置產大小。視向上之水而斷。

木見火而生聰明奇士。九三，九四

〔原註〕木火通明。乃文明之象。雖不當元。亦生聰明之子。
〔鮑註〕山上排來是震巽。水裏排來遇離。木火通明。故出秀士。

按。鮑註以山上水裏分言易使人誤會。山上震巽同宮。各運中僅有八運之子午午子。癸丁丁癸。壬丙丙壬。然皆居中宮。所謂根蒂是也。至於山上震巽同宮。未之有也。如二運乾山巽向。向首天盤一。山上飛星四。一四同宮。本主聰明。而震方有水放光。可作城門者。出人更秀。因震方天盤九。火也。向上飛星三。木也。三雖伏吟。因有水無咎。合三爲未來之氣。又爲連珠吉水故也。此地必出名儒。

火見土而出愚鈍頑夫。

〔原註〕火炎土燥。雖當元亦主生頑鈍愚夫。何况出元乎。

〔鮑註〕坤爲冥晦。爲迷。雖遇離明相生。而火炎土燥。故出頑鈍。嘗見有九運立丙向。丁未坤方有高山。出蠢子。幾不辨菽麥。

按。鮑註九運丙向之說。實形氣兼觀。然其理仍未明言。因九運向上天盤四。向上飛星九木火通明。本主聰明。坤方地盤二。天盤六。向上飛星七。山上飛星二。二土也。又爲伏吟。高地氣塞而不通。六七皆金。重土埋金。向上山上飛星遇雙九。以助伏吟之戾氣。故出愚鈍頑夫。如宅斷載上虞鯉魚山錢姓祖墓。二運扦辛乙兼酉卯。又施姓祖墓。一運扦酉山卯向。向上天盤九。雙二到向。得運時。形局相當。及出秀士。是故火見土。尚須以形局當否爲斷。章註言生剋扶泄之理。頗得其理也。

無室家之相依。奔走於東西道路。

〔原註〕有山而無水以界氣。故東西奔走無定所。其應如此。

〔鮑註〕有陽無陰。無所歸宿。故主奔走勞碌。

按。玄空之理。排山有山。排水有水。方爲合局。若排山而遇水。排水而遇山。卽謂無依。章註所謂男以女爲寶。女以男爲家。卽指山水而言也。

鮮姻緣之作合。寄食於南北人家。

〔原註〕南北爲諸卦之首。倘本卦無特朝之水爲配。若南北有水。合得圖書之祕。亦主小富小貴。

〔鮑註〕有陰無陽。不能自立。故主寄食依人。

按。原註之意。以向上無水。旁氣一通。亦主小富。此卽城門一訣。以南北二字釋城門。義亦可通。

右第五段

〔章註〕此節專言生剋制化之理。妙在山水案巒五星九星正變之象。辨別清楚。再辨玄空隨時變易之機。往來進退之理。認得分明。當補者補。當瀉者瀉。制化得宜。自能得心應手。稍有偏勝。定見衰枯。理之必然者也。如火金相剋。當扶水以剋之。或培土以泄之。乃是扶金壯水之至理。若反以木助火。火藉風而愈熾。木生火而愈旺。同祿難逃。土剋水。則水自涸。得金嘴重重。洩土壯水。自有田莊之富。所謂強者宜洩。弱者宜扶。即同此意。火由木出。相得則木火通明。定生聰俊。土本火生。太過則火炎土燥。自產頑愚。男以女爲室。女以男爲家。無家無室。是言孤陰孤陽。無所依靠。故主奔走。寄食於東西南北。

男女多情。無媒妁則爲私約。（章作合）

（原註）若山水無從中用不合圖書之祕。雖山水有情。只爲私約。蓋中五立極之所。猶丹家黃婆爲媒之義

（祖緜按。首二句似有誤字。）

（鮑註）多情如掀裙舞袖。抱肩挨背之砂。形既不潔。復界於陰陽兩卦之間。故有私約之應。

（章註）多情言山形水勢相得之情。媒妁謂立穴定向之得宜。如立穴定向。少有差錯。猶男女不用媒妁。便爲私合。

按。男女指山水而言。多情言形局完美。鮑註以掀裙舞袖抱肩挨背之砂爲多情。實誤。此等砂收。其醜已極。豈能稱之多情。媒妁指理氣言。山水雖多情。而理氣不合。猶私約耳。斯言形理須相兼顧也。

陰陽相見。遇寃仇而反無寃。（章作情　鮑作猜）

〔原註〕山水各得其位。當元合令。雖是相尅。而反有相濟之功。

〔鮑註〕冤仇即上山下水。即陰陽正配。亦斷無猜。

〔章註〕陰陽雖得相見。遇反伏冲尅。上山下水。顛倒誤用。反恩爲仇。定見災殃。

按。下冤字誤。當從鮑本作猜。章本作情。涉上男女多情之情而譌。原註誤。

非（章作惟）正配而一交。有夢蘭之兆。

〔原註〕坐下雖無龍氣。倘得外山與我所喜明堂來水。合配圖書。亦主妾生子而發貴。

〔鮑註〕九一。三四。七八爲正配。乘之固吉。一二。二三。六七。八九。雖非正配。若用得合宜。必產佳兒。夢蘭。鄭穆公事。見左傳。

按。兩註夢蘭作姬妾生子解。失其原意。此言向首雖不得元。而旁宮有水蘊蓄。可作城門者。如宅斷蔡姓祖墓五運扦庚山甲向。取艮方爲城門。即是非正配而一交。猶妾生子之意。鮑註以離九坎一。震三巽四。兌七艮八爲正配。以坎一坤二。坤二震三。乾六兑七。艮八離九。爲非正配。

此將玄空活潑潑之法。流於呆板之術矣。

得干神之雙至。多折桂之英。

〔原註〕卽支兼干出最豪雄之義。

〔鮑註〕干神以四正卦言。如震之甲乙是也。雙至言山上水裏俱吉。總以不出卦爲重。既不出卦。則山非一山。水非一水。用又合宜。故多折桂。折桂者。秋闈也。四維卦亦可謂干神。

〔章註〕雙至卽干支品配得宜。山上水裏。排來都吉之謂。此卽青囊所謂四神第一者。是也。

按原註以兼向釋之。誤。鮑註謂如震之甲乙則龍氣雜亂極矣。將甲乙二字硬解干神。豈知甲爲地元。乙爲人元。鮑意以爲酉山卯向而有甲乙之水。卽爲干神雙至。致不知都天寶照經曰。眞向支山尋祖脈。干神下穴水無憂。寅申巳亥騎龍走。乙辛丁癸水交流。若有此山幷此水。白屋科名發不休。此言寅申巳亥之局。倘能挨排得乙辛丁癸諸字。則山與水。旺星皆到。何愁不發。干神者。指流行之氣乙辛丁癸言也。雙至者。向上有水。而水外又有水。是水雙至矣。若坐後有山。而山後又有山。是山雙至矣。鮑註謂山非一山。水非一水。用又合宜。此三句。略得原意。細觀鮑氏諸註。升堂矣。而未入室也。章註理合而義晦。

右第六段

陰神滿地成羣。紅粉場中空（章本無）快樂。

〔原註〕山本陰質。仍得陰星。水亦得陰神。雖多妻妾。只有空樂而無子。

〔鮑註〕陰神。二。四。七。九也。陰宅疊見於向首砂水。陽宅重遇於門方向首。皆主好色。

〔章註〕四七九二為陰神諸星。重疊於水口三叉。或值門方向首。男女貪淫。

按。坤二。巽四。離九。兌七。皆陰卦也。故曰陰神。若成羣者。如二四七九會於一宮。得令時。主婦人專權。失令時。則婦女淫亂。

火曜連珠相直青雲路上自逍遙。自章本無

〔原註〕山得陽星。水亦得陽星。雖貴而不富。

〔鮑註〕火曜尖秀之峯。即文筆也。連珠一六，二七，三八。四九。九一。一四等是也。遇文筆之砂。挨以官貴之星。故發貴。

〔章註〕火曜即尖秀挺拔之峯。排立於主山朝案。用又得一六連珠之妙。自能早登科第。得志於當時也。

按。原註誤。鮑註以一六二七三八四九爲連珠是也。惟九一一四兩者。非生成之數。不必妄行加入。排山時得尖秀之峯。適在生成之數宮內。合時則吉。

非類相從。家多淫亂。

〔原註〕水若反弓。雖相合而亦主淫。

〔鮑註〕非一九二六三四七八之正配。即爲非類相從。雜亂也。故有此應。亦兼砂不潔言。

按。到山到向之地。人以爲吉矣。豈知排水處遇斜飛反跳。排山處遇巉巖竄砂。即非類相從。

雌雄配（章作相）合。世出賢良。

〔原註〕山迎水抱。雌雄正配。故出人亦正。

〔鮑註〕山上之陽。遇水裏之陰。水裏之陽。遇山上之陰。是爲配合。故有出賢良之應。

〔章註〕所云相從相合者。總言山上水裏之玄空及方位。干支清純錯雜之應驗耳。

右第七段

棟（章作負棟）入南離。驟（章作竚）見廳堂再（章作更）煥。三九

〔原註〕九紫運龍從卯乙來脈。坐午向子兼丁癸。則九紫運當驟發。木生火尤速也。此爲龍來三九逆去爲穴。應主八十年之富貴。

〔鮑註〕三九而逢流年巽至。有廳堂再煥之象。巽爲棟。震爲喜笑。離爲光明也。

〔章註〕負者。排也。挨也。排震木加於離火。出乎震者。復相見乎離。故有廳堂之再煥。

按。原註以三碧龍。建九紫宅。以爲棟入南離。非也。八十年富貴。因立子山午向。挨星由中宮而乾而兌而艮至離。計八十年。越八十年則令星入囚矣。鮑註不足爲訓。棟入南離。如三運子山午向。是因雙三到向。地

盤九。暗合棟入南離。方爲正格。又三運艮山坤向。天盤九。雙三到向。亦同。

車驅（章作驅車軔）北闕。時聞丹詔頻來。一六二

〔原註〕一白運龍從巽來。立坎山離向。即四三二一龍逆去。四子均榮貴之義。

〔鮑註〕一六而逢年上坤來。有丹詔之應。坤爲車爲國爲書。乾爲君。坎爲三義。

〔章註〕乾金排於坎水。成乎地者。又生乎天。天地生生不息。定主丹詔頻來。

按。鮑註云。一六而逢年上坤來。此句近是。天盤與山向飛星爲一六過三者。是處有水。方爲驅車北闕之應。如七運酉山卯向。艮方天盤一。山向飛星爲二六。若是方有水。可作城門之用者。始有斯應。章註以後天之坎。卽先天之神。一六居坎位。乾坤暗合。爲天地生生不息。其說迂回。

苟（章作全）無生氣入門。糧艱（章作蹇）一宿。

〔原註〕入首一節應初年。若入首值衰敗。則家無隔宿之糧。或用順排父母。主代代人才消退。

〔鮑註〕陰宅水上排來全無生旺。陽宅向首門路。又逼衰敗。故有此應。

按。原註以入首一節。及上山下水分解。立義欠嚴。所謂無生氣者。實指上山下水而言也。

會有旺星到穴。富積千鍾。（章作箱）

〔原註〕入首生旺。以水爲救。水之剋入。正龍之生入也。

〔鮑注〕會者。二三處吉水。會於向也。如果屈曲朝來。主大富。

〔章註〕無生氣。有旺神。總言宜生不宜剋、宜旺不宜衰。此亦趨吉避衰之最要者也。

按。原註鮑註。均皮傳。會者副詞。非會合之會也。鮑作連珠水解。似是而非。旺星指向首一星言。如一運一到向。二運二到向。三運三到向之類是。到向而向上有水。卽是旺星入穴。

右第九段

相剋而有相濟之功。先天之乾坤大定。

〔原註〕先天之氣。惟以生旺衰敗為主。若山水皆得生旺，雖相剋無礙也。

相生而有相凌之害。後天之金木（章作水）交併。

〔原註〕若山水不合。各有生旺。雖相生而亦主凶。便以後天金木相剋斷之。

右第十段

〔鮑註〕平視後天卦。有方位無對待。豎看先天卦。有對待無方位。以地面視之。天在上。地在下。故高者乾。而低者坤。天之黃道高於午低於子。故乾南而坤北。日生於東。月出於西。故離東而坎西。此先天對待之象也。洛書坎離二卦。勢常違而情常親。故有相濟之功。究之先天本屬乾坤、洛書坎兌金水相生。先天則為坎坤。非對待卦也。玄空妙用。無與先天。此先奉書者示人以對待之象也。

〔章註〕此言河洛先後天。陰陽變易之機。五行顛倒之氣；顛倒變易。相克相生。乃陰陽五行自然之理。且先天主體。後天主用。為體者不可以用言。為用者不可以體言。所謂先後八卦。體用咸明者。此也。

按。章本木作水。鮑註言洛書坎兌金水相生亦作金水。與章本同皆非是。此言河洛之體用。先天之乾坤。即後天之坎離。先天之坎離。即後天

之震兌。則本文當作後天之金木交併。至先天何以變後天。詳拙著先後天釋疑一文。（載光華大學半月刊）

木傷土而金位重重。雖禍（章作禍須）有救。

〔原註〕木剋土以金制之。故云禍有救。

火剋金而水神疊疊。災不（章作亦）能侵。（章作讓）

〔原註〕火有水制。故不爲害。

土困（章作濕）水而木旺無妨。金伐木而火熒何忌。

〔原註〕以木制土。以火制金也。

右第十一段

〔鮑註〕玄空之法。不以生剋爲吉凶，而以得時失時爲吉凶。得時者。生我吉。剋我亦吉。失時者。生我凶。剋我尤凶。如艮交震巽、七遇無礙。破武遲弱。兼貪反吉。貪若兼巨、尤須震巽、文兼武破。要用彊星。此因時補救之大旨也。

〔章註〕此節申言生剋制化得宜之妙。必須形氣兼看。方得制化之精微。如形合而氣不合。或氣合而形不合。稍有偏勝。制化雖得。亦見榮枯。理勢之必然者也。

祖緜按鮑註允凡到山到向雖剋亦吉。上山下水雖生亦凶。

吉神衰（章作忌神旺）而忌神旺。（章作制神弱）乃入室而（章作以）操戈。

〔原註〕吉不當令。忌反當令。故有操戈之暴。若山下水。水上山。兩相冲剋。亦如以斷。

凶神旺（章作吉神衰）而吉神據。（章作凶神旺）直開門而揖盜。

〔原註〕復接上三句。制神失令。忌神當令。猶開門揖盜何所用耶。

右第十二段

〔鮑註〕忌神凶神。三七也。忌神言山上排龍。凶神言水裏排龍。旺謂強旺。非生旺也。制神吉神主當元生旺説。生旺方之山水弱而小。三七方之山水強而大。其應如此。

〔章註〕剋我者。謂之忌神。制神即剋制我之神也。旺者強也。衰者弱也。制剋無權。定見操戈之患。吉不敵凶。自有揖盜之災。要之一貴當權。諸凶咸服。衆凶剋主。獨力難支。此亦扶生制剋之一法也。

按。鮑註以三七爲忌神凶神訣也。如酉山卯向。辛山乙向。以三七運爲旺。三運向上三七雙至。七運則坐山三七雙至。又卯山酉向。乙山辛向。亦以三七運爲旺。三運山上三七雙至。七運向上三七雙至。皆爲旺山旺向。總之合時則震庚會局。文臣而兼武將之權。失時則兌位明堂破震。主吐血之災。此三七須以活潑潑斷之。

重重剋入。立見消（章作死）亡。

〔原註〕既不當令。又過重重相剋。故有立見消亡之禍。

〔鮑註〕剋入指衰敗之氣。言陰宅向首案帶三叉水口。皆衰遇敗。立見傷丁。陽宅向首門路。俱屬衰敗。先破財。後傷丁。

按。剋入本吉。奧語曰。生入剋入名爲旺是也。鮑註以剋入指衰敗之氣言。與奧語不合。惟重重剋入。則剋制過甚。雖生旺亦作衰敗論。此過猶不及之妙理也。

位位生來連添財喜。〔章作喜氣〕

〔原註〕若更當元。又兼重生入。美之愈美。故有連添財喜之慶。

〔鮑註〕生生旺也。陰陽二宅。向首水口門路等。舉見生氣旺神。故主添丁發財。

按。生來即生入。如天盤生地盤。向首生中宮。城門生中宮。向首雙星亦自相生。方合位位相生之說。

不剋我而我剋。〔章作剋我同類〕多出鰥寡孤獨之人。

〔原註〕他既不來剋我。而我反去剋他，亦猶生出剋出之義。

〔鮑註〕剋、衰敗也。水上排來，雖得一二吉神。山上排龍，俱屬剋氣。出鰥寡孤獨。是指山地言。

按。剋我者爲剋入吉。我剋者爲剋出凶。鮑註以山上水裏立說誤矣。詳下。

不生我而我生。〔章作我生生我家人〕乃生俊秀聰明之子。

〔原註〕不生我而我自相生，雖不當元。亦生後秀聰明之子。至當令時必發矣。

〔鮑註〕生。生旺也。水上排來得一二吉星。山上排來。不止一二吉星。故主生聰明之子。合上文參觀。可見人丁爲重。我。向首也。同類家人左右二爻也。

按。原註非。鮑註更謬。諦語曰。從外生入名爲進。定知財寶積如山。從內生出名爲退。家內錢財皆盡費。生我者。從外生入也。我生者。從內生出也。原文似有譌字。章作生我家人。恐係原文有書。而妄自增竄。鮑註亦然。然生入剋入生出剋出。若向首一星得令。雖生出剋出亦無咎。若向首一星失令。雖生入剋入亦凶。

右第十三段

〔章註〕生則不剋。剋則不生。陰陽五行。自然之理也。所云位位最重。指門方水口而言。門方水口有生入剋入之利害。同類家人。指干支卦爻而言。干支卦爻。有正剋旁迎之吉凶。一生一剋。一正一旁。應驗各殊。讀者當察五行之性情。山水之形勢。去[illegible]之間。趨生避死迎旺去衰。自無死傷孤寡之患矣。

爲父所剋。男不招兒。

〔原註〕被當剋陽星所克或破碎。皆有此患。

按。父指向首言。男指向首旁宮也。向雖吉。而旁宮應有水處反無水。其氣不通。卽作男不招兒。

被母所傷。女不成章作難得嗣。

〔原註〕生旺處被水冲斷。或衰敗方有岡路直冲。則女不能成隊。

〔鮑註〕此四語指兩卦夾雜言。如乾雜震巽。卽爲父所剋。三四夾七。卽爲母所傷。金剋木。長子難招。土剋水。仲子必亡。木剋土。少男有厄是也。

按。母指坐山。女亦指山之旁宮言也。山上形勢雖吉。但旁宮應有山處而反無山。其氣阻塞。卽作女不成嗣。原鮑兩註均有語病。章註較勝。惜未能概乎言之爾。

後人不肖因生方之反背無情。

（原註）言生旺方來龍反背而去。或生旺水去反跳者。皆是。

按。生方之生。與生入生出之生字異。生者。如一運排水處得一字爲旺。二字三字爲生。若生方水形反背。皆主後人不肖。

賢嗣承宗。緣生位之端拱（章作方）朝揖。

（原註）生位有情端拱朝揖。雖不當元。亦生賢嗣。

（註飽）旺主當時。生主將來。故後嗣全賴生方之山端拱朝揖。不可反背無情。

按。位指山之形勢。如一運排山。遇二三等字。形局端拱朝揖者。主產賢嗣。

右第十四段

（章註）木受金尅。長子離招，水被土傷。次子無嗣。皆指玄空而言。非指方位。朝揖反背。言山水之情形。生方旺方。言挨星之得失。生方果有眞情。相向拱有朝揖情形。兒孫定多賢良孝友。此因形察氣。因形求形之法。總之。必兼形氣理以推休咎。方一毫不爽耳。

我剋彼而反（章作竟）遭其辱。因（章作爲）財帛以喪身。

〔原註〕水本以剋我爲旺。而我反去剋他。故有因財帛喪身之應。

〔鮑註〕山形乖戾。勢如逼近。滴山上之星剋制水裏之星。一失運必有是應。

按。原註是也。財帛指水言。我剋彼係剋出。反字章本作竟是也。鮑以山形釋之。非。當因此句言水。下句言山也。

我生之而反被（章作受）其災。（章作殃）爲（章作因）難產以致死。

〔原註〕我不當令。而反生彼。彼不當令。反以生旺之星下水。故有此應。

〔鮑註〕此亦指山形內惡似碎砦。山上之星。滴生水裏之星是也。

按。原註是也。我生之。卽生出也。生出故人丁稀少。然到山到向之地。山上水裏。不論剋出生出。只要令星到山而有山。到水而有水。主財丁兩旺。若一失運。此四句方有應徵。讀者不可以詞害旨。

右第十五段

〔章註〕生之太過。反主死傷。剋之太盛。反遭其辱。均由形氣乖戾之故。所謂過猶不及者此也。

腹多水而膨脹。二

〔原註〕坤爲腹。遇坎水重重。不當令者應。

〔章註〕坤爲腹。爲土。土衰不能制水。自有膨脹之病。

〔鮑註〕坤爲腹。坎爲水。土敗不能制水。故主腹疾。

足以（章作見）金而蹣跚。三六，七

〔原註〕震爲足。被金剋而不當令。故有蹣跚之應。

〔鮑註〕震爲足。遇六七剋之。故主足跛。

〔章註〕震爲足爲木爲肝。肝主血。受乾兌金剋。則木壞肝傷。主足跛吐血之證。（按此段與下兌位明堂破碎一節並註）

祖緜按。天盤二申。加臨一上。六戌加於甲上。若失元或方位形勢險惡。亦主足疾。因申戌亦西方金氣也。

巽宮（舊作路。今從章本改正。）水路（舊作宮，今從章本改正。）繞乾。爲（章作主有）懸樑之犯。（章作厄）

〔原註〕或水或路。巽乾相冲氣。乾爲首。巽爲索。如不當元。故有懸樑之厄。

按。舊作巽路水宮誤。巽路與下兌位不叶。水宮與明堂不叶。且水宮兩字易誤作坎宮解。今據章本校正。原註巽爲索。此說不典。說卦傳巽爲繩直。若水路繞乾。雖當元而形勢相躔者。亦主懸樑之厄。然不躔無咎。

兌位明堂破震。主（章作定生）吐血之災。

〔原註〕明堂。聚水處也。兌以震爲明堂。兌在下元。陰陽相反。兩敵爲讎。兌爲口爲血爲肺。震爲肝。兌被震水冲破。肺肝兩傷。故有吐血之躔。

〔鮑註〕山得三。水得七。恰逢向首是也。

按。上文四六合十本吉而凶者爲躔。故此三七亦合十本吉所謂凶者。由於破也。原註近當。惟兌在下元。陰陽相反。此說有疵。

風行地而硬直難當。室有欺姑之婦。四二

〔原註〕坤爲老母。如姑。巽爲長女。如婦。形來硬直。如値失令。以巽木剋坤土。故家有欺姑之婦也。如當元則減等。

〔章註〕巽爲長女。坤爲老母。風行地。則坤母受制於巽女。更兼形勢硬直無情。故有欺姑之婦。

按。此句重在硬直兩字。因形察氣也。全段皆類此。風地爲陰神。原非吉占。

火燒天而張牙相鬥。家主罵父之兒。九六

〔原註〕乾爲天。爲父。離火來剋。其形更如張牙相鬥之狀。必生罵父之逆子。失元者應。

〔章註〕乾爲天。爲父。爲金。受剋於離火。更有張牙不遜之勢。必生不孝之兒。此種大關風化。全在立穴定向之際。斟酌得宜。術能挽逆爲順。實有功於名敎也。

按。家主之主字。他本作生字。是也。此節重在張牙相鬥。故生不孝之子。章註以立穴定向之際。斟酌得宜。猶言避去形勢險惡也。六九同宮。若不張牙相鬥。得本元之旺氣。則爲丁丙朝乾。貴客而有耆耋之壽是也。

右第十六段

〔章註〕此節總言相剋之利害。戟驅吐血。欺姑罵父。皆形氣相剋之應驗也。讀者當細心參考。宜兼形氣。方得九星八卦之精微耳。

兩局相關。必生雙（一作孿）子。

〔原註〕即靜一局。動一局。皆得當時生旺。或辛戌二峯。運在六七運中。乙辰二峯。運在三四運中。亦生雙子，此即寸兼十出之義。

〔鮑註〕孿下。雙產也。兩局相關。兩卦會局也。如立向在陰陽交界，或兩卦騎縫處。必一吉一凶。兩局皆吉。故提孿子。兩局皆凶。亦應禍不單行。一吉一凶。有見吉不見凶。有吉凶並見者。須細細詳之方象。

按。鮑註誤盡蒼生。陰陽交界。尚有替卦之可用。騎縫處陰不是陰陽不是陽。戾氣所鍾。豈有吉之可言邪。飛星賦曰。豈無騎線遊魂。鬼神入室。更有空縫合卦。夢寐牽情。此其明證。兩局相關者。即雙山雙向也。天玉經曰。雙山雙向水零神。富貴永無貧。　家大人地理辨正抉要曰。雙山雙向者。如現在二運。用丑山未向。爲到山到向之局。而向上有水。又爲零神。其地無休咎矣。倘坐山之後。又有大山。向水之前。又有明水。局勢寬大。故以雙山雙向形容之。言到山者不止一山。到向者不止一水也。則其地之富貴可卜。然此言必生雙子。則當以山局爲斷也。

孤龍單結定主（作章有）獨夫。

〔原註〕如乙辛丁癸之類。惟一字上來脈神弱。故主單傳。

〔鮑註〕孤龍。一吉之龍也。不能兼他卦輔救。故有獨夫之應。

按。理氣合。而形勢孤單。雖到山而丁氣亦不旺。此謂巒頭不眞而理氣收效亦微也。章采可采。

右第十七段

〔章註〕兩局指承氣收水而言。孤單指地氣形勢而言。此節專言龍水闊狹厚薄之應。

坎宮高塞而耳聾。

〔原註〕下元坎方高塞。應主耳聾。

按。原註以元旦盤坎方立說。誤。此坎字以流行之氣言。細參章註自明。不獨高塞耳聾。如坎方有風吹刲。亦患此症。

離位摧殘而目瞎。

〔原註〕上元離位摧殘。或建廁。皆主損同墮胎。

按。原註以上元離位言。與上句之誤同。離位摧殘固凶。或是方有紅屋。亦主目疾。玄機賦曰。離位巉巖而損目是也。

兌缺陷而唇亡齒寒。

〔原註〕下元兌方缺陷。或水冲敗。皆主缺唇音啞口喉諸病。

按。原註刪去下元二字。其意始明。玄機賦亦曰。兌不利歟。唇亡齒寒。

艮傷殘（章作破碎）而筋枯臂折。

〔原註〕艮爲脊。爲背。爲手。爲足。爲鼻。下元艮位傷殘。故有臂折筋枯之應。

按。原註亦應刪去下元艮位四字。玄機賦曰。艮非宜也。筋傷股折。同此。

山地被風。（章作風吹）還生瘋（章作風）疾。八，二四

〔原註〕山艮地坤皆屬土。若失元。而被巽木來剋。故有風疾之應。

雷風金伐。（章作因金死）定被刀傷。（章作兵）三四，六七

〔原註〕震雷巽風。皆屬木。若失元而被金剋。定主刀斧之傷。或遭兵燹。

右第十八段

〔章註〕坎耳離目。艮手震足。皆兼形氣以占休咎。所言卦理。是玄空變易之卦理。非南離北坎之定位。讀者切勿誤會。如坎方高塞。定主耳聾。離位傷殘。必多目疾。兌取象於口。缺陷則唇亡齒寒。艮取象於身。破碎則筋枯臂折。艮坤爲土，巽風吹刮。風疾雖逃。震巽爲水。乾兌金傷。刀兵必至，種種均由縱橫顚倒。相冲相射。形氣之所應也，

家有少亡。只爲冲殘子息卦。

〔原註〕我生者爲子息。若子息位被冲傷損。破每主少亡。

按子息卦章註詳。原註以我生爲子息。殊誤。下節同。

庭無耋老。章作耆老 多因裁章作攻 破父母爻。

〔原註〕生我者爲父母。若父母卦位破碎。則家無耋老。或中元乾位損者。亦如是。

右第十九段

〔鮑註〕如乾卦。乾爲父母。戌亥爲子息。乾坤爲父母。震巽爲長。坎離爲仲。艮兌爲季。俱爲子息。父母破損。家無耆老。子息破損。室有少亡。衝殘攻破。皆言受剋一。

〔章註〕乾坤爲父母。六卦爲子息。此八卦之父母也。諸卦自爲母。三爻爲子息。此一卦之父母也。玄空之父母子息。則又以變易干支者爲父母。以何位何宮倒地翻天者爲子息。冲殘攻破。言生氣之受剋耳。

漏道在坎宮。遺精洩血。

〔原註〕遺精洩血。腎經下體之病也。上元坎方有漏道。則男主遺精。女主洩血也。

〔章註〕水分兩處曰漏道。非分濱分枝之謂也。坎為水為腎。主精血。是方有水傾奔走。便是腎氣不固。自有遺精洩血之病。其餘顛病風狂。皆言因形察氣之法。

按原註以上元坎方立說。捨流行之氣而不顧。與理氣不合。

破軍居巽位。顛疾風狂。

〔鮑註〕破軍非兌卦也。言欹斜破碎。形似金星。巽上逢之。故出顛狂也。

開口筆插離方。必落孫山之外。

〔原註〕離主文明。峯宜尖秀。故曰文筆。官星。倘破碎而開口。雖有文而不中。故有落孫山之應。

離鄉砂見(見章作飛)艮位。定遭(章作亡)驛路之亡。(章作中)

〔原註〕艮為山。為岩壁。倘此方有反背離鄉砂。更逢失元。主流亡於外。或山腳驛路之旁。

〔鮑註〕砂形向外反拖曰離鄉。艮為徑路。此砂見於艮位。故主客死。

右第二十段

按。此段坎巽離艮在五運以南離北坎東南巽西北艮之定位斷。其他各運。則以流行之氣推之。然漏道。破軍。開口筆。及離鄉砂。若斯山形水勢。有一於此。卽非吉地。棄之可矣。但此據五運而言也。坎爲漏道。又逢漏道。陰過甚矣。巽爲風。破軍體形。是金剋木。風顚生矣。開口係兌形。以火剋之。則不能成名矣。離鄉砂係砂飛竄者也。說卦傳曰。艮止也。又艮爲山。爲徑。飛竄則山不止。故有驛路之應。此兩句宜从章本。

金水多情。貪花戀酒。一七

〔原註〕坎爲中男。兌爲少女。主男女多情。坎爲水。爲酒。兌爲金。爲娼。水性淫蕩。値失元之時。故有貪花戀酒之應。

按。一七生旺時金水相生吉。衰敗時遇之方有此應。飛星賦所謂破近文貪秀麗。乃温柔之本是也。

木舊作水。今從章本校正。金相反。背義忘恩。三七

〔原註〕上文七運而用一白。此則一運而用七赤。為運之相反失令。金主義。故曰背義忘恩。無取用。

〔鮑註〕金。兌也。水。坎也。木。震也。兌為少女為宮。坎為淫為酒。多情如砂有抱肩挾背等形。木為仁。金為義。相反。形向外也。此皆形體不整。故有山應。

按。舊本木作水。似涉上而誤。今從章本校正。原註據誤本而解。非是。鮑註以水木金三者合註。亦界限不清。細參章註。其理自悟。

震庚會局。文臣而兼武將之權。三七

〔原註〕震甲為文士。庚為武將。若上元震山庚水庚峯。向水兼收。即三陽水向盡源流之義。下元兌山震水甲峯。亦主文武全備。失元不應。謂為金木交併。

〔鮑註〕山三水七。或山七水三。得時皆有此應。

按。一卦三山分天地人。玄空之理。不能相混。此言震係震之甲卯乙三

山也。震庚卽甲庚。而含有卯酉與乙辛也。震爲玄黃。爲皆專有文章之象。原註以震甲爲文士。誤。兌爲毀折。爲附決武人之象。原註庚爲武將。亦誤。章註以震爲天祿。庚爲武爵。以叢辰釋卦理。家法不合。史記日者列傳叢辰家與堪輿家本殊途。術士不察。混而爲一。傎矣。

丁丙朝乾。貴客而有耆耄之壽。九六

〔原註〕下元九八七六逆排父母。主八十年之久。故主貴壽。上元不應。

〔鮑註〕離爲南極主壽。乾爲貴客。山上六。本遇九。得時者應。

按。丁丙離宮二山。不言午者。此據人地而天在其中矣。乾爲戌乾亥三山。惟其中有至理。乾午加臨。則火剋金。雖貴恐無耆耄之壽。丙戌加臨。爲火生土。亥丁加臨。爲水火既濟。方主貴客而有耆耄之壽。原註以下元九八七六。逆排父母。章註以丁爲南極。丙爲太微。均皮傅之談。

天市合丙坤。富堪敵國。九八二

〔原註〕天市。艮也。合丙坤。即二一九八進氣。或坤山坤向坤水流之類。故曰富堪敵國也。

〔鮑註〕八九排在水上。又二來合十。故有此應。

按。艮宮丑艮寅三山。離宮丙午丁三山。坤宮未坤申三山。地元龍丑未臨丙。天元龍艮坤臨午。火土相生。主富敵國。若人元龍寅申臨丁。寅申一冲。丁又剋申。寅雖到山到水。木火通明。主出貴顯。非富格也。

離壬會子癸。喜產多男。一九

〔原註〕離水至壬而止。子癸進氣。即支兼干出最豪雄也。在上元主多男丁盛。

〔鮑註〕離爲喜。九一爲正配。故主多男也。

按。離宮丙午丁。坎宮壬子癸。中男中女。水火既濟。故多男。原註以支兼干出大誤。鮑註以離爲喜亦臆斷。說卦傳曰。離其於人也爲大腹。此多男之兆。玄空祕旨以此段爲最難解。故同宮加臨。仍與本宮有關。紫白訣曰。又當與本宮原坐星殺合論。是也。章註亦未明晰。

右第二十一段

〔章註〕金水多情，木金相反，是言玄空之金木，非西金東木之方位，震為天祿，庚為武爵，玄空會合，文武全才。丁為南極。丙為太微。果真情朝拱。主貴而多壽。艮為天市。本主財祿。又得火土相扶。故富可敵國。離壬子癸會成既濟。主多男之慶。終必體得其體。用得其用。方有是徵。若拘拘於呆法者。百無一得也。

四生有合人文旺。

〔原註〕上元一二三四之山，有九八七六之水。配成合十之數，下元六七八九之山，有四三二一之水，配合一六二七三八四九生成之數。主旺人文。

〔鮑註〕寅申巳亥四生方之山。挨着吉星。主旺人文。

按。原註誤。四生者。人元龍之寅申巳亥也。木長生在亥。火長生在寅。金長生在巳。水長生在申。人元龍之向。寅與亥合。八六同宮。是巳與申合。四二同宮是。章註此段立說欠嚴四旺無沖田宅饒。

〔原註〕四旺即上元九八七六。下元四三二一之水。無有沖破。故主田宅富饒。如失運即有山上龍神下水之患。

〔鮑註〕子午卯酉四旺方之水。挨著生旺。主饒田宅。辨爲臨穴之大旨。實挨星進一層法也。

按。四旺。鮑註以子午卯酉釋之。是也。水旺於子。木旺於卯。火旺於午。金旺於酉。子午沖。酉卯沖。若立四旺之向。三九同宮。木火通明。一七同宮。金水清秀。即無沖之謂也。上句言人文旺。此句言田宅饒。作者不過取對仗而已。然四生得令可旺人文。可饒田宅。四旺亦同。鮑註分兩層立說。斯以辭害旨矣。

丑未換局而出僧尼。震巽失宮而生賊丐。二語舊本無。今據章本增入。 三四二八

〔鮑註〕坤爲寡。艮爲閽寺。故出僧尼。震爲守。爲草莽。動而不正。有賊象。巽爲近市利。卑而不正。有丐象。二語當兼形體言。

按。丑八未二。如二運之丑山未向。坤上天盤八。向上飛星爲二八。又八運未山丑向。山上天盤二。山上飛星爲二八。到山到向。主財丁。惟其家喜與僧尼爲侶。爲二運坐空朝滿之地。而用此向。主出僧尼無疑。換局者。猶言不當局也。震三巽四。如四運之酉山卯向。山上天盤二。向上飛星爲九四。上山下水。本爲不吉。兼以四加震上。即爲震巽失宮。主生賊丐。因說卦傳震爲決躁。巽爲進退。爲不果。失令皆賊丐之象。

南離北坎。位極中央。章作天

一九

〔原註〕南北爲中天立極之所。八卦之父母。其最力厚。能管諸方。故配合之道。以天地爲定位也。

〔鮑註〕坎離二卦。得乾坤之中氣。合時者至貴。

按。五運立子山午向。癸山丁向。向上天地盤九。山上天地盤一。向上飛星爲五六。五即九之寄宮。山上飛星爲四五。五即一之寄宮。中宮飛星亦爲九一。此南離北坎。各得其位。天王經曰。午山午向午來堂。即此之謂也。

長庚啓明。交戰四國。三七

〔原註〕長庚。西也。啓明。東也。東在天地之左。爲陽爲生。主晝。即日之東升。升則處處皆得陽明生旺之氣。西在天地之右。爲陰爲死。主夜。即日之降也。降則處處皆昏暗陰慘矣。四面八方。此陽彼陰。此陰彼陽。山水西配交媾之義準此。

〔鮑註〕兌爲長庚。震爲啓明。合時用之。主出武略之人。

按。五運之卯山酉向。天地盤向上爲七。七長庚也。山上爲三。三啓明也。向上之飛星爲五一。五寄於兌。金水相生。山上之飛星爲九五。五寄於震。木火通明。故主出武略之人。

健而動。順而動。三字章本無 動非佳兆。

〔原註〕健者。龍也。順者水也。若龍水皆得時令之陽。陽爲生旺。宜於龍脈之主動。水本靜也。受時令之陰氣。今亦反陽。是獨陽不生矣。故曰非佳兆也。

按。原註以健爲龍。順爲水。誤。章註玄妙。術者不能領會。說卦傳曰。乾健也。坤順也。乾天坤地。自乾當作向。坤當作山。向動山靜。今水動而山亦動。陰陽相失。此指雙星會合於向首言也。奧語曰。順逆行二十四山有火坑。火坑者。卽動非佳兆之謂也。

止而靜。順而靜。三字章本無。靜亦章作罔不宜。

〔原註〕脈之止處。亦得時令之陰氣。蓋入首最要生旺。而與水皆陰。是孤陰不生也。故曰不宜。

〔鮑註〕乾健坤順。艮止巽入。不宜衝靜宜安靜。此以動靜辯吉凶也。

按。鮑註以艮作止。巽作入解。非是。此止字當是健字之誤。健宜動。今則反靜。此山靜而水亦靜。陰陽相失。此言雙星會合於坐山。故靜亦不宜。

富並陶朱。斷是堅金遇土。章作堆金積玉

〔原註〕下元六七之山。而遇神水。爲水之生入。主富。或六七之山。而遇艮水亦然。此卽六七八之山一片是也。

按。堅金。乾也。如六運立甲山庚向。兌宮天盤八。向上飛星爲六二。若向上又有水放光。吉不可言。卽堅金遇土之謂也。

貴比王謝、總緣喬木扶桑。（章作疎）三四

〔章註〕卽上元震山而配兌水。或艮水。主富貴 卽三四。輔扶是也。

按。原註以上元震山而配兌水。指三運之卯山酉向言也。因震爲木。又原註或艮水三字。艮方排水係二。在三運二爲休氣。不吉。乾方排水爲四。爲未來之氣吉。似或艮水爲或乾水三字之譌。

辛比庚。而辛要（章作更）精神。

〔原註〕辛庚雖屬同卦。然有順有逆。所用不同。故有遇庚固吉。而遇辛更精神百倍也。

按。原註含混。章註亦然。鮑註似是而非。兌宮庚酉辛。辛比酉。酉比庚。中隔酉。故辛不能比庚。此言辛比庚者。如三運立乙山辛向。向上庚酉辛有水。庚字之水。不可較辛字處爲大。酉字亦然。不言酉者。包括於庚辛之中故也。辛要精神者。言辛方之水。較庚方更要有精神。此示向首用水之法。詳見 先子地理辨正抉要奧語第八裁屈曲流神認來去解。及天玉經水上排龍照位分兄弟。更子孫解。青囊序水交三八要相過解。

甲附乙。而甲亦（章作益）靈秀。

〔原註〕此言震卦一宮。總要從父母而來。即三陽一宮之義也。

〔飽註〕辛庚皆兌。甲乙俱震。四向各有所宜。辛略勝。庚。甲不遜乙。合下壬癸丙丁方。言羅經立向。隨時不同。舉四正以例四維。學者融會貫通之可也。

按。章本亦作益。義勝。甲乙雖同宮。中隔卯。亦不能附。此言四六運立庚山甲向。甲上之水。如放光蘊含。則吉。倘乙上之水反大。卽犯陰陽差錯之病。甲盆靈秀者。言甲方之水。須較乙水爲靈秀也。餘同上。

癸爲玄龍。壬號紫氣。昌盛各得有因。章作有攸同

〔原註〕癸旺本宮。壬順對位。各有順逆不同。元有六甲之辨。故曰各得有因也。

〔鮑註〕癸壬各有宜用之時。非癸向爲吉。壬爲凶。亦非壬向爲吉。癸爲凶也。故曰昌盛各有攸司也。

按。原註癸旺本宮。壬順對位。大悖玄空之理。鮑註是也。元龍紫氣。雖爲吉曜。然用非其時。亦作凶論。盛衰之因。由於挨排順逆。逆則昌盛。順則衰敗。故曰。昌盛各得有因。

丙臨文曲。丁近傷官。人財因之耗乏。

〔原註〕丙雜巳。巳爲文曲。丁雜未。未以火生土。爲傷官。龍水有犯此者。人財散耗乏之應。龍雜主丁。水雜主財也。

〔鮑註〕五運丙向。四運丁向。皆人財耗散之局。傷官。五黃也。近。鄰近也。

按。此言坤壬乙一訣。丙兼巳。是爲文曲。丁兼未。火生土。我生者爲子孫。子孫卽傷官食神是也。此種子平術名。不宜施於卦理也。然兼之得宜。如六運之壬山丙向。到山到向。何致人財耗乏。原鮑兩註。不知替卦之妙用。章註雖知之。亦祕而不宣爾。

右第二十二段

〔章註〕有合無冲。卽彼此生生。無冲射反伏也。東木西金。南離北坎。寄四生四旺。各得其宜也。健動止靜。謂干支卦爻清純者爲靜止。錯雜者爲動健。論山水則以形動者爲動。形靜者爲靜。所謂行乎不得不行。止乎不得不止。氣勢兩兼。方是眞動眞止。王謝陶朱。皆言砂水峯巒體用兼得之妙。甲乙庚辛。不拘來山去水。方位干支。須歸一路。如丙雜巳。丁入未。不知挨星妙用。而又出卦。自有偏枯耗散之病矣。

見祿存瘟㾮必發。遇文曲蕩子無歸。

〔原註〕此二句。總結上文。若龍水雜。此應於一碧四綠運中。

值廉貞而頓見火災。

〔原註〕值五黃運。在中央爲土。在外即廉貞火也。

逢破軍而多虧身體。

〔原註〕火剋金也。以上皆因夾雜之故。至其元而應。
〔餘註〕祿存。三也。文曲。四也。廉貞。五也。破軍。七也。非時而向上逢之。其驗如此。尙可忽乎哉。

按。此四句曰見。曰遇。曰值。曰建。四字當重讀之。非祿存爲瘟瘴。文曲爲蕩子。廉貞爲火災。破軍爲疾病也。如三運見祿存。四運遇文曲。五運值廉貞。七運逢破軍。皆本運之吉星。又如二運排水有水而見祿存。三運排水有水而遇文曲。四運排水有水而值廉貞。六運排水有水而逢破軍。皆爲未來之旺星。此言見遇值逢者。在休咎時。年月紫白與原造之地盤。及專臨之天盤。若祿存再見祿存。文曲又遇文曲。廉貞又值廉貞。

破軍又逢破軍。方有此應。

四墓非吉。陽土陰土之所裁。（章作賁鵠裁）

（原註）四墓辰戌丑未。乃戊己寄旺之所。陽戊寄未辰。陰己寄丑戌。四墓有生旺時。俱以爲龍。有衰敗時。俱爲消水。俗師止知用於水口。而不知亦有叩金龍之動時也。惟犯乙辛丁癸之位。則每多消索。用者須知所忌耳。

按。辰戌丑未。四墓也。木墓於未。亥卯未合木局故。火墓於戌。寅午戌合火局故。金墓於丑。巳酉丑合金局故。水墓於辰。申子辰合水局故。蓋首一字寅申巳亥。四生也。中一字子午卯酉。四旺也。下一字辰戌丑未。四墓也。四墓皆陰。原註以戊己寄宮釋之。非是。凡天盤辰戌丑未墓加臨於墓上者。爲陰。甲庚壬丙加臨於墓上者。爲陽。陽順陰逆。陰吉陽凶。原註謂犯乙辛丁癸之位。此以兼向釋四墓。殊謬。鮑註亦同此病。

四生非凶，卦內卦外由我取，

〔原註〕四生本吉非凶。若在卦內則吉。卦外則凶。無有一定。總以得時爲吉。悖時則凶。惟在人之合合。取用配合圖書而已。

〔鮑註〕辰戌丑未四墓支向。俗謂不吉。然有時大吉。寅申巳亥四生支向。俗謂無凶。然有時大凶。皆須以運爲準。且四墓四生。最易出卦。有雜乙辛丁癸甲庚壬丙而凶者。亦有兼之而反吉者。須辨明卦內卦外。然後取用之可也。

按。四生。寅申巳亥也。五運之寅申申寅巳亥亥巳山向皆凶。其他各運。乙辛丁癸加臨於天盤者。則吉。因寅申巳亥皆陽。乙辛丁癸皆陰故也。卦內指地盤。卦外指天盤。由我取者取流行之氣也。

若知禍福緣由。章作因。妙在天心橐籥。

〔原註〕此尾句。以結通篇大旨。

〔鮑註〕橐。冶器。喻砂水也。籥。管籥。喻九星也。道德經云。天地之間。其猶橐籥乎。註云。橐者外積以受籥也。籥者內管以鼓橐也。由是觀之。必橐籥兩備。方能造福。故曰妙在天心橐籥。天心即天心正運之一卦也。識得天心。方能特籥以尋橐。因橐以核籥。以此卜陰陽兩宅。可無遺恨矣。學者勉之。

右第二十三段

〔章註〕此節專辨諸星之應驗。必須測氣象。辨九星。察形勢。看遠近。再推五行生剋制化之理。吉凶消長之機。而言得言失。言禍言福。自能百不失一。陰土陽土者。借庫自庫之謂。卦內卦外者。得失之謂。讀者須從天心顛倒之間。裁取得失。自無不窮究。

〔竹註〕青囊萬卷。總不出體用二字。體有山水之分。用有得失之辨。體有移步之不同。用有四時之更變。用必依形而顯休咎。體必因氣而見吉凶。要之。體無用不靈。用無體不驗。必須形氣兩兼。默參九星生剋之理。以推休咎。方得體用之精微。此總旨言體言用。纖析條分。闡發精詳。無微不入。非深得青囊之奧。河洛之理者。焉能道其其隻字耶。　道光癸未無心道人註

玄機賦通釋

〔原註〕陰陽二宅同斷

宋　吳景鸞著

〔原註〕未詳作者姓氏。

杭縣沈祖緜釋

大哉居乎。成敗所係。危哉葬也。興廢攸關。氣口司一宅之樞。

〔原註〕氣口即城門。

按。城門在宅旁二宮。不能以氣口混爲城門。如立子山午向。大門在午。午即氣口。如不開正門。門在坤方或巽方。坤巽亦氣口也。至於城門雖在坤巽兩方。有合城門有不合城門之別。故不得以氣口混作城門也。

龍穴樂三吉之輔。

按。龍指向。穴指山。三吉者。一白坎。六白乾。八白艮也。蓋一白爲上元統卦氣。六白爲中元之統卦氣。八白爲下元統卦氣。皆吉。如山向挨着三吉處。而山上有山。向上有水。則爲大吉。

陰陽雖云四路。

（原註）四山四水。合上下兩元也。

按。原註未晰。二十四山。分爲八卦。然陰陽只分四路。如地盤陽四路爲巽巳丙乾亥壬艮寅甲。坤申庚。陰四路爲午丁未子癸丑。卯乙辰。酉辛戌是也。排山排水。遇陽順行。遇陰逆行。此就地盤言。（俗作元旦盤）而各運流行之氣。陰陽亦分四路。學者如例挨排之可矣。

宗支只有兩家。

〔原註〕一陰一陽。

按。宗者。地盤也。支者。天盤也。兩家者不以元旦盤之陰陽爲陰陽。而以流行之氣之陰陽也。

數列五行。體用恩仇始見。

按。生旺爲恩。衰謝爲仇。此玄空用之恩仇也。如一運以一爲生。二爲旺。九爲衰。八爲謝。土生金。金生水。水生木。木生火。火生土。此五行之生。恩也。土剋水。水剋火。火剋金。金剋木。木剋土。此五行之仇。剋也。斯玄空體之恩仇也。惟玄空重用輕體。學者其識之。

星分九曜。吉凶悔吝斯章。

按。九曜者。一白貪狼。二黑巨門。三碧祿存。四祿文曲。五黃廉貞。六白武曲。七赤破軍。八白左輔。九紫右弼是也。在玄空術中。兼向則起星。以別正向之下卦。貪狼等名。源於漢書翼奉傳。其曰。好行貪狼。申子主之。惡行廉貞。寅午主之。是齊詩之六情。非眞有此曜也。世人以貪狼武曲左輔爲吉曜。祿存廉貞破軍爲殺曜。其實非也。玄空之理以得令者爲吉。失令者爲凶。在三運之祿存。五運之廉貞。七運之破軍。作吉曜論。故九宮之吉凶悔吝要以時令爲轉移爾。

宅神不可損傷。

(原註)靜以待動。

用神最宜健旺。

(原註)卽龍穴之入首。

按。原註誤。宅神指地盤山一片水一片言。用神指天盤山一片水一片言。龍分兩片。山向飛星。以到山到向爲健旺。上山下水爲損傷。

值難不傷。蓋因難歸閑地。

〔原註〕即水之低平無動作處。

按。難即山上飛星遇反吟。伏吟。是詳見玄空祕旨卦爻雜亂節。

逢恩不發。祇緣恩落仇宮。

〔原註〕即不當令處。或向水被宮神所剋。

按。恩指當元之令星。如二運立乾山巽向。到山到向之局若到山而坐後無山。到向而向上無水。仍作上山下水論。斯即恩落仇宮之謂也。又如二運乾山巽向左兼右兼。山上天盤三。三替巨門。不以三入中。而以二入中。是本運丁星入囚。雖貴無子嗣。此亦恩落仇宮也。

一貴當權。諸凶懾服。

〔原註〕龍神得生旺。雖剋亦吉。

按。青囊序曰。朱雀發源生旺氣。指向首一星而言。向首得令。即爲一貴當權。原註是也。

衆凶剋主。獨力難支。

〔原註〕立穴雖吉。若龍水皆不當令。又遇諸星來剋。故獨力難支。

火炎土燥。南離何益乎艮坤。水冷金寒。坎癸不滋乎乾兌。九二八，一六七

〔原註〕炎燥寒冷。太過也。皆不當元之故。

按。南離艮坤。即玄空祕旨所謂天市合丙坤。富堪敵國。若失元則爲火

炎土燥。坎癸乾兌。本金水相生。即玄空祕旨所謂土制水復生金。自主田莊之富。若水無土制。而又失元。則爲水冷金寒。

然四卦之互交。因取生旺。

〔原註〕山水品配。又得元也。

按。四卦者地盤一卦。天盤一卦。向上一卦。山上一卦也。以到山到向爲生旺。上山下水爲衰謝。然須合形局空實而定也。

八宮之締合。自有假眞。

〔原註〕眞假於來情辨之。

按。排山要有山。排水要有水。即謂之眞。若排水而有山。排山而有水。即謂之假。

地天爲泰。老陰之土生老陽。二六

（原註）土生金也。

按。玄空秘旨曰。富並陶朱。斷是堅金遇土。蓋天地交泰。金土相生。故有此應。

若坤配兌女。庶妾難投寡母之歡心。二七

（原註）蓋純陰也。

按。坤爲老母。兌爲少女。故原註以純陰目之。得令者。由寡婦致富。失令者。蕩婦破家。或覗尼耗財。此言庶妾難投寡母之歡心。亦失令之一端。

澤山爲咸。少男之情屬少女。七八

（原註）下元大發。

按。兌爲澤。爲少女。艮爲山。爲少男。周易咸彖傳曰。二氣感應以相與。此乃吉兆也。玄空祕旨曰。胃入斗牛。積千箱之玉帛。蓋土金相生。故有此應。然得令若斯。失令則否。

若艮配純陽。鰥夫豈有發生之機兆。八六

〔原註〕品配必審乎時。

按。純陽。乾也。艮。少男也。雖金土相生。然孤陽不生。故以鰥夫喻之。但六八同宮。又遇坤土兌金。則陰陽調劑矣。

乾兌託假鄰之誼。六七、

〔原註〕山水皆可相參。

按。乾兌皆金。故曰假鄰之誼。紫白賦曰。交劍殺興多刦掠。交劍殺即六七同宮之意。用得其時。即爲假鄰。失其時則爲交劍殺。原註以兼向立論。如辰戌兼乙辛。此向於五運則爲八純卦。大凶。於八運用替。則爲到山到向。吉。乙辛兼辰戌。各運中並無旺向。原註立說欠嚴。

坤艮通偶爾之情。二八

〔原註〕二八爲配。取比肩也。

按。坤艮爲死生之門。二五八運之丑未未丑皆到山到向。如二運丑未。向上天盤八。山向飛星爲二八。雖係比肩亦吉。五八運亦艮坤相逢而成比肩。皆有吉而無凶。所謂通偶爾之情也。二五八運之坤艮艮坤寅申申寅。全局合成三般卦。得貞元之氣。山向飛星雖有反吟伏吟。而坐空朝滿之局用之。亦无咎。若坐實朝空。即玄空秘旨所謂丑未換局而出僧尼是也。

雙木成林。雷風相薄。三四，

〔原註〕此後天也。亦如先天。

按。先天雷風對待。故曰相薄。後天由三而至四。亦相薄也。震巽皆屬木。故曰雙木成林。玄空祕旨曰。貴比王謝。總緣喬木扶桑。指八運子山午向。中宮爲三四。巽方有水放光。可作城門之用。亦遇四三。巽上飛星之四。雖爲伏吟。爲天盤之七所制。木道乃行。雖成林何害。若失令時。如飛星賦所謂同來震巽。昧事無常是也。

中爻得配水火方交。一九

〔原註〕坎離中爻互易。即天地交泰之理。

按。先天之乾坤。卽後天之坎離。抽坎補離。卽爲乾坤。此所謂交也。與天地交泰之交略異。得令時。卽玄空祕旨所謂南離北坎。位極中央是也。

木爲火神之本。

〔原註〕木生火也。

水爲木氣之元。

〔原註〕水生木也。

巽陰就離。風散則火易熄。四九

〔原註〕實辭元運。

按。得令時。卽玄空祕旨所謂木見火而生聰明奇士。失運卽風散則火易熄。

震陽生火雷奮而火尤明。三九

〔原註〕卽横入而辟之義。

按。木火通明。然有巽陰震陽之別。故四九與三九同官者。得令時。四九主聰明而温柔。三九主聰明而剛毅。失令時。四九則主流蕩。三九則主暴戾。

震與坎爲乍交。離共巽而暫合。三一、四九

〔原註〕皆得相生之義。惜非正配。偶然而已。

按。震坎皆陽。離巽皆陰。陰陽不調。故曰乍交暫合。

坎无生氣。得巽木而附龍聯歡。一四。

〔原註〕卽上元東北關之義。

按。原註誤。車軀北闕係一六。非一四也。本篇下曰。名揚科第。貪狼星在巽宮。又曰。木入坎宮。鳳池身貴。紫白訣曰。一四同宮。準發科名之顯。此得令時也。若失令。卽飛星賦所謂四蕩一淫是也。

乾之元神。用兌金而傍城借主。六七

（原註）乾不當元。而兌當令。亦得生旺。

按。元神。水也。乾以坎爲城門。而兌亦可作城門。所謂借庫是。若立巽山乾向。乾處無水。是乾之元神。而兌方有水放光。卽爲傍城借主。若合城門一訣。其地可用。

風行地上。決定傷脾。二四，

（原註）土受傷也。風爲木。脾爲土。

按。玄空祕旨曰。風行地而硬直難當。室有欺姑之婦。斯以形察氣。重在硬直難當四字。然巽坤皆爲陰神。凡卦遇陰神。易生病症。此爲木剋土。故傷脾。

火照天門。必當吐血。九六

〔原註〕金主肺被彼火剋。故吐血也。

按。玄空祕旨曰。火燒天而張牙相鬥。家主罵父之兒。斯亦以形察氣。此六九同宮。是處實而不空。或形勢險惡。定犯血症。又山向六字排到之處。是處有紅廟紅屋。亦作火燒天門論。

木見戌朝。莊生難免鼓盆之歎。四六

〔原註〕巽爲長女。乾金剋之。故主剋妻。

按。申酉戌西方一氣。火墓於戌。不能生木。而反剋之。故有鼓盆之歎。

坎流坤位。買臣常遭賤婦之羞。一三

（原註）坎爲中男。坤土剋之。卽我不剋而反剋我。主遭婦辱。故以朱買臣爲證。

艮非宜也。筋傷股折。

（原註）艮主股肱筋絡。如受木剋。卽有傷折之應。

按。非宜指失令言。或飛星所到之處。形勢險惡。玄空祕旨曰。艮傷殘而筋枯臂折。是此同。

兌不利歟。唇亡齒寒。

（原註）兌主唇齒。若受金剋。故主唇亡齒寒。

按。原註兌若受金剋。此句大誤。兌本屬金。與金相見。爲比和。又何剋之可言。不利指飛星七所到之處。形勢破碎。受凹風之害。則主唇齒之病。

玄空祕旨亦曰。兌缺陷而唇亡齒寒。

坎宮缺陷而墮胎。離位巉巖而損目。

〔原註〕二方以形勢言・坎爲當元・離失元也・

按。原註誤。坎離非呆板之北坎南離。乃飛星之坎離也。說卦傳。坎爲血卦。遇缺陷。故主墮胎。又離爲目。遇巉巖。故主損目。玄空祕旨曰。離位摧殘而目瞎。意同此。

輔臨丁丙。位列朝班。八九

〔原註〕應在下元。

按。原註誤。八九同宮。吉者有四運之午山子向。丁山癸向。壬山丙向。四運則非下元。可證。是呆讀輔八丁丙九而已。癸向為輔臨丁。丙向為輔臨丙。不言子者。因子癸同類也。紫白訣曰。八逢紫曜。婚喜重來。意可同參。

巨入艮坤。田連阡陌。二八

（原註）艮坤為土。故旺田園。

名揚科第。貪狼星在巽宮。四一

（原註）即四一同宮之義。

按。上曰。坎无生氣。得巽木而附寵聯歡。下曰。木入坎宮。鳳池身貴。均言一四四一同宮之貴。紫白訣曰。四祿為文昌之神。職司祿位。一白為官星之應。主宰文章。還宮復位固佳。交互疊逢亦美。其吉可知也。

職掌兵權。武曲峯當庚兌。六七

〔原註〕應在下元。

按。六七同宮。得令則爲武職刑官。失令則爲交劍殺。

乾首坤復。八卦推詳。

〔原註〕即乾爲首。坤爲腹。離爲目。坎爲耳。兌爲口。震爲足。巽爲股。艮爲手之類。

癸足丁心。十干類取。

〔原註〕甲頭。乙項。丙肩。丁心。戊脅。己脾。庚臍。辛股。壬脛。癸足。此十干之應也。子疝。丑脾肝。寅背肱。卯目手。辰背胸。巳面齒。午心腹。未脾脅。申咳嗽。酉背肺。戌頭項。亥肝腎。此十二支之應也。參合八卦。其應如響。

按。八卦及干支取類。除五運外。要以流行之氣爲斷。

木入坎宮。鳳池身貴。四一

〔原註〕應在上元。此亦四一同宮之義。

金居艮位。烏府求名。七八

〔原註〕應在下元。

金取土培。火宜木相。

飛星賦通釋

杭縣沈祖緜釋

按。賦一作斷。姚士遴識曰。是篇未詳作者姓名。篇中言吉者從略。言凶者特詳。足補玄空祕旨之未備。欲人知所避也。惟知九宮盪盪。隨時變異。若呆板論流。不啻毫釐千里矣。

周流八卦。顚倒九疇。察來彰往。索隱探幽。承旺承生。得之足喜。逢衰逢謝。失則堪憂。人爲天地之心。凶吉原堪自主。易有災祥之變。避趨本可預謀。小人昧理妄行。禍由己作。君子待時始動。福自我求。

〔原註〕此節發明吉凶得失。惟人自召之故。

右第一段

試看復壁堪身。䷗

〔原註〕坤爲積土。有牆壁之象。又爲身。言犯坤土。故主土擊。篇中借用六十四卦名。以明山與向之飛星也。下仿此。

按。地雷復䷗。五陰一陽。以五行論木土相剋。玄空祕旨曰。雷出地而相衝。定遭桎梏。其意相同。皆言失合之應。

壯途躓足。三六

〔原註〕壯。大壯也。震爲足。乾爲行人。乾剋巽。故主跌仆也。

按。雷天大壯䷡。易彖傳以剛以動釋。乾剛震動。孤陽不長。震爲足。乾爲金。足被金傷。中爻互兌。兌爲毀折。故有躓足之患。

同人車馬馳驅。六九

〔原註〕乾爲馬。爲遠。爲行人。離日剋之。故有此象。

按。天火同人䷌。天火先後天同位。本吉。玄空祕旨曰。丁丙朝乾。貴客而有耆耄之壽。是也。若以形察氣。六九同宮之位。形惡不善者。玄空祕旨曰。火照天而張牙相鬥。家生罵父之兒。飛星賦亦曰。火照天門。必當吐血。皆是此云車馬馳驅者。蓋形勢雖平穩。然當令元之時。故有此應。

小畜差徭勞碌。四六

〔原註〕巽爲命令。乾爲大人。乾剋巽。故有差徭勞碌之象。

按。風天小畜☴☰。五陽畜一陰。故曰小畜。金木相剋。雖係後天對待。但以巽爲進退。爲近利市三倍。故有差徭勞碌之象。

乙辛兮家室分離。三七

〔原註〕乙即震。爲主。爲夫。爲反。爲出。辛即兌。爲妻妾。爲少女。爲毀折。震兌對待沖剋。故有此應。

按。乙辛者。雷澤歸妹☳☱。後天對待之卦。兌以少女而從震之長男。故歸妹卦辭曰。征凶。无有利。失令乃有家室分離之兆。蓋震木爲兌金所剋故。

辰酉兮閨幃不睦。四七

〔原註〕辰即巽。巽者長女。酉即兌。兌爲少女。兌巽相尅。故主閨幃不睦。

按。辰酉者風澤中孚䷼。皆陰神。故主閨幃不睦。蓋金尅木故。若以五行立說辰酉化金。此非九宮之道。九宮重在乘時得令。非僅拘於化合也。

寅申觸巳曾聞虎咥家人。二八、四

〔原註〕參宿爲白虎。在申宮。寅宮亦有尾虎。申寅觸。觸則動。再遇流年巳火冲。寅刑巳。巳刑申。三刑合。自有咥人之象。又象取坤虎艮山巽風。然事不常見。下故取象於犬傷。

按。寅申者地山謙䷎。得令者爲巨入艮坤。田連阡陌。玄機賦 然謙屬兌金。屬寅木。已在申宮金火相尅。年紫白已加寅方申方之上。失令時。主家人不睦。虎咥者。形容暴戾之氣。原註以刑德立說。與玄空家法相背矣。

壬甲排庚。最巽龍擢屋角。一三、七

（原註）震爲龍。坎爲雲。爲雨。爲澤。震坎相生。雲從龍象。兌來衝起。龍飛騰象。主有龍陣擢屋。然事亦非常。見下故取象於蛇。

按。壬坎甲震。爲水雷屯䷂。皆陽卦。水木相生。雖遜於一四同宮之妙用。如年紫白七赤加臨震上。乃有家破之兆。原註不知譬喻。直解字面。誤矣。並云見下。取象於蛇。以龍爲眞物。何其僨歟。

或被犬傷。

（原註）艮爲狗。逢三刑。以猘犬斷。若坤爲主。則斷牛傷。

按。原註以丑寅及艮爲犬。而戌亦爲犬。運退者又逢形勢險惡。方有此應。

或逢蛇毒。

（原註）解見上。又巽爲蛇。必帶太歲到向。方驗傷人。否則見蛇而已。

按。原註以巽爲蛇。巽宮有巳。巳蛇也。巳在東南。炎天也。炎天故產蛇。素見不鮮。見蛇無関飛星。至於蛇噬。方涉氣運。

靑樓染疾。只因七弼同黃。七九五

（原註）兌爲少女。爲賤妾。離爲心。爲目。心悅少女。淫象也。五黃性毒。故主患楊梅瘡毒。

按。七弼爲澤火革☱☲。三陰神也。二女同室。衰運逢之。故有靑樓之象。兌爲毁折。離爲火。五爲瘟瘴。故有是症。

寒戶遭瘟。緣自三廉夾綠。三五、四

（原註）蠱爲虫。中五性毒。巽風夾之。故瘟。又有風痰。

按。三綠爲雷風恆三二。玄機賦曰。雙木成林。雷風相薄。雖五黃心毒。雙木剋之。得令時。毒無礙。原註震爲蟲。取象亦未詳所出。玄空祕旨曰。見祿存。瘟癀必發。此指失令而言。

右第二段

赤紫兮致災有數。七九

〔原註〕七赤爲先天火數。九紫乃後天火星。二星相併。水如衝動。災必驟發。洩之反不見禍。火性炎烈故也。

按。兌爲金。離爲火。金火相害。卽赤紫同臨。爲澤火革。陰神也。金爲火所剋。若全無生氣。乃犯火災。紫白訣曰。七九合轍。常遭回祿之災。又流年三四加臨宮內。致災尤速。玄空祕旨亦曰。火剋金兼化木。數驚回祿之災。

黑黃兮釀疾堪傷。二五

（原註）二黑在一二運爲天醫。餘運爲病符。若與五黃同到。疾病損人。

按。紫白訣曰。二五交加。羅死亡並生疾病是也。惟此五非天盤之五。亦非山向飛星之五。乃年月紫白五黃加臨之五也。衰運逢之。其應如響。

交至乾坤吝心不足。六二

（原註）乾爲金。坤爲吝。故吝而無厭。

按。說卦傳坤以藏之。又爲吝嗇。老陰之土生老陽。玄機賦 孔子曰。及其老也。戒之在得。其卦爲天地否☰☷。否者閉塞也。嗇收斂。故有此應。玄空祕旨曰。富並陶朱。斷是堅金遇土。乃指泰卦而言。若否卦則爲吝心不足。

同來震巽。昧事無常。三四

〔原註〕震爲出。巽爲入。出入不當。故因循誤事。

按。雷風恆☳☴。恆。常久也。當非無常。此云無常者。指失運時言也。若得令時。爲貴比王謝。總緣喬木扶桑。玄空秘旨

戌未僧尼。自我有緣何益。六二

〔原註〕戌爲僧。未爲尼。失時相生何益。

乾坤神鬼。與他相剋非祥。六二

〔原註〕乾爲神。坤爲鬼。剋則有鬼神指責。

按。凡六二同宮。又遇五黃加臨。失運時。多鬼神爲祟。

當知四蕩一淫。淫蕩者扶之歸正。四一

〔原註〕四爲風。故蕩。水盛下須扶。蓋得時吉失時凶。此四爲主。非一爲主也。

按。紫白訣曰。四一同宮。準發科名之顯。玄機賦曰。木入坎宮。鳳池身貴。又曰。名揚科第。貪狼星在巽宮。得令時。四一與一四同宮者。皆主清貴文秀。因水木相生。而以一四爲尤貴。失令時。水泛木流。主淫蕩。如宅斷張村丁宅七運立子午兼癸丁向。可證。扶之歸正者。既值水泛木流。宜修理之。使得旺星。以化其凶也。

須識七剛三毅。剛毅者制則生殃。七三

〔原註〕凡三七皆不可剋制。剋制則其禍尤烈。

按。震爲雷。爲決躁。其究爲健毅。兌爲毀折。爲附決。其於地也爲剛鹵。剛也。金木已相制。故不宜重重制之。若以再以火制之。則犯七九合轍之患。

碧綠風魔。他處廉貞莫見。三四、五

〔原註〕雷風相薄。本主瘋病。疊五黃則立應。

紫黃毒藥。鄰宮兌口休嘗。九五、七

〔原註〕火味苦。五性毒。故爲毒藥。若兌金貪五土之生。則毒藥入口矣。嗜烟者如之。

酉辛年。戊己弔來。喉間有疾。

〔原註〕兌爲喉舌。逢五黃必生喉症。

子癸歲。廉貞飛到。陰處生瘍。

〔原註〕一爲腎。故云陰處。五主膿血。故有生瘍之象。

按。上四節均云年紫白飛星。衰運值此。故有此應。惟酉辛年子癸歲。五黃弔於何宮。則未明言。乃酉辛年在兌。子癸歲在二四七九之位。然此在失運時方應。

右第三段

豫擬食停。三三

〔原註〕豫·雷地也·坤爲脾胃·木剋之·脾胃受傷·故食停·

按。雷地豫三三。豫。和樂也。震剋坤土。坤爲腹。失令時。腹受剋。故有食停之患。丑爲脾胃。原註誤以坤爲之。非也。

臨云泄痢。二七

〔原註〕臨·地澤也·澤金泄坤腹之氣·澤性注下·故主痢·

頭響兮六三。六三

〔原註〕乾爲首。巽爲股。巽性上騰。故頭暈。大抵肝陽上升等症。

乳癰兮四五。四五

〔原註〕四爲乳。五膿血。

火暗而神志難清。

〔原註〕火爲神。若離宮幽暗。主神昏。此發氣色斷。下仿此。

按。火暗者。離火而遇坎水剋之之謂也。

風鬱而氣機不利。

〔原註〕在天爲風。在人爲氣。巽宮窒塞。故有此應。

按。原註以天風人氣爲解。臆斷無據。水生木。而不當令處一四同宮之位。而形勢窒塞。乃有此應。

切莫傷夫坤肉震筋。豈堪損乎離心艮鼻。

〔原註〕此言方位不可有惡形。

震之聲。巽之色。向背當明。

〔原註〕向背指形勢言。

按。此句重在向背兩字。向指得運言。背指失運言。得令時。主喜音樂圖畫。失令時。主出優伶娼妓。

乾爲塞。坤爲熱。往來切記。

〔原註〕往來指形勢及門路言。遇乾坤雙至。必患三陰瘧。

按。此句重在往來兩字。衰謝爲往。生旺爲來。如向上有蘆葫水形。來者主醫藥興家。往者病符纏身。原註似是而非。

須識乾爻門向。長子癡迷。

〔原註〕乾爻。戌也。乾爲知爲健。失時則癡迷矣。

按。乾爻戌乾亥三向。原註乾爻戌也。舉一而遺二。如二運巽山乾向。或已山亥向。三運辰山戌向。生子並不癡迷。如二運立巽乾已亥兼向。丁令入囚。則雖欲生癡迷之子。亦不可得。

誰知坤卦庭中。小兒顚顇。

〔原註〕二爲病符。若飛到東北方。主少男病。凡乾坤二卦。以老父老母斷。十有一二驗。以所到方之卦斷。十有八九驗。因六子當事故也。

按。二運之丑未宅。合局者。小兒活潑康健。此無他。得令故也。若一失令。方有顚顇之應。原註以飛到東北方主少男病。二運丑未卽二到山未爲東北方。反主丁星旺盛。若原註所云。實失玄空之旨也。

因星度象。木反側兮無仁。

〔原註〕反側指形説。震爲仁。

按。此以氣察形。凡飛星三所到之處。形勢反側。故無仁慈之心。因東方木爲仁也。

以象推星。水欹斜兮失志。

〔原註〕坎爲志。欹斜亦指形言。

按。此以形察氣。水眞也智也。如欹斜則形不善。雖得令。亦作失志論。故無眞無志故也。

砂形破碎。陰神値而淫亂無羞。

〔原註〕陰神陰卦也。二四七九是。

按。形勢破碎。不吉可知。不必値陰神而始凶也。

水勢斜衝。陽卦憑則是非牽累。

〔原註〕陽卦一三六八也。

按。水勢斜。則不待憑陽卦而始凶也。

巽如反臂。總憐流落無歸。

〔原註〕四綠到處。砂形如臂向外反抱者。主流落他鄉。因風性飄蕩故也。

乾若懸頭。更痛遭刑莫避。

〔原註〕懸頭。斷頭砂也。遭刑。殺戮也。

按。巒頭不眞。理氣無用。反臂懸頭等砂。以巒頭而論。已可棄而不用。此言反臂在巽。說卦傳以巽爲進退。爲不果。故主流落無歸。又懸頭在乾。

以乾爲首。故主遭刑莫避。凡砂之所在。飛星所到何字。卽以其字之凶徵斷之。舉巽乾者。言其例耳。

七有葫蘆之異。醫卜興家。

〔原註〕七爲刑。有除惡之象。故爲醫。洪範七稽疑。故爲卜。葫蘆砂形如葫蘆也。

七逢刀盞之形。屠沽居肆。

〔原註〕刀盞。砂形也。七乃西方金。故爲屠。又爲口舌。故爲沽也。

按。水裏排龍七字飛星飛到之處。七運大利。水圓如鏡。主發武職刑官。水如葫蘆。則主醫卜興家。水如刀盞。則主屠沽居肆。此謂以形察氣。旁通推測。木工因斧鑿三宮。觸類引伸。鐵匠緣鉗鎚七地。

〔原註〕此煞砂之形象。以斷千變萬化。總在形與星也。

按。震爲木。其數三。凡三飛到之宮。故曰三宮。砂形如斧鑿者。主出木工。兌爲金。其數七。凡七飛到之地。故曰七地。砂形如鉗鎚者。主出鐵匠。此皆可觸類旁通。如六飛到之宮。砂形如斧鑿。則主出玉工金工。因乾爲金爲玉也。二飛到之宮。砂形如鉗鎚者。則主出釜工輿工路工。因坤爲地。爲釜。爲大輿。總以排水處爲斷也。

至若蛾眉魚袋。衰卦非宜。猶之旗鼓刀鎗。賤龍則忌。

（原註）蛾眉女貴。魚袋男貴。失運反賤。旗鼓刀鎗。用不合法。反主盜賊也。

按。曰衰曰賤。指失運言也。凡形吉者。在失運時。亦作凶論。

赤爲形曜。那堪射脅水方。碧本賊星。怕見探頭山位。

（原註）射脅水。探頭山最凶。若七三臨之。禍更甚。

按。射脅探頭。砂之最凶者。不論逢何字。皆不吉。此泥於三七非也。

右第四段

若夫中尖興訟。

〔原註〕尖者。尖峯也。在一九為文筆。在四為畫筆。在中為詞訟筆。

按。申酉戌。西方一氣。西方屬金。金主刑。若人元龍山上飛星二字所到之處。得令者。主出刑官。失令者。主詞訟破家。

辰碎遭兵。

〔原註〕辰乃天罡。破碎非宜。

按。地元龍山向。四字飛到之處。破碎者應。

破近文貪。秀麗乃溫柔之本。一四、七

（原註）一四雜七。其弊如此。

按。原註誤。例如四運之艮山坤向。中宮天盤四。山向飛星向上七。山上一。主人秀麗。因金水相生。水木相生故。温柔二字。不作不吉解。否則艮坤皆土。主人愚頑。凡今四運葬艮坤坤艮山向者。人丁皆美秀而文。因流行之氣。中宮得一四。山上飛星又得一四故也。

赤連碧紫。聰明亦刻薄之萌。三九、七

（原註）三九雜七。始聰明而漸刻薄。兩卦夾雜之弊如此。

按。玄機賦曰。震陽生火。雷奮而火尤明。故主聰明。今三木爲兌金所尅。木爲仁。仁傷故主刻薄。

五黃飛到三叉。尚嫌多事。

（原註）用法俱合。流年五黃到三爻。尚有小疵。

太歲推來向首。尤屬堪驚。

（原註）承氣雖吉。太歲到向。猶恐損人。

豈無騎線遊魂。鬼神入室。

（原註）騎線如巳丙丁未等騎線之向也。遊魂如乾離坎坤艮巽震兌是也。若遊魂失運。鬼神晝見。如九運用巳丙向。堂中黑暗。承巳氣多。丙氣少。堂中午後或見鬼神。人不敢居。或疑堂下有伏尸。不知非也。乃卦氣使然也。

按。遊魂者。非乾宮晉卦。坤宮需卦。震宮大過。巽宮頤卦。坎宮明夷。離宮訟卦。艮宮中孚。兌宮小過之遊魂卦也。此言遊魂。乃無所依歸之謂。騎線在兩卦之間。較空縫更凶。原註云巳丙。因巳在巽。丙在離。云丁未。丁在離。未在坤。此皆騎線也。騎線者。無向之可謂。註云騎線之向。此語有疵。原註竟以八卦之遊魂卦解之。尤誤。因一運中諸山向。八國皆遊魂卦。有凶有吉。不能以八卦之遊魂爲凶也。

更有空縫合卦。夢寐牽情。

〔註原〕空縫乃一卦之空縫 如丙午辰巽是也。合卦如乾坤坎離是也。見此則人皆用心於無用之地 夢縈魂。若用騎縫向。較空縫尤甚。

按。原註解合卦亦誤。合卦者。雖在一卦之中。而遇空縫之謂也。世俗以分金空格處爲空縫。尤誤。其義詳見沈氏玄空學分金篇。原註云丙午辰解是。凡空縫。亦主鬼神入室。豈止夢寐牽情而已哉。

寄食依人。原卦情之戀養。抛家背父。見星性之貪生。

〔原註〕承上騎縫空縫而言。如九運亥壬門向。申庚宅向。外卦承乾。亥九喜生壬五。爲戀發。養者養之也。內承兌氣。庚七喜受坤二之生。即爲貪生。生者。生我也 如是者主寄食依人 抛家而去也。壬亥門向。又爲空縫合卦。

按。原註殊謬。騎線空縫。豈有卦情星性之可言乎。卦指單向。星指兼向。此兩句即玄空祕旨所謂卦爻雜亂。異姓同居。吉凶相併。螟蛉爲嗣。細參拙著玄空祕旨通釋。其理自明。惟原註以九運亥壬門向爲例。外卦承氣。指門向言。內卦承氣。指宅向言。此說源於天心正運。

總之助吉助凶。年星推測。

〔原註〕流年九星入中宮。弔動運盤。足以助吉。亦足以助凶也。

還看應先應後。歲運經營。

〔原註〕吉凶先後不一。年星與運氣一一推排。自知先後之應。故曰歲運經營。

紫白訣通釋上篇

杭縣沈祖緜瓞民釋

紫白飛宮。辨生旺退殺之用。三元氣運。判盛衰興廢之時。

按樂緯云。象天心。定禮樂。壺子曰。伏羲法八極。作八卦。黃帝作九竅。以定九宮。老子云。知其白。守其黑。內經亦同。太白經云。行黃道。歸乾戶。煞氣一臨。生氣自布。曲禮云。左青龍而右白虎。（左爲震。右爲兌。）前朱雀而後玄武（前爲離。後爲坎。）月令以五行布四方。言之備矣。大戴禮盛德篇云。明堂者。凡九室。二九四。七五三。六一八。又云。明堂。天法也。又云。天道不順。生於明堂不飾。班固漢書自序云。河圖命庖。洛書受禹。李奇註云。河圖。八卦也。洛書。九疇也。（九疇見書洪範篇。）至於九宮之數。明堂篇言之已詳。而乾鑿度云。易一陰一陽。合而爲十五之謂道。又云。故太一取其數以行九宮。四正四維。

皆合於十五。鄭玄註云。（原寫鄭註。似有錯簡。今據後漢書張衡傳註引鄭說。）太一下行八卦之宮每四乃還於中央。中央者。北神之所居。故謂之九宮。天數大分。以陽出。以陰入。陽起於子。陰起於午。是以太一下九宮。從坎宮始。自此而從於坤宮。又自此而從震宮。又自此而從巽宮。所行半矣。還息於中央之宮。既又自此而從乾宮。又自此而從兌宮。又自此而從艮宮。又自此而從離宮。行則周矣。上遊息於太一天一之宮。而反於紫宮。行從坎宮始。終於離宮。據此則飛宮之法。漢時已行之。所謂紫白者。終於離宮。復從坎宮始。離紫坎白也。陽起於子者。子在坎宮。坎爲陽。其數一。故曰起於子。陰起於午者。午在離宮。離爲陰。其數九。故曰起於午。說卦傳云。參天兩地而倚數。觀變於陰陽而立卦。發揮於剛柔而生爻。今紫白之數。即參天兩地而倚數也。坎一震三。離九兌七。卽參天之數也。坎一而參之。得三。卽震三之數。震三而參之。得九。卽離九之數。離九而參之。得二十七。去二十不用。卽兌七之數。以兌七而參之。得八十一。去八十不用。卽坎一之數。周而復始。不離乎參天也。坤二巽四。艮八乾六。卽兩地之數也。坤二而兩之。得四。卽巽四之數。巽四而兩之。得八。卽艮八之數。艮八而兩之。得十六。去十不用。卽乾六之數。又以乾十六兩之。得三十二。去三十不用。卽坤二之數。周而復始。不離乎兩地也。此所謂倚數者是也。然道有變動。周流六虛。上下無常。剛柔相易。是故變之所適。有日月寒暑之相推。神之所化。具元會氣數之轉易。此運運不同。所謂觀變於陰陽而立卦。與易之序卦相通者也。故愛惡相攻。遠近相取。情僞相感。吉凶相見。

極賾鼓動。化裁推行。在乎變通。參伍以變。錯綜其數。道乃大明。於是山水之局分焉。此物物太一。所謂發揮於剛柔而生爻者也。紫白飛宮。三元氣運。乃倚此而立也。因日月寒暑相推。元會氣數轉易。於是生旺退殺。盛衰興廢判也。

如一運以一爲生。以二爲旺。以九爲退。以八爲殺。此一二九八。皆由飛宮推排而出。三元者。上元一二三運。中元四五六運。下元七八九運也。如上元以一二三運爲盛興。以七八九運爲衰廢。皆指山向飛星而言。天盤不與焉。姚註無一字足取。如坎宅一白入中云云。與下氣運爲之君之意全悖。

生旺宜興。運未來而仍替。退殺當廢。運方交而尚榮。總以氣運爲之君。而吉凶隨之變化。

按此節重在氣運爲君四字。首二句疑有譌字。否則有語病。運已來曰生。運未來曰旺。既曰生。不當曰運未來。屬旺則可爾。運入退殺而尚榮者。因猶有餘氣也。如儲蓄然。猶有子金可取。

以圖運論體。書運論用。此法之常也。以圖運參書。書運參圖。此法之變也。

按此言圖書運者。乃指變易言。非眞言河洛也。周易說卦傳云。天地定位。山澤通氣。雷風相薄。水火不相射。八卦相錯。此乃河圖也。繫辭傳云。蓍之德圓而神。卦之德方以知。可證乾一兌二離三震四巽五坎六艮七坤八雖相錯之數。與天數五地數五之數不涉。惟河圖洛書本無二致。以方圓二者判析之。河圖以乾坤坎離爲圓。兌艮巽震爲方。八卦變九疇者。因八卦摩盪。圓可作方。方可作圓而已。以圓而論。乾坤退則離坎居乾坤之位。此圓可容圓也。坎離退。而震兌居離坎之位。是圓可容方也。兌震退而巽艮居兌震之位。是方可容方也。巽艮退。而坤乾居巽艮之位。是方可容圓也。原始要終。乾坤仍可進而居離坎之位矣。詳見摘撰先後天釋疑是故體雖爲河圖。而用則洛書。其實河圖洛書一而二。二而一。不當析而爲二也。此以法常法變立論。則昧於易理矣。

河圖之運。以甲丙戊庚壬子配水火木金土五行。五子分元。五行定運。秩然不紊。

按論衡詰術篇云。圖宅術曰。宅有八術。以六甲之名。數而第之。第定名立宮商殊別。宅有五音。姓有五聲。宅不宜其姓。姓與宅相賊。則疾病死亡。犯罪遇禍。其說迂。王充詰之是也。夫河圖流行之氣。與干支五行。雖可相通。而不能相混。伏羲作八卦。後世以爲河圖是。黄帝作九數。後世以爲九疇是黄帝命大撓作甲子。以濟九疇之數所不足。實玄空之學。在五運爲九疇之用。其他各運。重在流行之氣。則非圖非書。而亦圖亦書。原文以甲丙戊庚壬五子。配合五行。以爲河圖之用。實屬勉强。至於姚註以一六水。二七火。三八木。四九金。五十土。爲河圖之數。誤。蓋生成之數。與九疇相似也。又云。甲子水。而納音金也。丙子火。納音水也。戊子木。納音火也。庚子金。納音土也。壬子土。納音木也。分各元六十年爲五運。按之古書。未有斯說。殆術士之蛇足爾。

凡屋層與間。値水數者喜金水運。値木數者嫌金火運。火金土數依此類推。

按姚註以屋之一層六層一間六間者為水數。二層七層二間七間為火數。三層八層三間八間為木數。四層九層四間九間為金數。五層十層五間十間為土數。此說誤也。然以值庚子十二年金運為生等語誤。若以此說驗諸陽宅。實未有應者也。蓋古人誤讀洪範。以四九為金數。二七為火數所致。凡宅值水數者。逢一運則比和吉。七運則生入吉。二八運則尅入吉。然仍以向首一星為主。不能離向首而獨驗層間也。

生運發丁而漸榮。旺運發祿而驟富。退必冷退絕嗣。殺則橫禍官災。死主損丁。凶吉常半。應如桴鼓。圖運有然。

按姚註以五子五行生旺立說。驗諸事實。殊有未合。不若以山水各飛一盤。排水有水。排山有山。在一運。以一爲生。以二爲旺。以九爲退。以八爲殺。方應如桴鼓也。

九星遇此。喜忌亦同。木星金運。宅逢刼盜之凶。火曜木元。人沐恩榮之喜。書可參圖。蓋如是也。

按玄空之理。重在變易。非吉者永爲吉。凶者永爲凶。木星金運。得令時逢之。必無刼盜之凶。火曜木元。失令時逢之。難沐恩榮之喜。此言九星。姚註仍以五子五行立說。益誤矣。

洛書之運。上元一白。中元四綠。下元七赤。各管六十年。謂之大運。上元一二三。中元四五六。下元七八九。各管二十年。謂之小運。元運既分。更宜論局。如八山。上元甲子甲戌二十年。得一白龍穴。一白方砂水。一白方居住。

名元龍主運。發福非常。至甲申甲午二十年。得二黑龍穴。二黑方砂水。二黑方居住。名旺星當運。發福亦同。一元如是。三元可知。

按一運山上水裏。以挨着一字爲旺星。倘排水而見山。排山而見水。一字雖到。仍作凶論。姚註拘於一運以坎宅爲旺。不知坎宫以五運爲獨旺。午子丁癸兩向。雙星坐後。宜坐空朝滿之局。丙山壬向。則犯反伏吟。所謂一白龍穴砂水者。非指坎宅而言。乃隨時而在流行之氣之坎宅也。

二者不可得兼。或當一白司令。而震巽受元運之生。四綠乘時。而震巽合元運之旺。此方居住。亦慶吉祥。

按此節經姚氏竄改。與玄空之理不合。姚氏拘泥一四同宫爲吉徵。以一白司令。巽爲生氣。豈知値一白司令時。距巽尚遠。一本係或當一白司令。而坤震受元運之生。似較姚本爲勝。又四綠乘時。震已退氣。山上用之尚可。若水裏排龍。則謂之殺。豈得謂之旺氣。此二句當亦有誤字也。

先天之坎在兌。後天之坎在坤。上元之坤兌。未可言衰。先天之巽在坤。後天之巽在兌。中元之兌坤。亦可云旺。此卦之先後天。運可合論者也。

按。姚註誤。先後天雖可合用。如上元一運立卯山酉向。或乙山辛向。向上飛星逢一。先後天同位。前面有水。吉。然究犯天地盤剋出。過運即衰。至其他各運。先後天飛星同位者。二運之乾山巽向。亥山巳向。三運之酉山卯向。辛山乙向。四運之艮山坤向。申山寅向。五運之丑山未向。六運之甲山庚向。七運之辰山戌向。八運之丙山壬向。向上飛星與地盤均爲本運旺星。又與先天之數合。有謂吉上加吉。然以上各山向。除一八兩運外。到山到向。皆爲吉徵。不藉先後天同位而吉也。

一白司上元。而六白同旺。四祿主中元。而九紫均興。七赤居下元。而二黑並發。此卽一六共宗。二七同道。三八爲朋。四九爲友之義。圖可參書。不信然乎。

按生成係中五加減之作用。如一六共宗。卽一加五爲六。六減五爲一也。若以己十加減一六之數。卽十減一爲九。十減六爲四。卽對宮也。二七同道。卽二加五爲七。七減五爲二也。若以己十加減二七之數。卽十減二爲八。十減七爲三。亦卽對宮也。三八爲朋。卽三加五爲八。八減五爲三也。若以己十加減三八之數。卽十減三爲七。十減八爲二。亦卽對宮也。四九爲友。卽四加五爲九。九減五爲四也。若以己十加減四九之數。卽十減四爲六。十減九爲一。亦卽對宮也。生成之作用。在天盤坎離二宮。與中宮之交媾。如一運天盤六在坎。二運天盤七在坎。三運天盤八在坎。四運天盤九在坎。六運天盤一在離。七運天盤二在離。八運天盤三在離。九運天盤四在離。是也。用於水法。如四運立子山午向。城門在坤巽兩方。然巽處天盤三。與向上天盤八合三八爲朋。天玉經謂之正庫。又謂之正馬。坤上天盤一。與向上天盤八。不能合生成之數。天玉經謂之借庫。又謂之借馬。其效不如正庫正馬之大也。

或局未得運。而局之生旺財方。有六事得地者。發福亦同。水爲上。山次之。

高樓殿塔亭臺之屬。又其次也。再論其山與山之六事。如門路井竈之類。次論其層與層之六事。或行大運。或行小運。俱可富榮。否則佈置六事。合山與層及其間數生旺則關殺俱避。若河洛二運未交。僅可小康而已。

按高樓殿塔亭臺。皆作山論。門路井。皆作水論。竈則以竈門定之。與向星一盤。挨得一白三碧四綠八白處。竈門向之。其家必吉。亦作水論。生旺財方以元運斷之。宅不吉。則開旺門以通氣。此節原文有錯亂處。

夫八門之加臨非一。九星之弔替多方。納音支干之管殺。有統臨專臨之名。而入中太歲之爲旺爲生。最宜詳審。管山星宿之穿宮。有逆龍順飛之例。而入中禽星之或生或剋。尤貴同參。

按青囊奧語云。知此法。不須尋納甲。玄空不重納甲。納音更無論矣。惟納音用於分金。如宅斷錢茶山祖墓。見沈氏玄空學卷三第十二頁可參考。至於禽星。卽史記日者列傳建除家言也。與九宮殊塗而同歸。在玄空法中視爲駢指而已。

何謂統臨。卽三元六甲也。六甲雖同。三元之泊宮則異。中宮之支干納音亦異。

按漢時雖有五音之說。其法亦與此不同。王充論衡詰術篇云。圖宅術曰。商家門不宜南向。徵家門不宜北向。則商金南方火也。徵火。北方水也。水勝火。火賊金。五行之氣不相得。故五姓之宅。門有宜嚮。嚮得其宜。富貴吉昌。嚮失其宜。貧賤衰耗。其說迂。充詰之是也。三元者上元甲子六十年。中元甲子六十年。下元甲子六十年。共一百八十年。上元甲子泊宮在坎。中元甲子泊宮在巽。下元甲子泊宮在兌。周而復始。如上元甲子年泊一白。乙丑年泊九紫。丙寅年泊八白。丁卯年泊七赤。戊辰年泊六白。己巳年泊五黃。庚午年泊四綠。辛未年泊三碧。壬申年泊二黑。癸酉年又泊一白。流行週轉。遞泊二十週。而甲子仍泊一白。六甲者。甲子甲戌甲申甲午甲辰甲寅是也。歷六十年復至甲子。與紫白九年一週者異。故六甲雖同。三元之泊宮異也。如上元之甲子泊一白。中元之甲子泊四綠。下元之甲子泊七赤。玄空重在九宮。故以泊宮爲重。六甲之干支雖同。而干支所泊之宮又異。故曰中宮之干支亦異也。納音者。甲子乙丑屬金。丙寅丁卯屬火。戊辰己巳屬木。庚午辛未屬土。壬申癸酉又屬金之類。干支之五行。與納音之五行又異矣。

如上元一白坎於本宮起甲子。逆數至中宮。得己巳。木音也。中元四綠巽。於本宮起甲子。逆數至中宮。得壬申。金音也。下元七赤兌。於本宮起甲子。逆數至中宮。得丙寅。火音也。每十年一易。此其異也。

按上元坎宮泊甲子。離宮泊乙丑。艮宮泊丙寅。兌宮泊丁卯。乾宮泊戊辰。中宮泊巳己。中元下元類推。

如上元甲子十年。己巳在中宮。甲戌十年則己卯。中元甲子十年。壬申在中宮。甲戌年則壬午。

按推法同上。無甚深意。

每甲此中宮納音。復以所泊宮星與入山論生比。此所謂統臨之名也。

按生者即金生水。水生木。木生火。火生土。土生金是也。比者即金見金。

木見木。火見火。土見土。水見水是也。九宮係九數。納音係五音。如甲子至癸酉十年。所納五行。甲子至癸酉十年。與甲午至癸卯十年。同爲金火木土金。甲戌至癸未十年。與甲辰至癸丑十年。同爲火水土金木。甲申至癸巳十年。與甲寅至癸亥十年。同爲水土火木水。原註排法幷未註出。此法係史記日者列傳。五行家言。與九宮不同也。且施諸事實則殊不驗。其說蛇足而已。原文下云統臨專臨皆善。吉莫大焉。統臨不善。而專臨善。不失爲吉。統臨善而專臨不善。不免於凶。然凶猶未甚也。若統臨專臨皆不善。斯凶禍之來。莫可救矣。此以游移兩可立說。其爲僞術。不攻自破。

河謂專臨。卽六甲旬飛到八山之干支也。三元各以本宮所泊。隨宮逆數。

至本山得何干支。即以此干支入中宮順佈。以論八山。生旺則吉。剋殺則凶。

按此僞術之尤者。年紫白皆隨宮順佈。不若山向飛星分陽順陰逆者也。惟甲年至乙年則逆數之。且年紫白與六十干支相輔而行。如上元甲子泊一白者爲甲子。癸酉。壬午。辛卯。庚子。己酉。戊午。七年。由一白而逆數九紫。爲乙丑。甲戌。癸未。壬辰。辛丑。庚戌。己未。七年。復由九紫而逆數八白。以下類推。此一定之理。所關係者惟年而已。如甲子年僅有甲子之干支。與年紫白有關。此法則宮宮有干支。又以本山干支入中宮順佈。殊不知年紫白專臨。其干支僅有一年之用。若循其法。則逆數有九年。順佈又有九年。作者實不知年紫白之理而已。

又當與本宮原坐星殺合論。或爲生見生。或爲生見殺。或爲旺見生。或爲旺見退。禍福胥壞。一一參詳。比所謂專臨之名也。

按此節似係原文。未經改竄者也。原坐指山向二盤飛星言。將年紫白飛臨之字。與山向飛星所得之字。一一參詳是也。

統臨專臨皆善。吉莫大焉。統臨不善而專臨善。不失爲吉。統臨善而專臨不善。不免於凶。然凶猶未甚也。若統臨專臨皆不善。斯凶禍之來莫可救矣。

按作者於紫白。僅知其一。而未知其二。如三白寶海之亞流而已。此節作者自知僞術不能欺世。故作游移兩可之語以自飾爾。

至於流年干支。亦入中宮順飛。以考八山生旺。如流年不得九星之吉。而得歲音之生旺。則修動亦獲吉徵。

按流年主一年之吉凶。山向飛星主宅之全局。若全局不吉。流年雖吉。亦不免於凶。全局吉。流年雖不吉。亦未能見凶。若僅以歲音之生旺。修動希獲吉徵。則於理有所不能。

禽星穿宮。當先明二十四山入中之星。巽角。木。辰亢。金。乙氐。土 卯房。日。甲心。月。尾。火。寅箕。水。艮斗。金。丑牛。金。癸女。土。子虛。日。壬危。月。室。火。亥壁。水。乾奎。木。戌婁。金。辛胃。土。酉昴。日。庚畢。月。觜。火。申參。水。坤井。木。未鬼。金。丁柳。土。午星。日。丙張。月。翼。火。巳軫。水。各以坐山所值之禽星入中順佈以論生剋。但山以辰戌分界定其陰陽。自乾至辰爲陽山陽順佈。自巽至戌爲陰山。

陰逆行。星生宮者。動用與分房吉。星尅宮者。動用與分房凶。

按二十八宿謂之禽。又有禽煞八郎史記日者列傳叢辰堪輿兩家言也。今以歲差之故二十四山之禽星已與昔時不同。且叢辰家與堪輿家之言。與九宮異。論衡譏日篇云。堪輿歷。歷上諸神非一。聖人不言諸子不傳。殆無其實。其說何足采。當時楊盤所列此者。似爲諏吉之用。今瞽者爲人推命。所謂黑虎遁者。卽演禽之法也。用於地理。實無一驗。且下文姚註演排。亦非演禽之法。

流年之禽星。則以值年之星入中宮。陽年順飛。陰年逆飛。而修造之休咎。於此可考。

按如今年戊寅。參水猿值年。畢月烏管局。每年有一定之理。管局者。卽寅之對宮。值年者。卽申之隔宮。天干之庚也。其排列有一定之次序。陽順陰逆之說。雖可排列。然用於九宮。則爲贅疣駢拇。

八門加臨者。乾山起艮。坎山起震。艮則加巽。震則從離。巽從震。離從乾。坤從坤。兌從兌。以起休門。順行八宮。分房安牀。獨取開休生爲三吉。

按奇門與九宮同出一原。所謂門者。卽九宮五字飛到之處。其奇門之奇字。不作奇異之奇解。因奇係寄之本字。所謂奇門者。卽寄門也。漢書藝文志所謂羨門式是也。羨與奇音通。原文及姚註均未知奇門之術。奇門原式。坎休乾開。卽九宮之一六共宗也。艮生震傷。卽九宮之三八爲朋也。巽杜離景。卽九宮之四九爲友也。坤死兌驚。卽九宮之二七同道也。則艮坤亦爲生死之門。與九宮用法同。以休開生爲三吉。休卽一白。開即六白。生即八白。與九宮之一六八爲三吉者亦同。原註乾山從艮上起休。震生巽傷離杜坤景兌死乾驚坎開。是艮處休一。震處生八。巽處傷三。震巽合三八爲朋。離處杜四。坤處景九。離坤合四九爲友。兌處死二。乾處驚七。兌乾合二七同道。坎處開六。與艮處休一。合一六同宗。係艮一位。而無門之可奇。所謂門者。休入中。門在坎。死入中。門在坤。傷入中。門在震。杜入中。門在巽。五入中。八方爲坎休坤死震傷巽杜乾開兌驚艮生離景。即中五之作用。開入中。門在乾。驚入中。門在兌。生入中。門在艮。景入中。門在離。所謂門者。即五字加臨之處。九宮與奇門。其理同一。不過術士巧立名目。以欺世人而已。原文根本錯誤。不足爲訓。

又有三元起法。上元甲子起乾。順行四維、乾艮巽坤。週而復始。中元甲子起坎。順行四正。坎震離兌。下元甲子起艮。順行四維。艮巽坤乾。

按此節原文。更誤解奇門矣。天下事只有一法。并無二門。硬將奇門分而爲二。原註云。如上元甲子年乾上起休。坎生艮傷震杜巽景離死坤驚兌開是也。坎生艮傷。即九宮之三八爲朋。震杜巽景。即九宮之四九爲友。離死坤驚。即九宮之二七同道。乾休兌開。即九宮之一六共宗。不知太一下行卦宮之理。以爲乾上起休者。硬以休字排在乾上。順則順流而下。逆則逆流而上。而無門之可奇。謬之尤謬。此節爲最。

論流年係何宮起休門。亦論其山之陰陽順逆。如寅甲爲陽。陽主順。乙卯爲陰。陰主逆。但取門奇門也生宮。宮門比和爲吉。宮剋門次之。宮生則凶。門剋宮則大凶。

按原文論陽順陰逆不誤。至宮尅門次之以下三句則誤。姚註八宮起休之法。在分二十四宮之陰陽。以爲順逆排去。就震宮一宮論之。震分甲卯乙三山。又甲係陽干爲陽山。主順。又乙係陰干卯係陰支。爲陰山主逆。姚氏全註中可采者惟此而已。至挨法又誤。

九星弔替者。如三元九星入中飛佈。均謂之弔。而年替年。月替月。曆替方。門替間。皆以替名。

按九星者。貪狼巨門祿存文曲廉貞武曲破軍左輔右弼是也。與九宮有別。此言九星實指九宮言爾。蓋年有年紫白。月有月紫白。日時亦有紫白。曆方門間。視天地盤山向飛星。合年月日時紫白而觀之。則吉凶立判。

如上元甲子年。一白入中宮。輪至子上。乃歲支係六白。卽以六白入中飛佈八方。覘其生剋。而支上復得二黑。是年替年也。

按如上元甲子年。一白入中宮。六白在坎。飛佈八方。與天地盤及山向飛星合觀之。吉凶立判。甲子之字。在干支論。雖爲甲子。以九宮論。上元爲一白。中元爲四綠。下元爲七赤。不必再以歲支入中。此僞說也。

又如子年六白入中宮。輪至辰上。三月建係五黃。卽以五黃入中宮。輪見八方伏位。而月仍復四綠。是月替月也。

按月紫白。合天地盤山向飛星及年紫白合觀之。吉凶立判。此以月建飛到之字。再入中。另飛一盤。以爲月替月之法。實謬。

如二層屋。下元辛亥年五黃入中。六白到乾。以六白入中輪佈八方。論生剋。是層替方也。

按五黃入中。卽以五黃輪佈。不必用六白。誤。

又二層屋。二黑居中。如開離門。則六白爲門星。辛亥年五黃入中。見九紫到門。剋原坐金星。復以九紫入中。輪數八方。而六白到坤。及第七間。是門替問也。

按門替間之方亦誤。

此河圖之妙解。運命之災降。不可以預決矣。

紫白訣通釋下篇

杭縣沈祖緜瓞民著

四一同宮。準發科名之顯。

按。玄機賦云。坎无生氣。得巽木而附龍聯歡。又云。名揚科第。貪狼星在巽宮。又云。木入坎宮。鳳池身貴。與此同。皆指得令言也。飛星賦云。當知四蕩一淫。淫蕩者扶之歸正。失令時四一即主淫蕩。姚註全篇不足爲訓。須以天地盤山向飛星爲斷。至於流年紫白加臨者。主助一年之吉凶。陽宅門開旁宮者。再以門向一盤合參之。

九七合轍。（合轍一作穿途）常招回祿之災。

按。九爲火。七爲金。金被火克。二字同宮。失運時即有火災之應。玄空祕旨云。火剋金兼化木。數驚回祿之災。飛星賦云。赤紫兮致災有數。與此意同。若九七同宮之處。其方宜空。或見水。可免回祿之災。然九七終非佳兆。形勢不善。動輒得咎。如玄空祕旨云。午酉逢而江湖花酒。凶多吉少可徵。

一五交加。罹死亡並生疾病。原作而損主亦且重病

按。坤二爲病符。若年上紫白五黑加臨。則有此病。飛星賦云。黑黃兮釀疾堪傷。卽是此意。

三七疊至。被刦盜更見官災。

按。玄空祕旨云。震庚會局。文臣而兼武將之權。又云。長庚啓明。交戰四國。皆指得令而言也。又云。兌位明堂破震。主吐血之災。又云。木金相反。背義忘恩。飛星賦云。乙辛兮家室分離。皆指失令耳。此句重在疊至二

字。若天盤與山向飛星已見三七。而年紫又三七疊至。震木爲兌金所剋。兌爲毀折。主刼盜。又西方屬金。金爲刑官。震受剋制。主招官災。

蓋四祿爲文昌之神。職司祿位。（原作天輔太一）一白爲官星之應。主宰文章。（原作牙笏文章）還官復位固佳。交互疊逢亦美。

按。此重言四一同宮之美。水木相生故也。還宮者。山向飛星有四一處。又逢四一是也。復位者。即伏吟。主不吉。雖逢四一。亦不作吉論。蓋玄空之理。重在不足宜補。有餘宜洩。如本宮叢犯。則四一爲水泛木流矣。

故三九九六六三。惟乾離震攀龍有慶。而二五八之位。（位原作閒）亦可蜚聲。

按。此節連下二節。 先子曰。三九。九六。六三。一七。七四。四一。八二。二五。五八。此三節爲前人所未道破。實即指中宮山向飛星也。第一節爲六運之艮坤寅申兩局。第二節則四運之艮坤寅申。第三節乃指二八兩運之未丑。蓋皆山向當旺之局也。僅舉坤艮兩卦者。因坤艮爲生死之門。舉一反三之義焉爾。蓋六運艮坤中宮爲三九。山上爲九六。向上爲六三。故曰三九九六六三。乾之向上飛星二。離之向上飛星八。震之向上飛星五。故曰二五八之位。此言山向飛星挨排之法。惟六運之艮坤。到山到向。故作者舉一以反三。又舉乾離震三宮。向上飛星爲二五八以明之。是雖拘于天機不可洩漏。亦偶然流露而已。至攀龍有慶亦可蜚聲八字。恐非原文。因六運五已退氣。二則去之更遠。八雖下元之統卦氣。時尚未至。豈能攀龍有慶。亦可蜚聲也哉。註大誤。

一七七四四一。但坤艮中附鳳爲祥。而四七一之房。均堪振羽。

按。四運之艮山坤向。中宮爲一七。山上爲七四。向上爲四一。故曰一七七四四一。坤艮中之中字。即中宮之中也。此言坤之向上飛星爲四。艮之向上飛星爲七。中宮向星爲一。故曰四七一。

八二二五五八。在兌巽坎登雲足賀。而三九六之屋。俱足題名。

按。二運之未山丑向。原文似當作五八八二二五。則中宮爲五八。山上爲八二。向上爲二五。兌宮向上飛星三。坎宮向上飛星九。巽宮向上飛星六。兌巽坎三字。宜易兌坎巽。至八運未山丑向。中宮爲二五。山上爲五八。向上爲八二。兌宮向上飛星九。坎宮向上飛星六。巽宮向上飛星三。與兌巽坎之飛星畚舛。是當從二運之未山丑向。三爲二之未來氣。登雲足賀。猶堪說也。九六則不能。總之此三節皆言山向飛星挨排之法。後人不知。將原文竄改爾。

遇退殺可無嫌。逢生旺而益利。年與運固須並論。運與局尤貴參觀。

按。姚註以一四同宮立說誤矣。乃承上文而言也。如六運之艮山坤向。寅山申向。四運之艮山坤向。寅山申向。二運之未山丑向。皆到山到向。八國雖有退與殺者。然一貴當權。亦可無嫌。倘逢生旺之氣。其效益神。此言年運須並論。姚註僅論年而不論運。誤讀原文矣。若年月俱利。而局不合。亦非。如四六運之艮坤寅申。二運之未丑。到山到向。若坐空朝滿。排山而無山。排水而無水。仍犯上山下水之病。此局與運。尤貴參觀也。

運氣雙逢分大小。年月加會辨三元。

按。此所謂大運。即上元中元下元也。所謂小運。即上元一運二運三運。中元四運五運六運。下元七運八運九運。年紫白上元甲子年一白在坎。中元甲子年一白在巽。下元甲子年一白在兌。此年之當辨三元也。至於月紫白子午卯酉年。一白在八月。辰戌丑未年。一白在五月。寅申巳亥年。一白在二月。十一月。原文月辨三元。誤。殆其信筆爾。年月交會辨三元。則重在元運可知。

但住宅以局方爲主。層間以圖運爲君。

按。局方層間。均以圖運爲主。原文分而爲二。誤。

故坤局兌流。左輔運臨。科名獨盛。

按。原文指八運未山丑向言。兌方向上飛星九。九爲八之未來氣。所謂聯珠水是也。天盤之一與九合十。玄空祕旨云。兩離北坎。位極中央。玄機賦云。中爻得配。水火方交。然在九運方驗。此指排水而言也。

艮山庚水。巨門運至甲第流芳。

按。二運之丑山未向。庚方有水。可作城門用。惟二運未向。若離方有水。則較庚水爲尤吉。蓋離方天盤六。山向飛星爲一四。此一四同宮。又得一六同宮。科名更盛矣。

下元癸卯。坎局之中宮發科。

按。癸卯年在八運。年紫白四綠入中。位位與山上飛星成伏吟。原文合者。惟五運之子山午向。是年四六入中。中宮與山上飛星合一四。坤方與山上飛星。又合一四。向上飛星與天盤本合一四。巽方與向上飛星亦合一四。交互疊逢。方有此應。

歲在壬寅。兌宅之六門入泮。

按。壬寅年亦下元八運。五黃入中。位位與地盤成反伏吟。豈能入泮。想係七運所建之卯山酉向。或乙山辛向。門開巽方。其反伏吟與山上飛星字字合十。方有此驗。因姚註云。兌宅七赤入中。六白飛到巽。是巽爲六門。下元壬寅五黃入中。四綠到巽。故曰兌宅之六門入泮。姚氏昧於七運所建之宅。六門在巽。不知係七運卯山酉向也。

此白衣求官。秀士赴舉。推之各有其法。而下僚求陞。廢官思起。作之亦巽其方。

按。此重言一四同宮也。

夫殺旺須求身旺為佳。造塔堆山。龍極旺宮加意。

按。如現在四運。向上四字挨到處。即生旺也。三為已去之運。二為去久之運。向上飛星二三所臨之處。是處有水。即謂之殺。宜造塔堆山以補洩氣。姚註正相反。所謂龍者指水言。極者指中宮言。

制殺不如化殺。為貴鐘樓鼓閣。局山生旺施工。

按。姚註訣。玄空之法。虛實兼施。上指向言。此指山言。謂宜於山之生旺方。築室以扶其氣。

七赤為先天火數。九紫為後天火星。旺宮單遇。動始為殃。煞處重逢。靜亦肆虐。

按。上文九七合轍。常招回祿之災是也。七為金。古人生成以二七為火誤矣。見拙著九宮撰略。旺。指得運。煞。指失運。動。即下文廉貞疊至。都天加臨是也。

或爲廉貞疊至。或爲都天加臨。即有動靜之分。均有火災之患。

按。廉貞即五黃。都天即戊己。廉貞都天加臨七九挨到之宮。即爲之動。此指旺宮而言也。

是故亥壬方之水路宜通。通者閉之。則登時作祟。右弼方之池塘可鑿。鑿者塡之。則隨手生殃。

按。亥壬右弼。非元旦盤之亥壬右弼。乃山向飛星之亥壬右弼也。近見治陽宅者於是方鑿池。一無效驗。無他。不知天心正運故也。

廟宇刷紅。在一白煞方。尙主瘟火。樓臺聳⿰谷炎。當七赤旺地。豈免炎災。

按。一白屬水。本可制火。廟宇大者主瘟火。小者主目疾而已。

建鐘樓於煞地。不特亢旱常遭。造高塔於火宮。須知生旺難恃。但一宮而二星同到。必片刻而萬室全灰。

按。煞方。玄空以退氣爲煞方。如一運九字八字挨到處。二運一字九字挨到處。三運二字一字挨到處。四運三字二字挨到處是也。餘類推。火宮。卽九字四字挨到處是也。

巽方庚子造高樓。坎艮二局俱焚。而坤局之界不犯。

按。姚註云。庚子中元也是也。庚子在五運。住宅南北向占多數。世人動喜巽方高聳。以爲生氣。如一運子山午向所建住宅。在五運庚子年。巽方建高樓。四入中。巽方天盤九。年盤九。年盤三。九爲火數。木能生火。坎上年盤九。與向上飛星九相遇九火數也。艮上年盤七。山上飛星九。與中宮之四相遇。中宮與山上飛星。合四木數九火數。木生火也。故犯火災。坤方年盤一。水能制火。故可不犯。若在二運子山午向。所建住宅。而五運庚子年巽方建高樓。四入中。巽方天盤一。年盤三。水能生木。木又生火。坎上年盤九。與天盤七九合轍。火剋金也。山向飛星爲二。艮上年盤七。向上飛星爲九。七九又合轍。山上飛星爲四。四能生九之火。山向飛星四九。火數也。中宮之四助其勢。同屬陰神。爲祟更烈。坤方年盤一。水能制火。故可不犯。三運子山午向。所建住宅。在五運庚子年。巽方建高樓。四入中。巽方天盤之二。與山上飛星之七。合二七金數。年盤三是木受金制。坎上年盤九。與山上飛星四。合四九火數。其勢熾矣。故是方亦犯火災。艮上年盤七。與天盤六。爲交劍殺。向上飛星四。爲二七之金所剋。至衰之方也。亦當受災。坤方年盤一。與向上飛星一。比和。故可不犯。四運子山午向。所建住宅。在五運庚子年巽方建高樓。四入中。四運之天盤。與是年年盤字字成伏吟。巽方天盤三。年盤三。地盤又四。木氣盛矣。坎上年盤九。與天盤九。皆火數也。合成四九火勢。爲災至巨。山向飛星爲四四。火勢益熾。艮上年盤七。與天盤七。成伏吟。又與向上飛星二。合二七金數。火星疊疊以制金。金無生氣。亦當受火災也。坤上年盤一。與天盤一。雖爲伏吟。然爲水所制。故可不犯。此作者熱於天心正運。故抉要而言之。使人知玄空之理。當知飛星四綠方宜高。而元旦盤之巽方。則有宜有不宜也。

巳上丙午興傑閣。巽中離兌皆爈。而艮局遠方不侵。知此明徵。不難避禍。

按。巳屬巽。此舉五運癸山丁向住宅言也。五運本屬旺運。是年流年不利。動則得咎。中宮山上飛星九。與天盤四。合四九火數也。丙午年七入中。即七九合轍。火剋金也。兌方天盤七。山上飛星七。年盤九。亦九七合轍。故患火災。惟巽中離兌四方。原文誤。姚註以二黑到離。二爲先天火數。巽方本九紫火宮。實勉强附會爾。疑離兌中宮皆爈也。因離方天盤九。年盤二。向上飛星五。五即離二加火上。火勢甚熾。故有斯驗。

正煞爲五黃。不拘臨方到間。人口常損。病符爲二黑。無論流年小運。疾病叢生。

按。此言年紫白二五之害。玄空祕旨云。值廉貞而頓見火災。飛星賦云。

五黃飛到三叉。尚嫌多事。其凶如此。又飛星賦云。黑黃兮釀疾堪傷。意同。

五主孕婦受災。黃遇黑時出寡婦。二主宅母多痾。黑逢黃至出鰥夫。

按。此言失運之住宅。年月五黃與二黑相遇逢者也。

運如已退。廉貞逢處眚不一。總以避之爲良。運若未交。巨門交會病方深。必然遷之始吉。

按。此重言二五之害也。曰運已退。運未來。與當令者有別。

蚩尤碧色。好勇鬥狠之神。破軍赤名。肅殺劍鋒之象。是以交劍殺興多刦掠。鬥牛殺起惹官刑。七逢三到生財。豈識財多被盜。三遇七臨生病。那知病愈遭官。

按。此言失運時之三七也。玄空祕旨云。木金相背。背義忘恩。若得令時。則爲震庚會局。文臣而兼武將之權。長庚啓明。交戰四國。飛星賦。有七剛三殺者。得時則文武全備。失時則鬥爭肅殺。故七遇六白爲交劍殺。三碧遇庚。又遇八白丑爲鬥牛殺。

運至何慮穿心。然煞星旺臨。終遭刧賊。身强不畏反伏。但助神一去。遂見官災。

按。穿心煞五運之壬丙丙壬。庚甲甲庚。乾巽巽乾。亥己己亥。艮坤坤艮。寅申申寅。皆不當運。謂之穿心煞。此言穿心煞者。指年盤五黃入中之年也。五黃入中。二十四山位位皆穿心煞。卽反伏吟也。故原文與反伏吟相提並論。然年盤反伏吟爲害尚微。惟向上飛星一盤。五入中順行者。爲禍甚烈。無助神之可解。原文未盡然也。

要知息刑弭盜。何須局外搜求。欲識愈病延年。全在星中討論。

更言武曲青龍。喜逢左輔善曜。六八武科發跡。否亦韜略榮身。八六文士參軍。或則異途擢用。旺生一遇已吉。死退雙臨乃佳。

按。玄空以三白爲吉。一白六白八白皆吉星也。得令時主武科發跡。文士參軍。失令時則否。玄機賦云。艮配純陽。鰥夫豈有發生之幾兆。原文謂死退雙臨乃佳。失其旨矣。

九紫雖司喜氣。然六會九而長房血證。七九之會尤凶。

按。九六之會得令者。如玄空祕旨所云丁丙朝乾。貴客而有耆耄之壽。失令時。如玄機所云。火照天門。必當吐血。得令而形局有不善者。如玄空祕旨所云。火燒天而張牙相鬥。家主罵父之兒。玄空之理。須以活潑潑妙用斷之。血症固不限於長房。若失令時。房房如此也。七九之會。本凶。

四綠固號文昌。然八會四。而小口殞生。三八之逢更惡。

按。三八得令者。如玄空祕旨云。山風値而泉石膏肓。亦未見大凶。三運卯山酉向。山向飛星向上爲雙八。三運酉山卯向。山向飛星山上爲八三。皆有吉而無凶。不能以木剋土爲凶徵也。

八逢紫曜。婚喜重來。

按。玄機賦云。輔臨丙丁。位列朝班。取火土相生也。

六遇輔星。尊榮不次。

按。得令時如此。取金土相生也。失令時如玄機賦所云。艮配純陽。鰥夫豈有發生之幾兆矣。

如遇會合之道。盡在一四之中。

按。此篇拘于一四同宮立論。恐後人竄改。非原文也。一四兩字。疑山水之誤。蓋上文諸星並論。非句句一四也。

欲求嗣續。紫白惟取生神。至論帑藏。飛星宜得旺氣。

按。此承上文。以山向二片立論。山主人丁。向主財祿。

二黑飛乾。逢八白而財源大進。遇九紫則瓜瓞緜緜。

按。此指五運子山午向。山向二盤而言也。乾宮向上飛星八。故曰逢八白。山上飛星九。故曰遇九紫。二黑指年盤而言。二八相逢。即玄機賦所謂坤艮通偶爾之情。又云巨入艮坤。田連阡陌。得令時。故有此應。二九相逢。爲火生土。得令時逢之。此房住人。定可育男。

三碧臨庚。逢一白而丁口頻添。交二黑則倉箱濟濟。

按。庚字誤。當作巽字。上言五運子山午向之乾宮。此言午山子向之巽宮也。乾巽對待。術士以天門地戶稱之。作者舉子午之乾午子之巽二宮。以明其他各宮山向飛星。皆可推求之理。舉一反三耳。上言二黑飛乾者。係中元乙酉。甲午。癸卯。三年。一白入中之年也。此言三碧臨巽者。係中元辛卯庚子二年。四綠入中之年也。二三相逢。水木相生中宮之四綠。助巽方之氣。巽之四。更得旺氣。玄空祕旨所謂喬木扶疏。玄機所謂雙木成林者是也。得令時逢之。故有此應。二三相逢。坤爲財帛田園。

富兆也。三得中宮之四。及巽宮地盤之四相助。以剋坤土。故主旺財。上言二黑飛乾。向八山九。皆爲未來之運。三碧臨巽。向二山一。過去之運也。豈能旺丁旺財。因五運之午子子午爲旺向。其旁宮飛到之字。雖不當令。亦可作吉星也。癸丁丁癸山向同。

先旺丁。後旺財。於中可見。先旺財。後旺丁。於理易詳。

按。重言申明山向二盤。山旺人口。向旺財祿之理。惟拘天機不可洩漏。故未敢直言耳。反以先後二字。矇蔽讀者。此術士之慣技。

木間逢一白爲生氣。添丁不育。必因星到艮坤。火層遇木運爲財宮。官累不休。必是年逢戌亥。故遇煞未可言煞。須求化煞爲權。逢生未可言生。猶懼恩星受制。

按三間八間爲木間。其說實不足據。且與上文意悖。原文以爲一白受艮坤之剋。木運受戌亥乾金之剋。剋作煞論。非也。

但方曜宜配局。配坐山。更配曆星。乃善。門星必合山合曆數。尤合方位爲佳。

按。玄空立向。有一定之理。曆間之說。並無效驗。全在空處宜空。實處宜實而已。

蓋在方論方。原有星宮生剋之辨。復配以山之生死。局之旺衰。曆之退殺。而方曜之得失始彰。

按。方曜得。方可建宅。方曜不得。待時再建可也。玄空之理。以生者爲吉。剋者爲凶也。得時生者固吉。剋者亦吉也。失時則生與剋皆凶也。

就間論間。固有河圖配合之殊。再合以層之恩難。山之父子。局之財官。而間星之制化聿著。

按。玄空五運之盤爲洛書。其他各運星層流轉。皆河圖之作用。以局定向。物物一太極而已。不必如此拘泥。

論方者以局山層同到。觀其得運失運。而吉凶懸殊。

按。吉凶由方而來。得時者吉。失時者凶。

論間者以運年月疊至。徵其得氣失氣。而休咎迥別。

按。玄空之理。財祿以向一盤爲主。人丁以山一盤爲主。故運之得失。全在山向二盤。得氣者。年月紫白更助其得氣。失氣者。年月紫白一無所用。

八卦六白屬金。九星二黑屬土。此號老父配老母。入三層則木來剋土。而財少。入兌局則星到生宮而人興。更逢九紫入土木之元。斯得運。而主科名。財丁並茂。

按。八卦乾坤震巽坎離艮兌也。九宮一白二黑三碧四綠五黃六白七赤八白九紫也。九星貪狼巨門祿存文曲廉貞武曲破軍左輔右弼也。三者雖同而異。今曰八卦六白九星二黑。卽是語病。二六同宮。玄空祕旨云。富並朱陶。斷是堅金遇土。玄機賦云。地天爲泰。老陰之土生老陽。三層雖木數。爲乾金所剋。不能剋坤土。得令時未見財少。如二運乾山巽向。向上飛星二。山上飛二到山到向。三層之屋。在二運時財丁兩旺。至三運震方有水者。其家仍不替。無水者不如二運之興盛。不知玄空重在排水有水。不在層數也。入兌局以下云云。均非的論。因二七與七九。均非吉徵。似當以令星之得令失令斷之。不能拘執於層間也。

河圖四間屬金。洛書四綠屬木。此爲河圖尅洛書。入兌方則文昌破體而出孤。入坤局則土重埋金而出寡。若以一層入坎震之鄉爲得氣而增丁口。科甲傳名。

按此節誤與前同。

局爲體。山爲用。山爲體。運爲用。體用一元。合天地之動靜。

按。此言體用於理不合。蓋玄空之理。以局爲體。以運爲用。山向爲用中之用。

山爲君。層爲臣。層爲君。間爲臣。君臣合德。動神鬼之驚疑。

按。玄空以山向爲君。層間爲臣。層之次數。間之方位。由中宮推排而出。然後層間之生旺衰煞。方有確據。所謂形氣兼觀者是也。

局雖交運。而八方六事。亦懼廉貞戊己疊加。山雖逢元。而死位退方。猶懼巡羅天罡助虐。

按。年紫白懼廉貞加臨。六戊六己不忌。原文廉貞戊己係一事。姚氏分而爲二。以六戊六己解之。誤。巡羅即巡山羅喉。如今年戊寅巡羅在甲。即寅建之前一字也。至天罡。姚氏以奇門解。似可不必。因辰爲天罡也。天罡爲玄空所不采。

蓋吉凶原由星判。而隆替乃由運分。局運興。屋運敗。從局召吉。山運敗。屋運興。從屋徵祥。

按。前二句是也。局運興以下有語病。

發明星運之用。啓迪後起之賢。神而明之。存乎其人也。

右玄空祕旨。玄機賦。飛星賦。紫白訣四種。乃治玄空之要。前人注釋傳訣守祕。引而不發。奥言隱詞。解者紛紜。時更數世。譌文竄句經妄人之改臆者。皆數數然也。而紫白訣尤甚。不可卒讀。昔　先君子撰地理辨正抉要。學者歎爲絕作。以爲疑文冰釋。蓋發古今未有之奇也。竊師前例。擬作通釋。以明玄空古義。人事倉卒。遲未成也。丁丑歲。東南糜爛。避地于泰縣鮑家湖畔之潘王莊。荒村僻壤。古樸可風。然憤慨之餘。更無書可覽。有請述玄空者。輒取此四種。條比其文。別爲利解。録而成卷。名曰玄空古義四種通釋。因其舊文。闡其奥旨。雖處窮鄉而未能廣證。然其要義。亦盡見於斯。仲尼有言。小道可觀。致遠恐泥。君子弗爲。形法之言。本於易理。能弗囿成見。深造以道。庶幾乎至矣。翌歲戊寅。轉輾至上海。吾友張席卿陳灝泉沈家宏諸君。及門楊純三馮柏榮二生。咸以此書爲昔之所祕。今則皎然明白。乃助貲付梓。以免治斯術者。誤入歧途而不反也。書成。爰述梗概云爾。庚辰仲夏杭縣沈祖緜識于上海寓次